정치사상과 여성: 고대그리스에서 마키아벨리까지

정치 사상과 여성

Women in the History of Political Thought

고/대/그/리/스/에/서/ 마/키/아/벨/리/까/지

아를린 색슨하우스 지음 | 박의경 옮김

전남대학교출판부

서문

이 책의 제목, 『정치사상과 여성: 고대 그리스에서 마키아벨리까지』는 용어상 모순적으로 보일 수도 있다. 플라톤의 『국가/정체』에서 언급된 여성 수호자를 제외하고, 여성은 이 시기의 정치사상에서 눈에 띄게 모습을 드러내지 않기 때문이다. 그러나 이 책의 목적은 위의 제목이 모순이 아니라는 것과, 여성이 정치 사상사를 통해 지속적으로 등장한다는 점, 그리고 우리가 "정치사상"의 의미를 과도하게 제약함으로 인해 여성이 표면적으로 존재하지 않았던 것임을 밝히고자 하는 것이다. 여성이 정치에서 무시되었던 이유는, 정치를 권력관계·외교·선거·전쟁·재판이라는 공적 영역으로 정의했기 때문이다. 최근까지도, 여성은 이 영역 안에서 자신들의 공간을 거의 찾지 못하고 있다. 사적 세계에서 공적 세계를 인위적으로 분리시킨 것이 정치이다. 이 책에 논의된 사상가들은 정치적 삶에 대한 보다 광범위한 신념을 가지고 있었고, 그들의 세계를 단순히 이 두 가지 영역으로 분류하지도 않았다. 오히려 그들 대부분은 인간이 존재하는 이러한 영역들 간의 상호작용, 즉 남성과 여성의 상호작용에 관심이 있었기 때문에 후자를 무시한 것이다. 이 사상가들은 남성이 활동하는 공적 세계를 대체로 지지해 왔을지 모르지만, 그들은 또한 공적 세계가 인간이 존재하는 전부가 아니었다는 점과, 여성을 포함한 사적 영역 또한 존재한다는 사실, 그리고 그러한 영역이 공적 세계의 가능성을 제한하고 규정했다는 점을 인식하고 있었다.

수많은 학문이 그러한 오류를 범했음에도 불구하고, 이 사상가들은 인간을 남성으로서만 정의하는 오류를 반복하지 않았다. 이 책에서 논의된 사상가들이 여성에 대해 말하는 것이 호의적인지 혹은 그렇지 않은지를 이해하기 전까지, 우리는 정치적 질서의 문제에 관한 그들의 사상 전체를 이해할 수 없을 것이다. 이 사상가들의 학문적인 논의대상은 주로 남성이었고, 그들은 남성과 그들의 정치적 삶에 대한 참여에 초점을 맞췄다. 이들이 남성이라는 성에서 인간의 완벽한 모습을 보았을지도 모르지만, 그렇다고 해서 여성을 무시하지도 않았다는 것이 나의 주장이다. 더불어 고중세 사상가들이 여성을 무시하는 것으로 인식하게 만든 데에 바로 근대 학문의 문제점이 존재한다는 점을 나는 지적하고자 한다.

그러나 우리 앞에 놓인 과제는 정치사상의 유구한 문헌들 속에서 간간히 있는 여성에 대한 언급들을 끄집어내는 것이 아니다. 그보다는, 한 사상가가 정치적 삶의 목표와 가능성, 그리고 그것의 경계에 대해 이해하는 데 있어, 여성이 얼마만큼 필수적인 요소인가를 보여주는 것이다. 그러한 역할을 인정하는 것이야말로 정치 사상사의 연구 전체에서 뿐만 아니라, 개별 사상가들의 연구에서도 새로운 시도로 이어질 것이다. 여성이 배제된 공동체의 삶에서 남성의 시각만으로 정치사상을 이해하는 것은 불완전하고 부분적일 뿐이다. 여기에서 논의된 사상가들은 그러한 시각을 탈피하려고 했다. 권한을 공적으로 표출함에 있어 여성을 위한 공간이 거의 없었음에도 불구하고, 그들은 여성의 존엄성과 영역에 대한 중요성을 어느 정도 인정했다. 전체로서 공동체의 구조는 여성의 세계가 어떻게 정치적 세계의 일부가 될 수 있는지, 그리고 그것이 어떻게 정치적 세계를 지지할 수 있는지 혹은 약화시킬 수 있는지에 의해 좌우된다. 여성이 공적 삶에서뿐만 아니라, 그러한 삶에 관한 동시대의 연구에서도 역시 배제되어왔다는 것을 인식하게 된 역사적 시점에서, 우리는 여성과 사적 영역을 정치적 삶에 대한 부록이기 보다는, 그것의 일부로 여겨왔던 '사회'에 대해 다시 이해해야만 한다. 이어지는 장들은 그러한 이해를 회복하는 데 있어 도움이 될 것이다.

여기에서 제시된 문헌들이 그러하듯, 저자와 그 저술들은 신중하게 선택되어야 할 것이다. 나는 완벽한 논리를 구사하는 사상가보다는 오히려, 정치사상사에서의 여성이 좀 더 다양하고 광범위하게 다루어 질 필요가 있다는 점을 제시하기에 충분한 사상가에 주목하고자 했다. 정치 사상사 도처에서 여성이 수행한 역할이 일관되게 유지되어 왔다는 것과 몇 가지 중요한 주제에서 여성이 드러났다는 점을 포착할 수 있다는 근거는 없다. 여성에 대한 다양한 정치철학적 관점은 각기 다른 학자들이 다양한 관점을 통해 드러나고 또한 그것에 의해 강조된다. 나는 이 글의 다음 장들을 통해, 정치사상사에서 여성의 역할에 대한 이해를 위해 통상적으로 정치사상사에서 다루어지는 권위 있는 문헌과 사상가를 넘어서는 자료 검토가 필요하다는 점을 지적하고자 한다. 따라서 나는 전통적인 플라톤의 대화편과 아리스토텔레스의 저술을 다루면서 동시에 연극과 시도 다룰 것이다. 분명히 당시의 자료의 많은 부분에서 여성이 빠져있는 것은 사실이지만, 역사를 비난하기만 한다고 해서 얻어지는 것은 거의 없다.

이 책은 16세기 마키아벨리를 끝으로 하여 연대순으로 살펴볼 것이다. 마키아벨리는 자신이 발견했다고 믿었던 새로운 세계에서, 정치의 의미와 여성의 공간(place)를 재정립하고자 노력했던 근대의 사상가이다. "여성의 공간"에 대한 개념은 누군가를 위해 "공간"이 정해지는 것을 부인하고, 결국 17세기 자유주의의 발흥을 위한 지적 문을 활짝 연, 마키아벨리의 사고에 대한 모순일지도 모른다. 그는 이전의 모든 것을 거부함으로써 우리의 논의에 결론을 내린다.

과거 10년 정도는, 정치사상사에서 여성을 주제로 한 다양한 관점에서 쓰여진 책과 논문들이 쏟아져 나왔다. 나는 이 책에서 명확성을 위해, 그리고 지면의 부족을 탓하며 그들에 대한 논의는 피할 것이다. 그러나 그들에 대한 내용은 참고 문헌을 살펴보면 된다. 내 해석이 다를지도 모르지만 나는 이 책에 대한 중요한 문제점들을 진지하게 받아 준 사람들에게 진 빚을 인정 할 수밖에 없다.

구체적으로, 여성과 정치에 관련된 일련의 책들을 출판할 수 있도록 프레이거(Praeger) 출판사를 설득해 준 리타 메이 켈리(Rita Mae Kelly)와 루스 만델(Ruth Mandel)에게 많은 신세를 졌다. 그들은 내가 이 주제를 결정할 수 있도록 용기를 주고, 이 책을 쓰는 동안 너무 유용한 조언을 해 주었다. 그리고 그들과 함께 나누었던 참 좋았던 대화들과 예리한 논평을 해준 나의 동료, 패트릭 도벨(Patrick Dobel)과 도날드 헤어조그(Donald Herzog), 조엘 슈바르트(Joel Schwartz)

에게도 너무 많은 빚을 졌다. 이들 모두는 내 초고를 때때로 읽어주고 들어 주며 확실한 중심을 잡도록 도와준 고마운 사람들이다. 그리고 친절하게도 내 원고를 입력하고, 원고 수정이 불가피 했을 때 아낌없이 작업해 준, 미시건 대학의 정치학과 사무실 직원들 —바브라 밴버리(Barbara Banbury), 캐롤 캠벨(Carol Campbell), 그리고 코니 보야스(Connie Voytas)— 에게도 고마움을 전한다. 힐러리 퍼스키(Hilary Persky)는 색인을 편집하는데 뛰어난 감각과 지적 능력을 발휘하였다. 이들의 도움을 통해 나의 부담은 훨씬 가벼워졌다.

여름, 가을이 지나고, 또 다시 여름이 올 때까지 너무나 잘 견뎌내 준 내 세 아이들, 릴리(Lilly), 노암(Noam), 에레나(Elena)는 종종 그것이 어떻게 진행되고 있는지에 대해 애교 있는 질문을 하곤 했고, 나를 격려하는 사랑스런(그러나 마음이 편치만은 않은)말들을 건네주곤 했다.

시모니데스의 말처럼, 만약 정의가 '누군가에게 진 빚을 되돌려주는 것'이라면 나는 정의롭지 못함에 대해 인정한다. 이 지면에 쓰는 것이 무의미할 만큼 내 남편 게리(Gary)에게 진 빚은 말로 표현할 수가 없다. 그러나 우리 두 사람 모두 알고 있는 것처럼, 결혼이라는 것이 늘 정의로움 위에 세워지는 것은 아니다.

앤 아버(Ann Arbor)

옮긴이의 말

'숨은그림찾기, 끼어들기, 새판짜기'는 남성중심 사회에서 여성의 사회진출에 대해 논의할 때 흔히 말하는 3단계라고 할 수 있다. 현대의 사회가 '새판짜기'로 가기위해 인력을 모으는 '끼어들기' 사회라면, 끼어들기의 동력은 과거에서 발견되어야 한다. 거기에 역사를 살펴보아야 하는 당위성이 존재한다. 특히 고대와 중세를 중심으로 정치사상사 속의 여성을 찾아보려는 아를린 색슨하우스의 노력은 '숨은그림찾기' 바로 그 자체이다. 과거는 현재의 동력이고, 미래로 가는 자원이기도 하기에, 오래된 과거를 살펴보는 색슨하우스의 책이 현재적 가치를 가질 수 있는 것이다.

『정치사상과 여성: 고대그리스에서 마키아벨리까지』의 저자 색슨하우스는 다음과 같은 질문으로 이 책을 시작한다. 남성중심사회에서 여성은 과연 사회에서 존재하지 않았을까? 인류가 존속 가능했다는 말은 여성이 존재했다는 것인데, 근대이전 고대와 중세의 경우 여성들의 정치적 삶은 어떤 모습이었을까? 고대와 중세의 정치사상가들은 남성 시민, 남성 전사, 남성 가장만 생각했던 것일까? 혹시 그들은 각 사회에서의 여성의 중요성을 이해하고 있었을까?

이러한 질문에 답하기 위해 색슨하우스는 플라톤, 아리스토텔레스, 로마의 역사가와 법률가, 키케로, 중세 교부인 성 아우구스티누스와 성 토마스 아퀴나스, 마키아벨리 등 주요 사상가들의 저서뿐만 아니라, 그동안 간과되어 왔던 다른 작품까지 상세하게 분석한다. 현대 사상가보다 이들에게서 여성의 중요성에 대한 민감성을 발견한다고 색슨하우스는 지속적으로 말한다. 고대와 중세 동안 여성이 정치공동체의 일부는 아니었지만, 그럼에도 불구하고 그 구조, 목적, 안정성과 인간 경험이라는 전체적 맥락 속에서의 위치에 영향을 주었다는 점에 대해 사상가들이 인정하고 있었음을 색슨하우스는 찾아내고 있다.

『정치사상과 여성』은 여성이 어떻게 고대부터 종교개혁시까지 위대한 정치사상 안에 들어오게 되었는지에 대한 합리적 관점을 제공한다. 그 관점을 통해 이에 대한 대부분의 초기 작품이 가진 부정적 접근방식을 교정할 수 있게 되는 것이다. 마찬가지로 이는 정치학자, 역사가, 철학자 그리고 사회에서 여성의 역할에 관심 있는 사람들에게 매우 흥미로운 책이다. 현대사회에서의 여성의 등장과 진출은 역사의 돌발사태가 아니라, 꾸준하게 진행되어 온 역사의 연속선 속에서 당연히 드러나야 할 존재가 드러나게 되는 당위적 귀결이라 하겠다.

미국 유학중 여성정치 분야를 접하고, 여성정치사상에 대한 생각을 가슴에 품은채 드러내지 않고 무성적(ungendered) 정치사상을 강의하던 중, '여성과 정치사상'이라는 대학원 과목을 가르치면서, 아를린 색슨하우스의 Women in the history of political thought를 교재로 사용하게 되었다. 정치사상사에서 여성의 연원을 찾아보려는 색슨하우스의 시도에 동감하면서, 이러한 작업에 대한 인식의 확대를 위해서 번역이 필요하다는 생각을 하게 된 것은 이미 오래전이다.

인간이 사는 세상에서 머리에서 가슴까지의 거리가 가장 멀다더니, 번역하면 좋겠다는 생각을 가지고 산지 5년 만에 전남대학교 대학원에서 '여성과 정치사상' 강의를 듣던 학생들이 어느 방학 때 번역을 하겠다고 이 책을 잡았고, 그들의 초벌원고를 받는 기쁨으로 그 때의 겨울방학은 끝나도 서운하지 않았던 느낌이 아직도 새롭다. 대학원생 수준에서 이 책을 잡고 씨름한 결과라 대견하기도 했고, 뿌듯하기도 했던 기억이 이미 3년을 넘겼다.

출판을 위해 초벌 원고를 다시 보는 과정에서 해석 수준에 머물러 있어 번역서로 출판하기에는 치명적 문제들이 발견되면서, 색슨하우스의 책을 처음부터 다시 보게 되었고, 새로운 작업을 해가는 과정에서 이전에는 미처 알지 못했던 많은 것들을 다시 알게 되었다. 번역을 다시 하는 작업은 고통스러웠지만, 초벌 원고가 나름대로 완결성을 갖추었더라면 그냥 넘어가면서 보지 못했을 것들을 보게 해주는 매우 긍정적인 효과를 확인하게 되었다. 그해 겨울, 사상을 전공하는 황옥자를 필두로 형은화, 신수연, 윤가인 그들의 과감한 시도가 없었다면, 이 책도 햇빛을 보지 못했을 것이다. 그들의 시도를 통해 이 책의 번역은 시작되었고, 일단 시작 되자 그 작업은 자체논리를 가지고 움직여 이제 출판에까지 이르게 되었다.

이 책의 번역작업을 다시 하게 되면서 꾸중도 많이 했지만, 이들의 시작이 있어 나는 지속할 수 있었고, 끝낼 수 있었음을 부인할 수는 없다. 이 책의 오늘이 있게 해 준 이들이기에 감사하지 않을 수 없다. 이들의 참신한 생각과 대담한 실행력을 보면서 '후생가외(後生可畏)'라 했던 공자의 말과, "득천하영재이교육지(得天下英才而教育之)"라고 군자의 3번째 즐거움을 언급했던 맹자를 떠올리며, 나는 행복하다. 10여년이나 걸린 이 책을 보면서 나를 대신해 시작해준 학생들에게 감사를 보내며, 그들의 학업과 앞길에 결실이 있기를 바란다.

더불어 씨뿌리는 일이 얼마나 중요한지에 대해서도 새삼 생각하면서, 씨를 뿌리는 일에 나는 얼마나 노력하고 있는지 생각해 본다. 결과와 성과중심적 사회에서 씨를 뿌리는 일은 매우 외롭고 고단한 작업이다. 결실만 계산하는 세상에서 씨를 뿌리는 일은 어쩌면 역사에 드러나지 않는 빛도 없이 꿈도 없이 어둠속을 걷는 일과 같을지도 모르지만, 누군가 씨를 뿌리지 않으면 열매는 존재할 수 없다. 굳이 내가 열매를 거두지 않더라도, 내가 뿌린 씨를 누군가가 거두면서, 이 세상은 유지되어 돌아가는 것이다. 따라서 성과와 업적으로 계산되지 않아도 씨는 뿌려야 하고, 씨를 뿌리면 반드시 꽃이 피고 열매가 맺으면서 우리의 세상은 풍요로와질 것이다. 철학자와 정치사상가들의 작업이 바로 여기서 의의를 찾는다.

색슨하우스가 『정치사상과 여성』에서 여성을 찾아보는 작업도 바로 이러한 씨 뿌리는 작업이다. 고대와 중세 정치사상가들의 저작 속에 숨어있는 여성의 모습을 찾아보려는 시도는 주류사상가들의 입장에서는 쓸데없는 일이라고 치부될 수도 있으나, 숨은 그림을 찾아보려는 시도로부터 현재 여성들의 지위에 대한 역사적 근거가 발견된다. 현대사회에서 여성들이 끼어들기를 할 수 있게 된 근거로서의 숨은 그림 찾기가 바로 색슨하우스가 이 책에서 던진 질문이었다. 씨를 뿌리는 색슨하우스가 있었기에, 나도 그 글을 보고 과거 사상 속의 여성을 찾겠다는 시도를 할 수 있었다.

학문의 연구란, 특히 정치사상의 연구란 바로 씨 뿌리는 작업이 아닌가 싶다. 당장은 관심 있게 보아주는 사람이 많지 않아도, 뿌려진 씨는 땅에 뿌리를 내리고 싹과 잎을 내면서 성장하고, 궁극적으로 결실을 맺는다. 학문의 나무는 이렇게 세대와 공간을 넘어서 초월적으로 움직인다. 적당한 햇빛과 물, 토양 등 뿌려진 씨앗이 결실 맺는 나무로 자라기 위해 필요한 것들이 많이 있듯이, 이 책이 출간되기 위해서도 많은 사람들의 손길이 필요했다. 시작하게 해준 학생들로부터, 출판비용을 지원해준 전남대학교와 출판을 맡아준 전남대학교 출판부 모두 이 책의 출간을 위해 준비된 손길들이기에 감사하지 않을 수 없다. 불완전한 원고를 완전하게 만들어준 교정을 담당한 손길과 책의 이미지를 전달하기 위해 표지 디자인을 해준 손길에도 감사를 드린다. 한 권의 책이 연구자의 책상위에 놓이기까지 세상의 많은 지원과 손길이 필요함에 다시 한 번 경의를 표하며, 그래서 세상은 역시 살만한 곳이라고 소리치고 싶다.

이 책을 세상에 내놓으면서, 무엇보다 나를 지으시고, 나를 부르시고, 내가 지금의 나로 설 수 있게 하신 하나님께 감사함과 동시에 평생 동안 변함없이 딸의 연구와 작업에 대해 한없는 지원을 아끼지 않으시면서 노심초사 지켜주시는 어머니께 이 책을 헌정한다. 그리고 지금 이 순간 가장 하고 싶은 일이 무엇이냐고 누군가 내게 묻는다면 나는 다음과 같이 답할 것이다. “이 책을 시작할 수 있게 해준

나의 학생들과 맛있는 대화를 나누고 싶다."

메타세콰이어가 보이는 정치외교학과 연구실에서

2014년 12월

박 의 경

목차

제1장

배경: 정치적 삶에 대한 자유주의와 자유주의 이전의 시각들

고대 그리스에서 근대 초기까지의 정치사상사에서 여성에 대한 연구는 정치사회에서의 가치와 목적, 그리고 기원에 대한 어떤 전제를 과감히 버릴 것을 요구한다. 이러한 이슈에 대한 우리의 관점들 중 대다수는 우리를 토마스 홉스와 로크의 저작들과 함께 17세기에 시작된 자유주의의 후예로 규정한다. 그러나 우리의 가정을 던져버리기 이전에 그들의 주장이 무엇이고, 그것이 어떻게 우리의 정치적 삶에 대한 시각들을 지배할 수 있게 되었는지를 —그리고 결국 그 안에서의 여성의 역할에 대해서도— 이해해야 한다.[1]

자유와 공동체

용어 자체에서 알 수 있듯이, 우리의 자유주의는 다음과 같은 자유에 대한 관심을 우선적으로 보여준다: 즉 자의적 지배로부터의 자유, 타인의 의지가 강제적으로 부과되는 것으로부터의 자유, 그리고 우리 스스로 동의하지 않은 정부로부터의 자유 등이다. 자유이론의 기본에는 자연적 자유라는 가정이 존재한다. 부분적으로 자유주의는

17세기에 가장 정교하게 표현된 가부장 이론에 대한 반작용에 기인한다. 가부장 이론은 정치 사회의 기원과 의무의 근원 —즉, 다른 사람의 권위를 수용하기 위한 근거— 을 가족관계 혹은 보다 엄밀히 말하면 아버지의 자연적 권위에서 찾는다. 가부장 이론에서 권위는 그 세대의 남성의 행위를 통해 아버지에게 귀속되기 때문에 그것의 근원에 대한 질문을 필요로 하지 않는다. 가부장 이론과 달리, 자유주의 이론가들은 자연적 자유를 상정했고, 그 자유는 오직 피지배자의 공개적 사전 동의나 묵인에 의해서만 제한될 수 있다. 자연에서는 한 개인이 타인에 대한 어떠한 권위도 가지고 있지 않다; 자식에 대한 아버지의 권위, 약자에 대한 강자의 권위도 존재하지 않는다. 권위, 즉 타자의 복종을 명령하고, 타자의 행동을 통제할 수 있는 권한은 모두 인간이 선택한 결과이다. 세대와 같은 자연적 과정이나 강함, 인종, 지적 능력과 같은 자연적 속성은 누가 복종해야 하는 사람인지에 대한 명백한 기준을 제공하지 않는다.

어느 누구도 우리를 지배할 권리를 가지고 태어나지 않았다는 자연적 자유에 대한 자유주의의 가정은 홉스와 로크와 같은 초기 자유주의자들로 하여금 정치적 의무에 대한 새로운 근원과, 통치체제의 명령에 복종해야만 하는 근거를 찾게 했다. 유추적 사고에 의존한 가부장적 모델에서, 군주의 권위는 가정에서의 아버지의 그것, 그리고 우주에서의 신의 그것과 같았다; 아버지와 신이 만물의 자연적 질서에 복종하도록 만든 것처럼, 군주 역시 마찬가지였다. 잉글랜드의 왕, 제임스 1세는 17세기 초기 그의 저작에서 그의 아들에게 다음과 같이 조언하였다. "아들아, 무엇보다 신을 알고 사랑하는 법을 배워

라. 너는 두 가지의 의무(double obligation)를 지닌 사람이란다. 왜냐하면 신은 너를 남자로 만들어 줄 것이고, 또한 너를 그의 왕좌에 앉혀 다른 사람들을 지배할 수 있는 작은 신으로 만들어 줄 것이기 때문이지."[2] 17세기 중반, 로버트 필머는 그의 글에서 아담에게 주었던 신의 태초의 기부 ―대지와 권위― 에 다시 주목하면서 자연적 자유는 존재하지 않았다고 주장했다. 우리는 아담으로부터 궁극적으로 권력을 부여받은 군주와 부모에게 종속된 국가에서 태어났다.

> 나는 어떻게 아담의 후손들이 그들의 부모로부터 종속되지 않고 자유롭게 되었는지, 그리고 신 자체의 계율에 의해 모든 제왕적 권위의 원천이 되는 후손의 종속으로부터 자유롭게 되었는지 알지 못한다; 이것은 시민의 힘이란 일반적으로 신성한 제도일 뿐만 아니라 그 힘의 작동은 특별히 나이 많은 부모들에게 맡겨진 것임을 의미하는 것이다.[3]

자유주의 이론이 자연적 자유를 전제하게 되면서 새로운 문제에 직면하게 된다. 자연적 자유를 향유하면서, 왜 우리는 다른 누군가의 지시에 따라야만 하는가? 자유주의 이론가들은 이러한 질문에 대한 답을 "동의(consent)"에서 찾았다. 우리는 우리가 수용할 수 있는 지시를 하는 사람이 갖는 권위의 창출에 모두 동의한다. 권위는 임의적으로 존재한다. 그것은 권위의 소유자가 어떤 타고난 자질을 지녔기 때문도 아니고, 신이 우리의 지배자로서 특정인을 규정한 것도 아니기 때문이다. 자유주의 정치체제는 구성원들의 자유로운 동의에 의해 창조되었으며, 여기에서 그 정당성의 근거를 찾을 수 있다. 우리는 우리 스스로가 그들을 지배자의 위치에 올려놓았기 때문에 우리를 지배하는 사람들에 대한 권위를 인정한다.

자연적 지배자로서 아버지를 규정하는 가부장적 이론은, 자연적 권위와 마찬가지로 자연적 공동체 역시 거부하거나, 질문할 필요도 없는 것으로 여겼다. 가족, 그리고 가족 내에서 누군가의 장소는 위계질서적 세계 속에 그가 있어야 할 장소를 결정해 주었다. 사람들은 관계라는 구조 속에서 아버지 또는 아들, 남편 또는 아내로 존재한다. 무엇보다도 사람은 사회적 존재이다. 사람은 그 자체만으로 존재할 수 없다. 이와는 대조적으로 자연적 권위를 거부하는 자유주의의 이론적 배경에는 또 다시 세계 속에서 자신의 위치를 규정하는 모든 구속적 관계로부터 자유로운 자율적 개인이 존재한다. 다른 개인들과의 계약을 통해 정치적 권위를 창출하는 존재가 바로 이 자율적 개인이다.

이와 같은 개인 —권리의 담지자, 가치의 규정자, 그리고 자신이 그 일부인 정치체제의 판단자— 은 결코 그러한 명예로운 고립(splendid isolation)상태에 존재할 수 없음에도 불구하고, 초기 자유주의자들은 가부장주의에 이론적으로 도전하는 과정에서 고립된 개인들의 존재를 가정했다. 그들에게 있어, 공동체는 자연적으로 주어진 것이 아니라, 각자의 행복을 추구하는 데 수월한 환경을 만들기 위해 연합해 왔던 개별적 개인들의 합의에 의해 설립된 것이다. 이런 개인들은 그들을 행복하게 해줄 수 있을 것인지, 아닌지에 대한 평가에 근거해 정치적 공동체를 받아들인다. 본래 그들은 그 공동체의 일원(part)이 아니다. 그들은 자연적으로 정치적 공동체를 형성한 것도 아니고, 살기 위해 (예를 들어 생존하기 위해 먹고 마시는 것이 필요했을 것이다) 정치공동체를 만드는 것이 필요한 것도 아니다. 그들은 벌(bees)이나 개미와 같이 자신만으로는 생존할 수 없는 사회적 동물이 아니다. 오히려 인간이기 때문에 그들은 정치체제의 일부가 되는 것을 선택한다. 초기 자유주의 이론가들의 언어로 표현하자면, 그들은 계약한다.

자유주의적 개인들로서, 우리는 개인의 행복을 추구하기 위해 계약을 맺고, 정치적 공동체 속으로 들어간다. 정치적 공동체는 안정성과 신체적 안전을 담보한다. 이것은 결과적으로 "행복의 추구"를 가능하게 한다. 행복추구에 대한 본질은 그 혹은 그녀가 속한 도시 혹은 국가 아닌, 개개인에 의해 규정된다. 이러한 행복은 주관적이다; 무엇이 행복을 가져올지, 그리고 무엇이 그것을 방해할 것인지는 각 개인이 결정한다. 정치 공동체에 대한 지지의 여부는 특정한 정치적 공동체의 구성원이 되는 것이 행복을 증진시킬 수 있을 것인지, 아닌지에 대한 평가에 달려있다. 가부장적 모델에서 그것을 결정하는 것은 정체의 목적을 정의하는 개인이 아닌, 통치를 하고 권위를 소유한 사람들이다.

자유주의 사회에서 운위되는 행복은 종종 사적 존재로서의 개인과 연관되고 정치공동체의 구성원으로서가 아닌 사적 행복을 의미한다. 그것은 사적이고 주관적이기 때문에, 때로는 우리로 하여금 타인과 갈등하게 하는 것도 바로 행복이다. 자유주의 사회의 자유로운 개인은 종종 이웃과 갈등을 겪고 있는 자신들을 발견하곤 한다. 따라서 정치적 공동체는 시민들 사이에서 발생하는 분쟁들을 해결하기 위해 고안된, 중재자 즉 일련의 제도이다. 존 로크(John Locke)는 우리가 정치사회에 들어가기 전에 타자를 넘어서는 한 개인에 대한 자연적 권위는 없다고 주장했다; 정치사회로 들어서기 이전에 우리는 모두 우리 스스로와 다른 사람들의 행동에 대한 심판관(judges)이다. 정치사회 혹은 시민사회에 들어서자마자, 우리는 정부에게 심판권을 양도하고, 그 정부의 법은 우리가 추구할 수 있는 사적 이익들에 대한 기준을 제시한다. 우리는 그러한 공동체가 다른 사람들과의 분쟁을 중재하고, 우리의 행복을 위한 필수적인 전제조건 —안전— 을 제공하는 역할을 하는 것으로써 정부가 수립 된다고 믿기 때문에 공동체의 구성원이 된다. 우리는 가족으로 태어나는 것처럼 정치적 공동체에 자연적으로 태어나는 것은 아니다. 이렇게 자유주의 사상가들은 가부장적 사상가들과 근본적으로 단절하게 된다.

평등과 불평등

자유주의 국가(liberal state)를 구성하고 있는 자유로운 개인들은 한 가지 중요한 특징을 가지고 있다: 그들은 평등하다. 이것은 우리 모두가 붉은 머리카락과 파란 눈을 소유하고 있다는 것을 의미하지는 않는다. 이는 명백한 사실이다. 그 [모든 사람이 평등하다는] 의미는 본성상 어떤 개인도 다른 사람을 지배하거나 그의 상황(case)을 판단할 수 있는 권위를 가지고 있다고 결정할 수 있는 명백하고 거부할 수 없는 근거가 없다는 것이다. 우리의 자연적 평등은 자신에 대한 지배권을 가지며 동의에 의하지 아니하고는 다른 사람의 지배에 복종하지 않을 개인의 자연적 권리에서 나온다. 토마스 홉스는 우리의 평등에 대한 근거를 다음과 같이 설명했다 :

> 자연은 인간이 육체적, 정신적인 능력의 측면에서 평등하도록 창조했다. 때로는, 육체적 능력이 타인에 비해 명백히 강한 사람도 있고, 정신적 능력이 타인보다 뛰어난 경우도 있지만 이 둘을 합하여 평가한다면, 사람과 사람간의 능력의 차이는 그리 고려할만한 것은 아니다. 있다고 하더라도 다른 사람보다 더 많은 이익을 주장할 수 있을 만큼 크지는 않다. 왜냐하면 체력이 아무리 약한 사람이라도 음모를 꾸미거나, 혹은 같은 입장에 있는 약자들끼리 공모하면 아무리 강한 사람이라도 충분히 죽일 수 있기 때문이다.[4]

우리들 각자가 우리의 이웃을 살해할 수 있는 능력을 가지고 있다는 점, 바로 그 안에서 홉스는 우리의 가장 기본적인 평등을 발견한다. 따라서 그는 부성(paternity, 아버지다움)과 같이 다른 사람으로부터 한 개인(아버지)을 구별하는 것이 그 사람(아버지)의 지배를 정당화하기 위한 확실한 근거가 아니라는 점을 우리가 알 수 있다고 주장한다. 힘(Strength)은 적절하지도 않거니와 재치도 아니고 지혜도 아니다. 실제로 홉스의 모델에서, 성(sex) 조차도 타인에 대한 개인의 권위를 정당화하지 않는다.

반면에, 몇몇 사람들은 좀 더 우월한 성(sex)이라는 이유로 남성만이 지배권을 부여받는 것으로 여기지만 그것은 잘못된 생각이다. 남녀 사이에는 전쟁 없이 결정될 수 있을 만큼의 힘이나 사려 깊음(prudence)의 차이가 항상 존재하는 것은 아니다. 커먼웰스[공화국]에서 이 논쟁은 시민법에 의해 결정된다: 그리고 대체로 (항상 그렇지는 않지만) 아버지에게 유리한 판결이 나온다. 그것은 거의 대부분의 커먼웰스가 가족들 중 어머니가 아닌 아버지들에 의해 성립되었기 때문이다.[5]

우리의 복종을 요구하고 의무를 기대할 수 있는 개인을 선택하는 기준은 존재하지 않는다. 부성(paternity)은 자유주의 이론가들에게 이 기준을 제공하지 못하고, 최소한 홉스에 있어서는 남성성(masculinity)도 그 근거가 되지 못한다.

『시민정부에 대한 두 번째 논고(제2정부론)』(Second Treatise on Civil Government)에서 존 로크(John Locke)도, 보다 온건하고 또 성평등으로 이어지는 논쟁을 배제하면서, 홉스와 마찬가지로 자연적 평등을 강조했다.

이 점은 동일한 종류의 피조물은 차별 없이 자연의 혜택을 받고 태어나 동일한 재능을 사용하기 때문에, 그 피조물의 주인이자 지배자가 그의 의지를 명시적으로 선언함으로써 어느 하나를 다른 하나보다 위에 놓고 뚜렷하고 명백한 지명을 통해서 의심할 여지없는 지배권과 주권을 그에게 수여하지 않는 한, 어떠한 복종이나 종속 없이 상호간에 평등해야 한다는 데서 명백히 드러나 있다.[6]

로크는 신이 "명백하고 확실한 약속" 같은 것을 누군가에게 부여 하지 않아왔고, 앞으로도 그러하지 않을 것이라고 말한다. 따라서 우리는 근본적 평등으로부터 출발하여, 우리를 지배하고 주권적 권력을 가질 사람을 다수결에 의해 선출해야 한다. 권위의 행사를 승인하는 것은 그들의 고귀한 출신성분과 높은 사회적 지위가 아니라 다수의 동등한 개인이다. 독립선언서에서 토마스 제퍼슨(Thomas Jefferson)은 기본적 자유주의의 주제를 제시한다. 그는 여기서 우리의 평등이 양도할 수 없는 권리, 특히 임의적 지배(arbitrary rule)에 구속받지 않을 권리를 각각의 개인에게 부여하는 자명한 진리에 근거해 있다고 주장한다. 그 역시 평등의 근본적 가정으로부터 시작해, 다른 사람에 대한 한 사람의 권위는 자연 발생적이 아닌, "피지배자의 동의"로부터 나오는 것으로 결론을 맺는다.

우리는 평등한 개인들로서 정치 체제로 들어서고, 그것이 우리를 평등한 의무를 가진 그리고 보다 중요하게는, 우리의 동의에 의해 형성되어온 법 앞에 평등한 권리를 가진 평등한 개인으로서 대우할 것을 기대한다. 우리는 우리가 속한 정치 체제의 평등한 창조자로서, 그러한 체제의 본질과 특성, 그리고 작동을 결정하는데 있어 평등한 역할과, 그것의 이점을 향유할 수 있는 평등한 기회를 기대한다. 정의와 공정함(fairness)에 대한 우리의 이해는 동등한 대우와 동등한 기회와 같은 개념으로 표현되어 온 평등에 근거해 왔다. 개인의 고유한 특징 —성별(sex) 혹은 인종, 경제적 지위와 같은— 에 따른 차별적 대우는 정의롭지 못하다는 의심과 비난의 대상이 된다. 가부장 이론은 바로 그 차별적 대우에 근거하고 있었다. 남편은 아내와 달랐다; 따라서 그[남편]의 지위와 권위는 그를 다르다고 인정했다. 마찬가지로 군주는 그의 신하와 달랐다; 따라서 그는 신민에게는 허용되지 않은 특권을 향유하였다.

가부장 이론가들이 언급했던 위계적이고, 불평등한 사회에서 출신성분, 성별, 혹은 나이와 같은 특징들은 한 사람의 지위를 결정하였다. 자유주의는 결국 평등한 사람들의 공동체에 누가 포함이 될 것인지에 대해 명확히 해야 했다. 17세기 자유주의의 도래 이후 누가 원래부터 평등한 사람인지에 대한 정의는 급격하게 변화해 왔다. 처음에는 "평등한 사람들"은 단지 상당한 재산을 소유한 성인 남성들에 불과하였다. 그러나 그 시기 이래로 대부분의 정치사상사에서 —실제로, 자유주의 국가에서 대부분의 정치적 관행에서도— 다양한 경제적 집단과 인종, 종교, 심지어 다른 성(sex)의 구성원들을 포함하도록 '평등' 개념의 확장이 수반되었다 비록 로크는 그것을 인정하려 하지 않았지만, 홉스가 시사했던 것처럼 자유주의에서 '성평등'의 근거는 이미 그 전제로부터 도출되는 논리적 결론 속에서 발견된다. 자유주의 사상의 근저에 있는 자는 천부적으로 자유롭고 동등한 개인이며, 여기서 개인이 남성 혹은 여성, 흑인 혹은 백인, 그리고 성공회교도 혹은 재세례파여야 하는지에 대해서 자유주의는 언급하지 않고 있다.

남성이나 여성이 소속된 정치체제에서의 개인의 참여는 성, 종교, IQ의 수준, 힘의 세기와 같은 특징으로 결정되는 것이 아니다. 사회에서 여성의 위치에 관한 동시대의 논쟁들 대부분에서 발견되는 긴장관계는 우리가 살아가는 정치체제의 사상적 근거인 자유주의의 평등주의적 가정과, 우리 사회의 성장과정 속에서 드러나는 가부장적이고 성적인 차이라는 관행 사이의 갈등에서 발생한다. 때로 자유주의 사회(또는 사상)에서도 그것이 과거의 흔적으로 남아있기도 하지만, 성적 불평등은 자유주의의 내재적 특성은 아니다.

자유주의의 이론적 구조 속에서 주목해야 할 불확실성은 우리가 본래 평등하다는 주장이다. 평등은 우리가 만든 정치 제도의 전제조건이지만, 우리의 조건에 대한 정확하고 역사적인 설명은 아니다. 홉스와 로크에 의해 최초로 제시된 자유주의는 추상적이고 무역사적[역사성이 없는] 정치사상이다. 그것은 구체적인 공간과 시간의 특수성을 회피하는 정치적 삶의 이론으로 전개된다.[7] 권리는 보편적인 것이다. 권리는 장소 혹은 시간에 따라 다르지 않다. 구성원들의 합의를 기반으로 설립된 정부만이 자유롭다고 말할 수 있다. 특정 국가의 경제, 사회, 그리고 문화적 특징을 이러한 연장선상에서 평가하는 것은 부적절하다.

자유주의는 모든 개인들이 기본적으로 평등하다는 것을 가정하고, 출신성분, 인종, 성, 혹은 연령에 의해 명백한 공간이 허용되지 않는 사람들이 존재하는 세상에서 정치적 정당성과 의무에 관한 질문에 답하고자 한다. 자연적 본성은 자유주의 사회에서 사람들이 어디에 있어야 하는지도 명확히 해주지 못할 뿐만 아니라, 정치 공동체의 구성원이 되는 사람은 누구이고, 그렇지 못한 사람이 누구인지에 대해서도 확실한 근거가 되지 못한다. 어떤 개인이, 남성 또는 여성을 시민사회를 구성하는 사회계약의 잠재적 참여자 또는 기 존재하는 사회계약에의 잠재적 동의자로 규정하는, '양도할 수 없는 권리'를 소유한 인간인지 아닌지를 우리가 단언할 수 있는 근거는 무엇일까?

이 질문은 투표 연령이나 태아의 지위와 같은 것들에 대한 동시대의 정치적 논쟁에서와 같이 명백히 어려운 문제이다. 기본적으로 평등과 권리를 중요시하는 자유주의는 우리에게 평등한 사람이 누구인지를 결정할 수 있는 방법에 대해서 알려주지 않는다. 마찬가지로 정치적 지위와 관련하여 남성과 여성을 구별하는 데에 대한 이론적 정당성도 부여하지 않는다.

이 책에서 논의하고 있는 서구 사상의 이천년은 전자유주의 시대, 즉 대부분의 영역에서 다른 사람으로부터 고립된 개인의 존재 가능성을 알지 못했던 시대, 모든 사람들의 원초적인 자연적 자유(natural freedom)를 상정하지 못한 시대, 그리고 개인이 생명, 자유, 재산, 행복 추구와 같은 것은 물론이고 어떠한 양도할 수 없는 권리를 가진다고 생각하지 못했던 시대를 포괄한다. 고대인들은 현재 우리가 이해하고 있는 것과 같은 인간의 권리에 대한 어떤 개념도 가지고 있지 않았다.[8] 전자유주의 시대에 개인은 자동적으로 다른 사람들과 평등하다고 여겨지지 않았다. 불평등은 사람들 사이의 관계를 규정하였고, 그의 의무의 근거를 설정하였다. 권위는 그들의 타고난 특징에 따라 누군가에게 속한 것이었다. 정치사상의 목적은 누가 권위를 소유하는지, 라틴어 표현에 의하면, 누가 지배력을 소유하는지를 밝히는 것이었다. 그러한 개인 혹은 개인 집단의 발견은 평등한 사람들의 동의에서 나오는 것이 아니었다. 특정인(철학자, 종교인, 부자, 자유인)의 판단은 다른 사람들의 그것에 비해 더 높은 가치를 인정받았다. 어느 누구도 다른 사람을 넘어서는 천부적 권위를 소유할 수 없는 평등한 개인에 근거한 정치철학의 발견은 홉스의 위대한 사상적 혁신이자,

그의 획기적 업적이었다.

전자유주의 시대에 또한 더 큰 전체(정체, 가족, 혹은 그 가족에 의해 숭배되는 신의 공동체, 혹은 기독교 시대에 신에 의해 지배되는 우주의 질서)로부터 분리된 자율적인 개인을 상정하기는 매우 어려웠다. 그러한 관계는 각각의 개인들이 자신의 자리를 발견해낸 권위의 질서가 성립되기 이미 오래전부터 존재해 왔다. 전체의 부분으로 존재하는 개인들은, 다른 이들과의 연계가 필요(자유주의는 이를 부정하지만)했기 때문에, 남성이거나 여성이거나 간에 무차별적으로 존재할 수 없었다. 그들의 연계는 공동체와 특히, 개인의 성과 연령에 따른 가정에서 그 혹은 그녀의 위치에 의해 정의되었다. 공동체는 그것을 구성하는 개인들보다 중요한 것으로 간주되었고, 공동체의 목적은 그 구성원인 개인들에게 행복을 주는 것이 아니었다. 공동체의 목적은 영광에 있었을 지도 모른다. 그 목적은 진실로 선하고, 이성적인 존재로의 인간의 변화였는지도 모르고, 신들 혹은 신을 위한 봉사, 혹은 집단의(개인에 반대되는) 행복에 있었을 지도 모른다. 그러나 가장 중요한 것은 공동체가 고립된 개인들의 요구와 이익에 봉사하기 위해서 존재하지 않았다는 점이다.

전자유주의적 공동체에서 누군가의 지위는 그 사람의 구체적인 특징에 달려있다. 그는 영리한가 아니면 어리석은가, 왕 혹은 농노(serf)로 태어났는가, 신앙심이 있는가, 없는가? 그리고 여성인가 아니면 남성인가? 여성은 특히 재생산을 위한 존재로서의 여성적 특성 —예를 들면 전사를 그의 힘과 무기의 소유와 분리하여 생각할 수 없는 것과 같이— 으로부터 분리되어 고려될 수 없었다. 전반적으로 그녀의 성에 따른 재생산의 능력 때문에, 여성은 가족 관계 속에서 존재했다. 대조적으로 전쟁에서의 그의 능력 때문에, 그리고 그는 일반적으로 육체적으로 더 강하기 때문에 남성은 보호와 리더십이 요구되는 정치적 단위와의 관계 속에서 존재했다.

그러나 중요한 것은 여성과 남성의 영역이 중복 된다는 것인데, 이는 우리가 논의하게 될 대부분의 사상가들이 이미 인식하고 있는 것이다. 가정은 때로 여성만의 영역으로 간주되어 왔지만, 이런 견해는 재평가될 필요가 있다. 가정은 명백하게 남성과 여성, 모두의 참여를 요구한다. 남성과 여성 모두에게 다음 세대의 도시를 위한 전사가 될 아들의 생산은 필수적이었다. 남성은 여성처럼 가족에 국한되지 않았음에도 불구하고 가정의 한 구성원이었다. 여성은 정체의 활동에 자유롭게 개방적으로 참여하지 않았음에도 불구하고, 그 정체의 일부였다. 여성은 정체의 존재를 위해 꼭 필요했고 정체의 연속성을 보증해 줄 자녀의 생산을 위해서도 꼭 필요했다. 이렇게 공적 영역과 사적 영역이라 칭해져 온, 기존의 영역들 간의 관계는 정치사상사에 있어 여성의 위치를 탐구할 때 지속적으로 제기되는 주제들 가운데 하나이다.

또한 우리가 전자유주의 사상에서 발견하는 것은 오늘날 우리의 정치적 삶에서 너무나 중요한 평등의 개념이 아니라, 상호보완성(complementarity)과, 차이, 그리고 전체를 구성하는 부분에 대한 강조이다. 남성과 여성 모두 전체의 존재를 위해 필요하다. 전 자유주의 사상은 성적 차이를 인정하고, 때로는 더 나을 수도 있고, 나쁠 수도 있는 일관적이고 안정적인 정치 공동체를 건설하기 위해 차이와 함께하는 작업을 시도한다.

우리가 이 시대의 사상가와 그들의 성적 구분을 다루는 방법에 대해 연구 할 때, 그들의 사상을 우리 자신의 선입견에 의해 평가하지 않도록 주의해야 한다. 정치적 삶에 대한 그들의 연구에서의 지배적인 문제는 평등과 자유의 제도화도 아니었고, 이 둘 사이의 긴장을 완화시키는 것도 아니었다. 오히려, 그들은 정치적 통합의 창조에 대한 문제들과, 자급자족의 달성, 부패의 방지, 그리고 개인을 위한 가장 고귀한 삶의 본질이 정체에 대한 헌신과 참여를 통해서 오직 집단적으로만 경험된다는 점에 초점을 맞췄다. 이러한 맥락에서, 여성은 정치의 가능성이 제한되고 남성과의 차이를 인정하고 편입된 통합적 체제의 구성원으로서 등장한다. 이들은 잠재적으로 정치 공동체의 평등한 구성원으로서 관습과 전통이 과거에 남성에게 부여한 권리를 부인하는 현대의 여성과는 다른 모습을 보인다.

보편성(univerality)과 특수성(particularity): 국가(state)와 레짐(regime)

오늘날 정치는 법으로 선포된, 그리고 정치체제의 행정기구에 의해 강제적으로 적용되는 평등과 연관되어 있다. 자유주의 사회에서 법은 보편성을 다룬다. 즉 그것은 개별적 개인에 적용하는 것이 아니라, 정치 공동체의 모든 구성원에게 적용 가능한 일반적인 지침을 제공한다. 차를 운전하는 사람들에게만 적용되는 법이 있을 수 있으나, 이 법은 인종, 성별, 경제적, 혹은 정치적 지위와 상관없이 차를 운전하는 모든 사람에게 똑같이 적용된다. 우리는 평등이 항상 실천되는 것이 아님을 모두 알고 있지만, 시장의 아들에게 교통위반 고지서를 발부하지 못하는 것을 정의의 왜곡으로 설명한다. 그러므로 법은 개별적인 성적 특징을 무시할 수 있다. 현대 사회에는 법이 남성이든 여성이든, 흑인이든 백인이든, 젊은 사람이든 늙은 사람이든 간에 모두를 평등하게 다룰 것이라는 기대가 있다. 입법은 그러한 개별자로부터의 추상의 과정이고, 자유주의 사상은 그러한 추상적 작업을 필요로 한다. 평등권에 대한 미국 헌법 수정 조항(The Equal Right Amendment)은 진정한 자유주의 사회에서 이와 같은 구체적인 특징으로부터 추출된 이러한 추상적 개념을 제도화하려는 시도로 이해되어야 한다. 왜냐하면 그러한 추상화 작업은 진정한 자유주의 사회에서 필수적이기 때문이다.

전 자유주의 사상가들에게 있어서, 여성은 평등주의자의 입법 활동을 통해 정치공동체의 평등한 구성원이 된 것도 아니고, 될 수도 없었다. 오히려 여성은 법과 정치의 영역과 같은 보편적인 것 보다는 사적이고 특수한 것에 대해 보다 더 관심을 갖고 있었다. 여성은 보편적 입법 활동의 영역 밖에 존재했다. 예를 들어, 여성은 개별적 아이들과 남편, 그리고 가정을 돌보기 위한 존재로 보여져왔다. 도시 전체를 방어하기 위한 전투에서, 남성 전사들은 자신을 보호하면서 동시에 모두를 —모든 여성과 아이들, 가정을— 보호했다. 이러한 방식으로, 그는 가족을 통해 개별 여성과, 그리고 도시의 지속적 존속에 필수적인 재생산의 과정에 연결됨과 동시에 보편성에 관련되었다.

전자유주의의 학자들은 보편성과 특수성 사이의 관계들을 개념화하지 않았다. 예를 들면, 아리스토텔레스(Aristotle)의 『정치학』은 남성 시민에게 좋은(고귀한) 삶을 향한 자급자족적 도시에 대한 비전과 함께 시작한다; 그리고 나서 그는 곧장 가정 관리의 필요성에 대한 확장된 영역으로 선회했고, 가족 내에서의 특수한 관계는 도시의 보편적 영역에 선행되어야만 한다. 도시의 남성들은 종종 추상성과 보편성에 대한 도시의 잠재력을 과대평가한다; 여성은 특정한 육체—특히, 재생산 가능한 여성의 육체— 에 도시가 의존한다는 것을 분명히 함으로써, 그 잠재성의 한계를 초기의 사상가들에게 상기시킨다.

고대의 사상가들도 인정한 이러한 한계점은 현대의 해석자들에 의해 때로 인식되지 못한 채 간과되었다. 보편성을 지향하는 남성의 성향(orientation)은 이러한 해석들이 보편성 내부의 특수성에 대한 중요성을 이해했고 여성이 남성과 평등한 존재는 아니지만 그럼에도 불구하고 정치공동체의 중요한 부분으로 존재했다는 것을 인식했던 전자유주의 사상가들의 깊이 있는 분석을 가로막았다. 정치사상사 연구에서는 정치적 삶의 유일한 참여자로 나타나는 남성의 역할에 지나치게 관심이 집중되어 있다. 전자유주의 사상가들은 여성이 통치 구조나 의회 혹은 군대, 사법부와 같은 정치 제도라고 불리우는 것의 일부가 아니었을지 모르지만, 여성은 한 공동체를 특징짓는 정치적, 사회적, 경제적, 그리고 종교적 관계들의 전체를 망라하는(encompasses) "레짐(체제 regime)"의 일부였다고 인식했다.

대조적으로, 자유주의자들은 이러한 포괄적 레짐(comprehensive regime)의 존재를 인정하려 하지 않는다. 자유주의 사회에서의 정치는 경계가 구분된 영역이고 다양한 제도들 중의 하나이다. 그러므로 정치의 논리는 가족, 교회, 또는 시장의 그것과는 다르다. 1970년대 초기, 미국의 페미니스트들이 "개인적인 것이 정치적인 것"이라고 선언했을 때, 그들은 밀접하게 통합되어 있는 것으로 보이는 것이 이론적으로 분리되어 있는 점에 반발한 것이었다. 자유주의 시각은 국가와 사회의 분리를 주장한다. 국가는 통치 구조의 영역이고, 이는 최근까지 여성들이 거의 보편적으로 제외되어온 영역이다. 자유주의 사상이 국가에 초점을 맞춰 왔기 때문에, 자유주의적 가정들에 영향을 받은 정치적 삶에 대한 논의에서 여성은 공공연히 드러나지 않았던 것이다. 반면 여성의 역할은, 국가와 사회가 "레짐(regime)"이라는 개념으로 융합되었기 때문에, 전자유주의 사상의 틀 안에서 논의되어야만 했다.

공동체가 통치되는 방식, 즉, 제도적 권력의 분배는 물론 공동체의 성격에 영향을 준다; 물론 입법과정에 참여하는 사람이 누구이고, 그 법의 집행인이 누구인지를 통해서 어느 공동체에서나 존경받을 사람이 누구인지와, 공동의 가치와 행위 규범을 설정하는 사람이 누구인지가 규정될 것이다. 그러나 정치권력의 분배는 공동체를 정의하는 일부에 지나지 않는다. 고대 사상가들은 이외에 다른 요소를 인식한다; 인간의 본연적 기질(native character), 그것의 예술적 형태와 종교적 실천으로 표현되는 믿음, 가족관계의 구조와 같은 것들이 그것이다. 이 모든 것은 상호의존적이다. 그리고 레짐을 규정하는 것은 이러한 상호의존성이다. 공동체에 개별적 성격을 부여하는 것이 바로 레짐이다. 예를 들어 프랑스를 영국과 달리 인식하게 만드는 것이 바로 레짐이다. 각각의 공동체가 그 스스로를 통치하는 제도적 구조 안에서 차이를 넘어서는 방법으로 모든 공동체는 개별적이고 특징적인 성향을 가지게 된다.

국가와 사회의 분리, 레짐과 같은 개념의 거부와 함께 근대 자유주의 국가에서, 자의적 지배로부터의 자유는 국가의 간섭 없이 자신이 하고 싶은 대로 자신의 삶을 선택할 수 있다 —"자신만의 일을 하는 것(to do one's own thing)"— 는 것을 의미하게 되었다. 정부와 사적 삶의 분리는 우리가 자유를 이해하는데 기본이 되는 요건이다. 우리들 각자는 우리가 삶에서 무엇을 해야 하는지를 우리에게 말해줄 수 있는 사람이 없다는 것을 믿는다. 정부는 우리가 우리의 의지대로 우리의 삶을 영위하기 위하여 존재한다. 자유주의 시대 이전인 초기 중세 시대에 "양검론"(two swords)과 함께 교회와 국가를 분리하는 데에서 시작되었다는 공적인 것과 사적인 것의 이분법은 근대에 와서는 존 로크의 「관용에 관한 편지」(A Letter Concerning Toleration)에서 최초로 예리하게 언급되었다. 비록 명백한 조건을 제시하기는 했지만, 로크는 모든 국가의 정부가 시민들의 관습과 종교적 믿음을 결정하는데 어떤 역할도 해서는 안 된다고 주장했다. 그는 정부의 권력이 공공의 선(public good)에 영향을 주는 범위에 한정되어야 한다고 강조한다. 개인의 사적인 선에 영향을 주는 종교는 집행권에 종속되지 않는다.

> 모든 사람의 영혼의 돌봄은 스스로에게 귀속되고, 그 스스로에게 남겨져있다. 그런데, 스스로가 그의 영혼을 돌보지 않으면 어떻게 될까? 나는 대답한다: 그가 자신의 건강과 다른 어떤 것보다 집행

> 권을 가진 정부와 보다 밀접하게 연관되어 있는 자신의 자산을 돌보는 것을 게을리 하면 어떻게 될까? 그가 아프지 않고 가난하지 않도록 행정부가 도와줄 수 있을까? 법은 가능한 범위 내에서 신민들의 재산(goods)과 건강이 다른 사람의 폭력과 사기로 인해 침해받지 않도록 해야 한다; 법은 소유자 자신의 서투름이나 부주의로 인한 것은 보호하지 않는다.[9]

이와 함께 우리는 공동체가 젊은이에 대한 도덕 교육과 공동체의 종교적 삶에 대한 유지를 담당했던 고대 그리스의 도시국가인 폴리스를 비교해 볼 필요가 있다. 『정치학』에서 바빌론의 도시에 대한 아리스토텔레스의 언급이 교훈적인 이유가 바로 여기에 있다. 아리스토텔레스에게 도시는 모든 사람들이 모든 사람을 직접 알고 있어야 하고, 특히 그들의 도덕적 특성까지도 알 수 있어야 하는 하나의 레짐이었다. 바빌론은 너무 큰 도시국가여서 사람들은 서로를 알지 못했고, 다른 사람의 도덕적 삶에 대해서는 훨씬 더 무관심했다. 실제로 그 도시는 너무 커서 음악과 댄스가 계속되는 도시와 동떨어진 곳에서는 이틀만 지나도 그것에 대해 알 수 없었다. 사람들이 전체로서의 도시의 삶과 동떨어져 그들 스스로의 삶만을 살아가는 이러한 규모의 도시는 아리스토텔레스에게 도시가 아니라 분열과 붕괴의 지경에 이른 제국에 불과했다. 아리스토텔레스의 시각에서, 사회의 모든 구성원은 다른 구성원들의 복지와 건강, 그리고 종교에 관심을 가져야만 한다. —그렇지 않다면, 우리는 도시국가에 있다고 말할 수 없다.[10]

로크가 「관용에 관한 편지」(A Letter Concerning Toleration)를 썼을 때, 종교적 삶과 정치적 삶을 서로 분리해서 생각하자는 그의 제안은 당시로서는 충분히 도발적이어서 그는 그 편지를 자신의 이름으로 출판할 엄두를 내지 못했다; 일생동안 그는 자신의 저술임을 인정하지 않았다. 미국에서 공화주의 정부형태가 자리 잡을 때가 되어서야, 이러한 사회와 국가의 분리가 권리장전에 의해 보장받았다. 권리장전은 사회의 정치세력으로 제도적 통제의 영역 밖에 있었던 종교뿐만 아니라 언론, 사회 집단, 그리고 뉴스미디어도 보장하게 된다. 이러한 분리 뒤에 있는 가장 간단명료하고 유명한 원칙에 대한 표현은 존 스튜어트 밀의 논문 「자유론」(On Liberty, 1859)에서 나타난다. 여기에서 그는 로크가 2세기 전에 했던 것처럼, 개인들의 행동이 다른 사람에게 피해를 주는 경우를 제외하고는 모든 개인들의 삶에 정부가 간섭하는 것은 용납할 수 없는 것이라고 주장한다. 누군가가 다른 누군가에게 어떤 태도로 행동하게 하도록 고무할지도 모르지만, 밀은 다음과 같이 언급한다:

> … 그 어떤 한 개인이나 집단도(number of persons) 성년이 된 다른 사람에게 그 자신의 삶에서 그 스스로의 이익을 위해 자신이 선택한 일을 해서는 안 된다고 말할 자격이 없다. … 최종적인 판단은 그 자신의 몫이다. 그가 다른 사람들의 조언이나 경고를 거스르는 것과 같은 모든 오류보다 다른 사람들이 그에게 좋은 것이라고 여기는 것에 그가 따르도록 강제하는 해악이 훨씬 더 크다.[11]

자유주의 사회에서 정부는 개인의 보호자 일지도 모르지만, 그 보호받는 개인의 삶의 방식에 대해서는 말할 것이 아무것도 없다.

오늘날 국가와 사회를 구별하는 자유주의 정치체제(polity)와 대조가 되는 것은 적개심과 두려움을 일깨우는 모델로서 양자를 통합하는 전체주의적 레짐이다. 그러나 국가와 사회의 경계는 고대 정치와 그 소산인 정치 철학의 중요한 부분인 사회, 경제, 종교, 그리고 정치적 관계의 통합을 무색하게 했다. 정치는 그 자신만의 영역이 되었고, 오직 정부 과정과 연관된 제도적, 법적 구조로만 인식되었다; 사회는 정부와는 별개의 것이 되었고, 우리가 목도한 이 분리현상으로 각 분야는 이제 각 대학에서 해당 분야를 연구하는 별개의 학문분과로 정립되었다.

따라서, 정치가 자유주의적 맥락 속에 있는 만큼, 그것이 단지 공적 영역으로써, 권력과 입법, 그리고 사법의 권위적인 배분의 영역이라고 여겨진다면, 여성이 어떻게 그리고 왜 정치사상사 연구에서 배제되어 왔는지를 쉽게 알 수 있다. 여성은 최근까지 거의 이러한 공적 삶에 참여하지 못했다. 여성들은 권력을 거의 배분받지 못했고, 입법자로서 봉사하거나, 혹은 사법 과정에서도 참여하지 못해 왔다. 시민들이 살고 있는 사회와는 구별되는 정부에 대해 거론할 가능성 자체를 부인하면서, 공적, 사적 삶 모두를 포함하는 레짐에 대한 고대의 개념은 정치적 삶에 대한 논의에 있어 여성을 포함해야 한다.

두 영역간의 구분에 따라, 자유주의 이론에서 공적영역은 고대에 가지고 있었던 많은 위상을 상실했다. 리더십은 더 이상 전쟁에서 특출한 사람의 기량, 군주가문, 지성, 혹은 신으로부터의 은총과 같은 지도자의 자질에 의존하지 않는다. 오히려 지도자의 지위는 국민들의 의지에 의존하고, 어떤 지도자의 개인적 자질에 대해서는 거의 언급하지 않는다. 특히, 홉스는 독자들에게 공적인 삶, 권력과 명예의 쟁탈전에서 돌이켜야 한다고 주장했다. 고결하다고도 생각할 수 있는 인간의 탁월성 개념은 실제로 정치적 혼란을 야기한다. 공적 영역에서의 명망을 얻기 위한 충돌(갈등)이 내전으로 이어질 수 있다고 우려하면서, 홉스는 사적인 경제 영역에서 만족을 추구해야 한다고 주장했다. 여기서, 사적 즐거움과 안락함과 같은 여유로운 삶의 추구가 명예와 공적 고귀함의 추구를 대체하게 된 것이다.

자신의 소유 이론 —재산의 취득을 위한 경쟁이 부를 증가시키고, 전체 인종들의 행복을 가져온다는 주장— 을 통해, 로크는 공적 삶을 포기하고 부를 위한 사적 추구로 돌아서는데 정당성을 부여했다. 공직에 대한 경쟁보다, 재산의 획득과 자연의 개선을 통해 자연에서 제공된 자산을 증가시키는 작업으로 인간은 보다 더 풍요로워질 수 있게 되었다

"경제(economics)"라는 용어는 각각 가정과 법을 의미하는 '오이코스(oikos)'와 '노모스(nomos)'라는 그리스 단어에서 파생되었다. 그것은 가정 관리법이다. 전통적으로, 이것은 여성의 영역이었다. 아리스토텔레스에 따르면, 여성은 가정으로 반입되었던 재산의 운용과 관리를 감독한다. 자유주의 시대와 산업화의 대두와 함께, 사적 세계는 더 이상 여성을 위한 공간으로 남아있지 않았다. 대신에, 그 사적 영역은 공적 삶으로부터 떠나 유랑하고 있는 남성들의 영역이 되었다. 경제가 가정의 범위를 떠남으로써, 남성은 경제의 행위자가 되었다. 남성이 공적 존재로부터 사적 존재로 변화하게 되면서, 여성은

갈 곳을 잃고 말았다.

공사 영역 모두가 자유주의의 이론적 관점에서 남성의 활동을 위한 장이 됨에 따라, 이전에 사적 영역의 수호자로 자리매김해왔던 여성은 사회 현장에서 아무런 중요한 자리도 차지할 수 없게 되었다. 이것은 고대의 사상가들이 묘사했던 것과 같은 여성이 직면한 운명이 아니었다. 이들에게 가정은 여성들이 활동하는 사적 영역으로 남아있었다. 정치와 경제의 관계를 다루는데 있어, 그들은 자동적으로 그 공동체의 정치적 삶과 여성과의 관계를 다루었어야 했다.

공적인 것(정치)와 사적인 것(경제)는 모두 남성의 세계였기에, 자유주의 사상가들은 여성을 무시할 수 있게 된 것이다. 정치를 정부의 상호작용과 행정의 영역으로써 정의해온 자유주의적 관점은 우리로 하여금 고대 정치사상사에서 드러나는 여성의 위치를 보지 못하게 해왔다. 이들은 정치적 삶의 본질을 이해하는데 여성의 중요성을 알고 있었다. 우리가 지금 사적 영역이라고 부르는 곳에 제한되어 있었지만 여성들이 고대정치사상의 많은 부분을 차지하고 있었다는 사실을 인식하지 못한 것은 바로 우리들이었고, 이는 공적·사적 삶이라는 자유주의적 이분법에 기인한다.

결론

근대 분석가들이 가진 자유주의적 관점의 결과, 정치사상사 연구는 종종 통치 구조를 명시적으로 다루는 작업으로 제한되었다; 따라서 특정 문헌들은 정치사상사 연구에 있어 고전이 되었다. 레짐의 개념은 우리가 종종 그러한 규범적 고전(standard texts)을 넘어서야만 한다는 것을 의미한다. 연구자의 여성에 대한 고려는 종종 이 분야의 권위 있는 고전 작품 보다 다른 곳에서 나타난다. 만약 누군가가 그 도시의 정치적 삶에 대해 검토하고, 누가 시민이고 어떻게 권위가 배분되는지를 정의한 아리스토텔레스의 『정치학』 3권만을 읽는다면, 그는 결코 여성에 대해 들어본 적도 없다고 생각할지 모른다. 그러나 『정치학』의 앞의 두 권은 정치 공동체에서 여성의 역할을 광범위하게 다루고 있다. 누군가 『정치학』을 오직 1권과 3권만을 읽는다면, 그는 여성을 노예보다 덜 중요하다고 간주하며 결론을 맺을지도 모른다.

따라서 이 책의 다음 장들에서 논의된 몇몇 자료는 정치 사상사 연구에서 일반적으로 접하지 않았던 것일 수도 있다; 그러나 그것들은 인간의 삶에서의 정치체제와 그 역할을 고려한 여성의 위치에 대한 사상가의 인식 또는 특정 시기의 인식을 드러내는 자료들이다. 내가 바라는 것은 그 자료들이 어느 사회에서건 여성의 위치에 대한 이해가 특정 공동체에서 정치적 삶의 본질과 목적을 이해하기 위해 얼마나 중요한 것인지 보여주는 것이다.

여성의 존재가 주는 영향이나 인류가 두 성으로 구분되어 있다는 사실을 무시하는 것은 말하자면 오직 절반의 이론만 가지고 있음을 의미한다. 자유주의가 그랬던 것처럼 한(어떤) 이론이 경우에 따라서 성적 차이가 부적절하다고 주장할 수 있지만, 이러한 생각의 근거가 분명히 제시되어야 한다; 차이가 인식될 때까지는 그 근거가 충분히 밝혀질 수 없는 것이다. 이 책에서 나의 목적은 현재 우리가 그런 것만큼 여성에 대해 생각하지 않았다고 고대 사상가들에게 부담을 지우려는 것이 아니다. 그보다는 성차를 인지하는 것이 이론적으로 중요하며 인간사회에서 [성별] 구분의 의미에 대한 자의식적 이해가 필요하다는 점을 설명하려는 것이다. 우리가 여성을 찾지 않았기 때문에, 여성은 정치 사상가들의 문헌들 속에서 때로 보이지 않았던 것이다. 역사의 정확성을 위해서 뿐만 아니라 그들의 존재가 인간의 정치적 경험에 대한 보다 풍부한 이해를 제공해 주기 때문에, 그들은 정치사상사 연구에 재통합되어야 한다.

가장 근본적인 수준에서, 인류의 분할은 서로에 대한 우리의 기본적 상호의존과 고립된 개인이라는 가정으로 시작하는 정치사상의 한계를 드러낸다. 두 가지 성이 존재한다는 사실은 그러한 고립의 가능성을 부인한다. 엄밀히 말해서 서로 밀접하게 연결되어 있는 인간의 성에 대한 적절한 평가 없이 개인 개념을 도입했기 때문에, 가부장주의에 대한 반동으로 나타난 초기 자유주의는 전자유주의 시대 사상가들이 제기한 문제로부터 분리해서 생각하게 되었다. 우리가 이 책에 등장하는 사상가들에 주목하는 것은 단순히 옛것에 대한 흥미를 충족시키기 위해서 뿐만 아니라, 불평등, 공동체, 그리고 개별성에 대한 그들의 관심이 평등과 개인주의에 근거한 사회의 몇 가지 갈등을 설명해주고 있기 때문이다.

제2장

플라톤 이전의 그리스 문학에 나타난 여성, 가족, 그리고 폴리스(polis)

정치 철학의 다양성과 기원들

정치철학은 폴리스(polis – 흔히 '도시국가(city-state)'라고 번역된다)라고 알려진 고대 그리스의 공동체에서 시작한다. 이러한 공동체들은 B.C. 7세기 중반에 발달하였고, 고대 마케도니아 필립왕의 무력에 굴복하기 이전인 B.C. 5세기와 4세기 무렵 그 절정에 이르렀다. 필립왕은 그들을 그의 제국의 일부로 만들었고, 이렇게 하여 그들의 독립을 종식시켰다. 그리스 인들은 공통의 이름과 언어, 신, 그리고 관습으로 통합되어 있었지만, 정치적으로는 분리되어 있었다; 각각의 폴리스는 조심스럽게 그들의 자율성을 지켰다. 이러한 폴리스들 중 가장 널리 알려진 곳은 아테네이고, 현재까지 전해져 오는 그리스 문학의 대부분은 아테네에서 비롯된다. 우리가 스파르타와 코린트와 같은 여타 폴리스들의 정치적·사회적 구조에 대한 자료를 가지고 있다 하더라도, 그리스인들이 그들의 정치적 삶의 가치와 여성의 위치(place)를 어떻게 평가 했는지를 밝혀내기 위해서 우리는 우선적으로 아테네 사람들의 삶을 살펴보아야 한다.

정치철학의 발생은 인간이 살아가는 —그리고 거기서 살아왔던 사람들에게 변화의 기회가 되기도 하는— 정치 사회를 평가하기 위한 자의식적인 시도에 의해 좌우된다. 정치사상의 전통은 기존의 상태가 자연적으로 주어진 것이라는 점의 수용을 거부하는 데 의거하거나, 혹은 역으로, 자신이 살게 된 정치공동체의 본질을 비판적으로 검토해볼 수 있게끔 하고, 그가 사는 방식이 생존을 위한 유일한 방법이 아님을 인식하게 만드는 탐구 정신에 의해 결정된다. B.C. 6세기 중반, 아테네는 부의 불평등한 분배로부터 발생한 일련의 갈등에 시달렸다. 아테네인들은 그들의 지도자인 솔론(Solon)에게 새로운 법체계를 개발하고 그렇게 함으로써 그들의 경제적, 정치적, 사회적 삶을 향상시키기 위해 전통적 대응 방식들을 변화시킬 수 있는 기회를 부여했다; 다시 말해, 그들은 법이 신으로부터 기인하거나, 자연적으로 존재하는 것이 아니라는 점을 인지하고 있었다. 인간은 그러한 법을 다루고, 바꿀 수 있었다. 그러나 만약 우리가 법을 바꾸려 한다면, 우리는 또한 다음과 같은 질문을 기꺼이 제기해야 할 것이다; 그들[법률]이 옳은(good)지, 혹은 최상의 정치 체제가 될 수 있는 것이 무엇인지, 그리고 우리가 받을 수 있는 최상의 통치는 어떤 것인지 등에 관한 질문 등. 그들이 솔론에게 위임하면서, 아테네인들은 현재 있는, 그리고 과거에 있었을지 모르는 정치체제에 대한 질문을 그들 스스로 열어두었다.

그리스 역사가 헤로도투스는, B.C. 5세기 중반에, 동서 간의 대전인 페르시아 전쟁사를 집필했다. 그러나 그의 역사는 전투와 군사전략 그 이상의 것에 초점을 맞추었다. 그는 알려진 모든 세계로의 다양한 관습과 사회적 기구들에 대한 설명을 포함했다. 한 민족(a people)

이 자신의 관습에 대한 좋음(goodness) 여부에 대해 의문을 제기할 수 있도록, 그는 인도나 에디오피아 만큼 먼 곳으로부터, 그리고 부모가 죽었을 때 그들을 먹는 것이 그들에 대한 존경의 의미를 갖는 나라, 매장이 관행이었던 여타의 나라들, 군주가 통치하는 사회, 인간(men)이 스스로를 통치하는 아테네와는 다른 사회들로부터의 믿기 힘든 일화들을 기록했다. 그는 결혼적령기의 소녀들이 아프로디테의 신전 앞에서 기다리다 남성과 하룻밤을 보낸 후에야 결혼을 할 수 있었던 사회에 대해 기술했다. 그는 정숙함이 그 무엇보다도 가장 소중한 것으로 여겨졌던 그 밖의 사회들에 대해서도 언급했다.[1] 헤로도투스에게 인간사회를 통합하는 특징은 관습, 규범(nomos)이다. 그는 관습이 각각의 사회마다 다를지라도 규범이 으뜸가는 것이라고 말한다.

만약 관습이 정말로 으뜸이고 다양한 것이라면, 진정한 선(good)이 무엇인지 어떻게 우리는 규정할 수 있는가? 인간이 살고 있는 사회의 관습에 의거하여 모든 것은 상대적인가? 예컨대 우리가 관습보다 자연에 더 의존한다면 우리는 무엇이 좋은가에 대한 영구적이고 보편적인 가치의 기준을 발견할 수 있는가? 그러나 만약 우리가 이 후자의 질문을 건너뛴다 해도 다른 문제가 발생한다; 어디에서 우리는 관습과 달리 시공을 초월해서 진실한 자연을 발견하는가? 그리스 정치철학은 자연의 의미에 대한 의구심과, 본질적으로 최선의 것이 존재한다고 말할 수 있는 것이 있는지의 여부에 근거하고 있다. 우리는 자연을 영구적인 기준으로써, 그리고 우리의 행동지침으로 생각할 수 있는가, 그렇지 않으면, 우리가 우리의 조상들로부터 받아들여 왔고 보편적인 것으로 인정한 특수한 관습에 의존해야만

하는가?

사회적 환경에 대한 그러한 반성이 그리스에서 시작됨과 동시에, 이른바 자연철학자(nature philosophers)들은 "자연(nature)" 개념을 찾아내는데 대한 어려움을 강조했다. B.C. 6세기와 5세기에 이들 철학자는 세계의 다양성을 인지했고, 그 근저에 있는 영원한 근원적 본성을 탐구했는데, 몇몇은 물(water), 다른 이들은 공기(air) 혹은 규정될 수 없는 '무한자(infinite)'를 지목했다. 그들은 우리가 우리의 눈으로 보는 것이 반드시 실재하는 것은 아니라고 주장했다. 우리는 나무와 바위들, 그리고 머리카락과 손톱을 볼지 모르지만, 그들은 모두 하나의 본질적인 요소에 대한 변형(variations)들이다. 그들은 다양성이 불완전한 시력의 결과였다고 주장했다. 우리는 우리의 눈으로 볼 수 없다. 물속에 있는 막대기는 휘어져 있다; 만약 물이 제거된다면, 그것(막대기)은 똑바르게 보인다. 따라서 우리는 우리의 시력을 믿을 수 없다. 준수되고 있는 관습의 다양성은 표현된 다양성의 근저에 있는 본성과 비교 분석되어야 한다.

고대 아테네에서의 가족은 모든 사회의 관습과 같은 사회적 제도였고, 모든 사회의 관습과 마찬가지로 철저한 감독아래 있었다. 가족의 근간(foundation)에 대한 이러한 의문 중 가장 잘 알려진 사례는 우리가 플라톤의 『국가/정체』로 들어가는 다음 장에서 논의가 되겠지만, 그리스의 문학을 통해 가족과 그 안에 있는 여성은 성적 관계(sexual relationships)의 질서 —즉 이러한 관계가 자연에 근거하는 것인지 아니면 통상적 관습의 결과인지— 에 대해 지속적으로 질문해 왔다. 소크라테스 이전의 시기 즉, 아테네에서 B.C. 5세기 후반기 이전에, 가정

—오이코스(*oikos*)는 여성의 삶의 경계로 규정되었다.[2]

여성과 관련하여 소크라테스 이전의 정치사상은 가정과 도시와의 관계, 내재된 긴장상태, 그리고 공존가능성에 관한 문제에 중점을 두었다. 가정의 자연성(naturalness)과 그것이 유발하는 성적 관계의 문제는 소크라테스 이후의 시기, 플라톤과 아리스토텔레스가 함께한 B.C. 4세기에 이루어진다. 초기에는 가족이 거의 보편적으로 불가피한 제도로써 받아들여졌지만, 엄밀히 말하면 그것의 불가피함 때문에 그것은 폴리스의 공적 구조에 부담이 되었던 것이다. 직접적으로 가족의 자연성에 대한 의문에 맞선 플라톤과 아리스토텔레스의 저서들은 가족이 그것 자체로 자연스럽게 받아들여졌던 소크라테스 이전의 사상에서 발생한 긴장상태를 해결하기 위한 시도들이지만, 또한 정치적 삶에 대한 위협이기도 했다.

그리스인들의 의식 속에서 제도로써 가족이 얼마나 생생하게 존재하는지를 깨닫기 위해서는 그리스 비극의 주제를 생각해보기만 하면 된다. 이러한 연극들은 종종 무서우리만큼 자세히, 가족 서로간의 다양한 관계를 드러낸다. 가족은 모든 인간의 열정이 그 자체로서 해결되어가는 거대한 용광로가 되었다. 그러나 가족 내의 관계는 폴리스를 구성하는 외부의 관계와 결코 고립되어 있지 않았다. 남성과 여성, 부모와 아이라는 가족의 구성원들은 다양한 방법들로 폴리스의 존재에 연결되어 있었다. 이러한 두 공동체의 요구는 종종 갈등했고, 따라서 많은 그리스 비극에서 가족과 폴리스간의 근본적 긴장관계가 드러나기도 했다. 우리는 양육의 사적세계로서의 가족의 필요와 전쟁과 죽음이라는 공적세계로서의 폴리스의 요구 사이에서 갈등을 발견한다. 아테네인들에게서 볼 수 있는 것처럼, 아버지, 어머니, 자녀와 노예로 구성되는 가족은 군사적이고 참여적인 도시의 삶에 전적으로 참여할 능력을 가진 자유롭게 태어난 성인 남성으로 구성된 정치 공동체와 구조적으로 반대였다.[3] 가족은 그리스 사회구조에서 드러나듯이 잊혀진 것이 아니라, 오히려 때로는 안정화시키는 요소, 때로는 불안정하게 만드는 요소가 될 수 있는 대안적인 가치들의 근거로 제시되었다.[4]

이 장에서 우리의 목적은 가족의 가치와 공동체(city)의 가치에 대한 상호보완성, 상호의존성과 함께 그들의 차이를 이해하는 데 있다. 이는 4세기 철학자들이 다룬 정치적 삶에서 여성의 위치를 논하는 어려움에 대해 밝혀줄 것이다. 우리는 먼저 그리스인들에게 그들의 신학과 도덕적 체계를 제공한 서사시인 호메로스의 『일리아드』(Iliad)와 폴리스가 융성하던 시기에 쓰여진 몇몇 시를 간단히 살펴 볼 것이다. 다음은 B.C. 5세기로 페리클레스, 아이스킬로스, 소포클레스, 에우리피데스의 고전시기인데, 이때는 아크로폴리스가 세워지고, 프리즈(frieze)•와 메토프(metope)••가 조각 되던 시기였다. 5세기 까지 폴리스의 구조는 구체화되고, 모든 것을 아우르는, 왕성한 공동체가 되었다. 그리스인들은 폴리스에 참여하는 문명화된 존재로 정의되었다. 그러한 참여는 의회에서 공공연설과 전장에서의 활동을 의미했다. 이 두 가지의 참여 형태에서 여성은 배제되었다. 이 시기의 연극

• 프리즈(frieze): 고전 건축에서 기둥머리가 받치고 있는 세 부분 중 가운데. 띠 모양의 장식

•• 메토프(metope): 그리스의 도리스 식 오더의 프리즈에서 두개의 트리글리포스 사이에 낀 방형의 패널. 채화 또는 부조로 장식되어 있다.

들은 공적참여(종교 축제들을 제외한)로부터 배제되었음에도 불구하고 어떻게 여성이 공적 삶에 포함되고, 어떻게 그것의 가치에 대한 근본적인 질문들을 제기하였는지를 보여준다. 그럼에도 불구하고, 공적인 것과 떨어진 영역 속에서 살아가면서 여성의 가능성은 제한되어 있었다.

전쟁과 영웅적 이상

그리스 폴리스는 다른 사람들의 권위로부터의 독립을 가장 소중히 여기는 작은 공동체였다. 그래서 그들은 끊임없이 전쟁의 위협에 직면했다. 따라서 시민들의 공동체는 전사들의 공동체를 의미했다. 정치 지도자는 군사 지도자였고, 호메로스의 『일리아드』에서 그리스 젊은이들에게 제시되는 영웅은 전투에서 적을 살육하는 위대한 전사였다. 이러한 영웅들은 그리스인들에게 죽음에 맞서 두려움이 없이 잘 싸우는 진정한 남성의 모델이 되었다.

그러나 『일리아드』에 등장하는 그리스 전사 아킬레우스와 트로이의 영웅인 헥토르 사이에는 중대한 차이가 있다.[5] 아킬레우스는 명성과 영예를 위해 싸운다: 그는 그가 기대했던 명예가 합당하지 않게 되자 전투에서 철수했고, 그리스인들의 성공과 생존을 위태롭게 만들었다. 아킬레우스는 그의 친구인 파트로클로스의 죽음을 통해 전투로 복귀했다. 아킬레우스와 반대되는 곳에 자신의 영예뿐 아니라 트로이라는 도시국가, 그리고 가족(아내와, 아이, 어머니와 아버지)을 위해서 싸웠던 헥토르가 있다. 그의 명성은 단순히 전투력에만 있는 것만 아니라 친족들을 보호하려는 그의 능력에 있다.

『일리아드』 6권에서, 호메로스는 헥토르와 안드로마케의 다정하고 로맨틱한 장면을 그리고 있다. 사랑과 배려가, 그리고 여성을 보호하기 위해 남성은 전장에서 적을 맞아 싸운다는 내용이 나타나 있다. 서사시의 극적인 전개의 하나로서, 명성을 위해 싸우는 영웅, 아킬레우스는 그의 전투가 단지 그 자신의 영예 그 이상을 위해서였다는 것과 그 역시 가족과 사랑하는 사람들과 연결되어 있다는 것, 그리고 그의 위대함도 사회관계의 복합구조 속에서 이해되어야 한다는 사실을 알게 되었다. 결국 마지막 권에서, 그리스의 아킬레우스와 트로이의 왕이자 살해당한 헥토르의 아버지인 프리아모스는 남성의 슬픈 운명에 함께 슬퍼하게 된다. 그들에게 있어, 어떤 이의 죽음은 다른 이의 생존에 필수적인 것이었다

이렇게 『일리아드』에서 그리스의 모든 작품을 지배하는 긴장이 드러난다: 그것을 통해 남성이 영광을 얻고 자신의 사랑하는 것을 보호하는 전쟁에 대한 요구(demands)가 오히려 전사들이 보호하고자 하는 가족의 요구에 반하는 것이다. 전사들은 다른 사람의 죽음을 가져오고 그들의 도시와 가족의 영역 밖에 있는 누군가의 피를 흘림으로써 그들을 보호한다. 다른 사람의 목숨을 빼앗고 자신의 생명을 위험에 처하게 하면서, 전사는 출산을 통해 새로운 세대의 삶을 창조하는 가족에 반하는 기능을 한다. 그때 트로이의 성밖 전장에서 싸우면서 다른 사람과 그 자신의 죽음을 가져오는 전사로서 호메로스 시대의 남성과 도시의 성벽과 가정 내에 남겨져 그로부터 도시가

성장하게 되는 근본적 생명이 힘을 상징하는 여성 간에는 근본적인 갈등이 존재한다. 헥토르는 이러한 두 가지 역할에 대한 요구 사이에서 갈등을 겪으며, 비극적인 행동에 이른다. 작품의 극적 행동을 통해서, 아킬레우스는 성장하여 이러한 갈등적인 요구를 인식할 수 있게 된다. 이러한 방법으로 시인은 우리에게 사회적 상호작용의 본성을 이해하게끔 만든다.

남성과 여성 가치의 분리는 공간적 경계에 의해 물리적으로 반영 된다: 전투는 트로이의 성벽과 그리스의 무장된 캠프 사이에서, 가족의 세계 밖에서 벌어진다. 여성은 전쟁터나 남성의 세계 속으로 모험을 하지 않는다. 전투에서 돌아오면서, 헥토르는 안드로마케가 도시의 성벽에서 자신을 찾고 있는 것을 발견한다. 그는 그녀에게 작별을 고함으로써 자신이 왜 전쟁에 나가야 하는지 이해를 구하고, 또한 그녀에게 충고한다: "집안으로 들어가서 베틀과 실패를 가지고 당신이 할 일들을 처리하고 당신의 하인들에게 그들에게 주어진 일을 하도록 시키시오."[6] 안드로마케가 그리스 군인의 첩이되고 노예가 되어 더 이상 트로이 영웅의 아내가 아니었을 때에야 그녀는 도시의 성벽을 떠나게 될 것이다. 남성은 전쟁터에 나가 싸우기도 하고 삶의 사적 공간과 가족의 영역으로 돌아오기도 하면서 두 영역 사이를 자유롭게 넘나든다. 여성은 자유롭게 움직이지 못한다: 도시의 성벽을 넘어서는 움직임은 여성에게 자유에서 노예상태로의 이동을 의미하는 것이다.

호메로스의 서사시는 그리스 정치가 폴리스 사회로 정착되기 전에 씌여진 것이다. 서사시에서 묘사하는 삶은 아마도 대규모의 궁전과 중앙집권적 권위의 미케네 시대, 그리고 이주와 불안정의 시기였던 사회의 복합체일 것이다. 기원전 7세기 폴리스의 부상과 함께 그리스의 가치체계에 변혁이 나타났다. 정치체제가 더욱 결집됨에 따라, 정치 체제는 구성원들의 정서적 감정을 더 직접적으로 지배했고 구성원의 방어적 기술의 대상으로서의 가족을 대체했다.

동시에, 군사조직에서의 변형은 가족보다는 동료 병사에 대한 애착을 공고하게 했다. 밀집대형(방진, Phalanx) —전투대형으로 한 병사가 그의 왼쪽에 있는 병사를 그의 방패로 방어하게 하는 것. 이는 차례대로 (왼쪽에 있던 병사를 방어하던) 그 병사는 그의 오른쪽에 있는 병사를 통해 방어받게 된다.— 은 『일리아드』에서 묘사하는 것과 같은 개인의 영광과 공훈에 반하는 기능을 하게 되었다. 병사는 한 집단적 단위의 일부였다; 그 부대를 떠난다는 것은 병사와 그 동료들에게는 죽음을 의미했다. 도시에서의 참여 역시 비슷한 관점에서 고려되었다. 그 자신의 영광이나 그의 가족의 이익을 위해 싸우는 전사의 영웅적 모델은 개인도 아니고, 무턱대고 전장에 나가는 무리의 한 사람으로써도 아니라 단지, 도시를 위해 싸우는 전사로 대체되었다. 개인의 영웅적 행위를 드러내는 기회는 제한되었고, 집단(group)을 위한 헌신이 지배적이었다. 공동의 적과 싸운 전사들의 사이에서 평등주의(egalitarianism)가 발생했다; 훌륭한(good) 사람은 부유한 사람도 귀족도 아닌 집단 구성원으로써 잘 행동하는 사람이었다.

기원전 7세기 스파르타의 시인이었던 튀르타이오스(Tyrtaeus)는 방패엔 방패로, 발에는 발로(shield by shield, foot by foot) 전우와 함께 싸우라고 스파르타인들을 독려했다; "좋은 사람이 고국을 위해 전장의 최전선에서 죽는 것은 고결할 일이다." 그러나 그 남성이 전쟁에서 자신의 임무에 실패한다면, 그의 운명은 "사랑하는 어머니와 늙은 아버지, 어린아이들과 아내를 데리고 가장 비참한 모습으로 방황하게 될 것이다. 그가 직면하는 모든 것이 저주스러울 것이다."[7] 전사들이 트로이에서 살고 있던 가족을 보호하기 위해 헥토르처럼 싸우지 않았다는 것을 이 시에서 명확히 알 수 있다. 이제 남성은 보다 중요한 무엇인가를 위해 싸운다. 잘 싸우지 못한다면 전사들은 그 도시 앞에서 수치를 당할 것이고, 그의 가족들과 목적 없이 배회하게 된다. 가족의 보호도 충분히 보장되지 않는다. 여기서 남성다움이란 도시를 위한 전쟁에서의 용기로 이해된다. 덕(Virtue)은 공동체의 보호로 이어지는 사회적 속성(quality)이다. 인간이 헌신하는 대상으로 폴리스를 미화하는 도덕적 규범의 발전과정에서 망각된 것이 바로 가족이다, 즉 안드로마케(Andromache)에게 보낸 헥토르의 작별인사에서 잘 나타난 애정이다.

5세기, 아테네인들의 새로운 행동양식은 아마도 아테네의 지도자인 페리클레스가 아테네와 스파르타 사이에 일어난 펠로폰네소스 전쟁(427-04) 1년 후 장례식 연설에 대한 역사학자 투키디데스의 글에 가장 잘 나타나 있다. 페리클레스는 아테네를 위해 죽은 사람들을 칭송했다: 그들의 행동은 인간의 언어로는 형용할 수 없을 만큼 위대하다. 페리클레스는 죽은 병사들의 가족들에게 무자비해 보이는 말로 연설을 끝맺었다. 그는 먼저 부모들에게 말했다: "완전한 죽음을 맞이한 그들은 진정 행운아입니다.(당신들에게는 슬픔일지라도) 인생이란 종말에 임해서야 정확하게 평가되는 것으로 그들은 충분히 행복하다고 할 수 있습니다." 그리고 나서 그는 당시의 장면을 격려하면서 더 많은 자녀들이 그렇게 행동해야 한다고 말했다. 즉 이렇게; "도시에 봉사하십시오. 그러면 도시는 사람들을 저버리지 않을 것이며 안전이 유지될 것이다."[8] 희생된 남편들의 아내들에게 페리클레스는 이런 위로의 말을 전한다: "타고난 본분보다 더 나쁘게 되지 않은 것이 커다란 영광이다; 그리고 좋든 나쁘든, 남자들 입에 오르내리지 않는 여성에게 명예가 있다."[9] 다시 말하자면, 여성들은 주의를 끌어서는 안된다; 그들은 도시에 대한 헌신의 가치를 손상시켜서는 안 된다. 훌륭한 여성일지라도, 그들은 반드시 잊혀져야만 한다. 여성이 기억 속에 있는 경우, 안드로마케처럼 헥토르가 싸우고 전사할 때 드러났던 모순된 감정들을 불러일으킬 것이기 때문이다. 페리클레스는 정체를 위한 헌신이 가족의 사적영역과 관련된 모든 것보다 우선되어야 한다고 지적한다.

페리클레스의 연설은 도시에 활력을 부여하는 장군의 연설로서, 어떤 보상적 이익이나 애정이 없이 도시에 대해 전적인 헌신을 요구한다. 이런 연설에서 사적인(개인적인) 영역은 잊혀져야만 한다: 실제로, 사적 개인으로 남성이 행한 것은 무엇이든지 도시를 위해 싸우고 죽겠다는 그의 의지 앞에서 중요성이 약해질 수밖에 없다고 페리클레스는 주장한다. 그러나 투키디데스의 『펠로폰네소스 전쟁사』에 나타난 다음 연설에서, 페리클레스는 그 이상을 현실로 옮기는 것이 불가능하다는 점을 직시하게 된다. 여기서 그는 개인이 그들이 가지고 있는 것, 가족의 구성원으로써 그들이 가진 재산에 대해 관심을 갖는다는 것을 인식한다. 그러므로 그는 대중들에게 그들이 가지고 있는 것을 보존하는데 그들의 이익이 있다는 사실을 인정하고 있다고 그들에게 호소해야만 했다. 그들이 그것을 위해서 도시를 보호해야 한다고 그는 주장한다. 그 연설은 자기보존과 도시를 위해 죽는 것이 반드시 양립하지 않는다는 것을 인정하는데 실패했기 때문에 전적으로 만족스럽지는 않다. 그것이 간과했던 것은 정확히 이 시기, 그리스 무대에 올려진 많은 연극이 인식하고, 그리스 청중들 앞에서 극적인 형태로 제시한 문제들이다.

그리스 연극에서의 전사와 여성

그리스 연극은 아테네의 종교 생활의 한 부분 이었고, 풍요의 신인 디오니소스의 영광을 찬양하는 축제기간 동안 상연되었다. 또한 그리스의 폴리스에서 종교와 정치는 분리되어 있지 않았기 때문에, 이 축제는 정치적인 행사이기도 했다. 폴리스는 어떤 연극이 상연될지를 결정하고 부유한 시민들에게 상연 비용(제작 비용)을 의무적으로 지불하게 했다. 극장은 다수의 아테네 시민들을 한 장소에 모았는데, 여기서 그들은 집회에 갈 때 직면한 정치적 이슈에 대해 즉각적으로 투표하기 위한 것이 아니라, 인간과 신으로 구성된 공동체의 구성원으로써 삶의 이론적이고 도덕적 근거를 대해 생각하기 위한 것이었다. 연극은 아테네인들의 정치적, 종교적, 도덕적 삶에 대한 극작가들의 생각을 반영했다. 그러나 그것들(연극)은 또한 도시에서 시민들이 직면하게 될 내재된 긴장에 대해 인식할 수 있도록 시민 교육의 기회를 극작가들에게 제공하기도 했다. 극작가들을 단순히 도시의 가치들에 대한 대변인으로만 여겨서는 안된다. 그들은 아테네인들에게 도시가 그들에게 제공하는 가치를 생각해야 한다고 주장하는 사회비평가이기도 하다.

아테네의 여성이 연극에 참여했는지에 대한 논쟁은 여전히 진행 중이다.[10] 존재하는 증거들은 그들이 참여하지 않았다는 것을 시사하는 것처럼 보이지만 우리의 목적을 위해 중요한 것은 여성의 특성이 무대에서 드러난다는 점이다 —때로는 중요한 역할로, 때로는 남성의 힘의 허위성을 보여주면서. 우리는 연극에서 도시의 정치적, 도덕적, 그리고 종교적 삶 속에서의 여성의 역할에 대한 관심을 발견한다. 그리고 여성이 맡은 역할은 의문을 제기하는 역할로서, 전시에 남성의 헌신이라는 가치와 애정의 우선적 대상으로서의 도시와 관련되어 있다. 즉, 여성은 『일리아드』에 나타난 호메로스적 모델로부터 당시 정치 영역을 지배하는 폴리스로 그리스가 변모해 가는데 의문을 제기하는 것이다.

여성은, 그들이 살았던, 진실로 억압적인 상황에서의 해방이 필요한, 개인으로 다루어지지 않는다. 대부분의 경우, 극작가들은 여성에 대해 개인(individual people)으로서 관심을 갖지 않았고, 남성의 도시에 대한 헌신과 전장에서의 용기에서 비롯된 무한한 영광에 대해 의문을 제기하는 사람으로서만 관심을 가졌다. 폴리스에 초점이 맞추어져 있었던 남성적 세계관은 각자의 일상생활에서 형성되는 구체적인 관계로부터 개인의 관심을 강제로 분리해냈다. 이러한 연구에서 남성들이 보여주는 일상으로부터의 분리는 비극이 형성되는 조건이 되었다.

그리스의 극작가들이 종종 남성과 여성, 폴리스와 가정(oikos)에 대한 갈등을 표현하면서, 그들이 제기한 문제는 정치사회의 중심과제로서, 보편적인 공공성과 특수한 개인성, 공동의 것과 누군가의 소유물 간의 관계와 같은 것들이었다. 여성은 특수한 여성이 아닌, 공공 영역의 영광에 저항하는 인간성의 일부분으로 존재했다. 인간성의 이러한 두 가지 양상은 극적인 형태로 남성성과 여성성으로 분리되었고, 이러한 분리는 다른 가치는 배제되는 상황에서 한 가지 가치만 존중됨 —그것이 보편성에 대한 남성적 지향성이든 특수성에 대한 여성적 지향성이든 간에— 으로써 비극적 결과를 드러낸다.[11]

고대 그리스 3대 극작가(아이스킬로스(Aeschylus), 소포클레스(Sophocles), 에우리피데스(Euripides))의 현존하는 작품 47개 중 다수와 아리스토파네스(Aristophanes)의 11개의 희극에 이러한 일반화가 적용되었지만, 우리는 어떻게 이러한 주제들이 드러나는지 살펴보기 위해서 몇 가지 작품만 상세하게 살펴보기로 한다. 동시에 우리는 남성적인 것과 여성적인 것의 관계가 이러한 다면적인 작품들의 단지 하나의 주제(theme)로만 존재한다는 것을 인지해야 한다. 비록 우리가 정치사상의 고전에서 여성의 역할을 연구해야 하지만, 우리는 또한 남성과 여성에 대한 이슈가 이러한 작품의 전체를 차지하고 있다고 가정하는 실수를 해서는 안 된다. 나는 초기 정치사상에서 전통적으로 생략된 것이 무엇인지를 여기서 살펴볼 것이다. 그러나 내가 이러한 작품에서 발견한 것이 그들에 대해 언급될 필요가 있는 모든 것임을 의미하는 것은 아니다.

아이스킬로스의 『오레스테이아』(Aeschylus' Oresteia)

아이스킬로스(Aeschylus)의 『오레스테이아』(Oresteia)(458 B.C.)는 위대한 그리스의 비극작가 중 최고인 아이스킬로스의 3부작 중 하나이다. 이것은 아르고스 지방(그리스)에 위치한 아가멤논(Agamemnon)의 집에서 일어난 살인과 복수에 관한 이야기이다. 자신의 아버지 아가멤논을 죽인데 복수하기 위해 어머니 클리템네스트라(Clytemnestra)를 살해한 후에 오레스테스(Orestes)는 모친살해의 죄목으로 아테네의 법정에서 재판을 받게 된다. 아이스킬로스는 사람 사이의 갈등에 대한 해결사로서의 도시의 신화적 배경을 제시하기 위해 이 재판의 현장을 아테네로 설정한다. 오레스테스는 올림푸스의 신인 아폴론과 아테네가 전개한 논쟁의 결과 무죄를 선고받게 된다. 그들은 어머니와 아들 사이의 끈(인연)이 중요하지 않음을 강조한다. 아폴론은 말한다. "어머니는 그 아이들의 부모로 불려질 수 없다. 그녀는 그녀가 출산한 어린 씨에 영양분을 공급했을 뿐이다."[12] 그러나 오레스테스는 배심원단을 구성하는 다수 인간들에게는 그렇게 쉽게 어머니를 버릴 수 있다는 점을 납득시킬 수는 없었다.

이렇게 하여 가부 동수였던 투표는 배심원단의 장이었던 아테네 여신에 의해 최종 결정되었다. 그녀는 자신이 제우스신의 머리에서 탄생했다는 사실을 예로 들면서 남성 편에 섰다. "어떤 어머니도 나를 출산하지 않았다. 그러므로 나는 전적으로 남성을 존중한다. 결혼에 동의하는 것을 제외하고는 모든 것에서 나의 마음은 아버지를 지지한다."[13] 이러한 말과 함께 아테네는 남성의 패권과 여성의 억압

위에 건설되었다. 어머니를 살해한 대가를 치러야 한다고 오레스테스를 괴롭혔던 클리템네스트라의 유령과 복수의 여신들(The Furies)은 제압되었다. 그러나 이러한 전제 위에 도시를 세우고, 이중적 속성을 가진 배심원단의 인간들을 여성적 특수성으로부터, 그리고 사적인 정의(가족 내의 복수와 같은)로부터 분리해내는 방향으로 움직이게 한 것이 바로 신들이었다는 사실에 주목해야 한다.

『오레스테이아』의 마지막에 수록된 연설은 남성 질서를 위협하는 요인으로 여성을 묘사했던 초기 사실을 확인하면서 그리스의 여성 혐오를 드러내는 고전적 표현으로 받아들여진다. 아가멤논의 초연에서, 클리템네스트라는 남편의 피를 보고 봄비를 보듯이 기뻐하는 괴기스럽도록 잔인하며, 난잡하게 연인을 그녀의 집으로 끌어들이고도 공공연히 그리고 거만하게 아르고스 사람들에게 이에 대해 말하기도 하는 여성으로 묘사된다. 오레스테스에게 면죄부를 주면서 아테네 여신은 또한 어머니 살해에 대한 복수를 지지하는 복수의 여신들에게, 가족 간의 유대는 민주적 폴리스의 평등주의적 남성적 유대에 종속되어야 하는 것이므로, 폴리스의 이익에 봉사하도록 강요한다.

복수의 여신 퓨리스의 정의는 하나의 살인행위가 또 다른 살인으로 이어지듯이, 끊임없는 유혈사태와 무질서를 가져왔다. 그러므로 가정으로부터 도시로, 통제를 이전해야 할 필요성이 제기되었고, 그 과정에서 특정 아이, 혹은 특정 가정에 초점을 맞추게 되는 여성의 역할이 배제된 것이다. 아테네 여신의 위협으로, 본래 가정 내에서 두려움과 복수를 통해 질서를 유지하고자 했던 퓨리스는 도시에 친화적이고, 시민들 간의 갈등이나 도시의 무질서를 방지하는 임무를 가진 에우메니데스(Eumenides, 자비의 여신)로 변화하였다. 관계의 우선권이 가정에서 도시로 이전되었으며, 그러한 움직임과 함께 여성의 중요성과 어머니의 의미가 부인되었다.

아이스킬로스가 여성, 특수성, 그리고 모성으로부터의 분리에서 정치적 통합의 근거를 밝히면서 또한 사람이 특별한 것에 대한 애착을 보편적인 것으로 변화시킬 때 잃게 되는 것이 무엇인지를 알려주기 위해 3부작 중의 초기 작품을 사용하고 있다는 점에 이러한 희곡 작품 독해의 의미가 있다. 자신의 어머니에 대한 오레스테스의 살해는 커다란 심리적 저항감에 직면하면서 실행된다. 그는 아폴론의 손에 이끌려 아버지의 살해에 대해 복수하게 되지만, 3부작의 마지막 장면에서 아테네가 그리 쉽게 저버린 어머니와의 연계를 부인하는 데에 매우 어려움을 겪는다. 뱀 한 마리가 자궁에서 나와 젖가슴의 피를 빼는 어머니의 꿈에 대해 알게 됐을 때, 오레스테스는 자신을 그 뱀으로 인식하게 된다. 그는 그녀에게서 태어났고, 그녀에 대한 그의 증오감에도 불구하고, 그는 자신이 그녀의 아들이라는 것을 인정한다. 오레스테스가 클리템네스트라를 막 죽이려고 할 때, 그녀는 그에게 그녀와의 끈을 상기시키기 위해 그녀의 젖가슴을 드러낸다. 그는 망설이며 그녀와 논쟁을 벌이고, 그가 그러한 행위를 하지 않을 경우 아폴론이 예언한 공포를 그에게 상기시켜준 한 친구의 강력한 촉구를 통해서만 그녀를 살해할 수 있게 된다. 모성과 특별한 끈의 배제, 그리고 도시의 보편성으로의 분리는 매우 어렵게 이루어진다.

오레스테스는 어머니가 그의 아버지를 살해했기 때문에 그녀를 죽이지만, 최초의 살인은 또 다른 죽음, 즉 아가멤논과 클리템네스트라의 딸인 이피게니아의 희생에 근거해 있었다. 그 희생은 그리스 군대가 아가멤논의 동생인 메넬라오스의 부인, 헬레네를 되찾기 위해 트로이로 가던 도중에 북 그리스에 주둔해 있었을 때 일어났다. 그들이 천막을 쳤을 때, 독수리 두 마리가 임신한 산토끼를 먹어치웠다. 군대의 예언가는 그러한 독수리들에게서 트로이를 정복하는 그리스 승리의 징조를 보았고, 동시에 승리에 필연적으로 수반되는 모성에 대한 신성모독을 보았다. 모성의 여신 아르테미스는 그리스인들이 트로이로 갈 수 있도록 바람을 허락하기 전에 이피게니아의 희생을 요구했다. 3부작 중의 첫 번째 합창은 그 희생을 혹독하리만치 자세하게 기록하고 있다. 아가멤논은 전쟁과 가족 사이에서 선택을 해야만 했다. 아이스킬로스는 "아버지"를 부르며 울부짖는 딸과 그녀의 간청과 그녀가 그녀의 가정에 퍼붓는 악담에 대해 귀를 막아야 하는 아버지를 묘사하면서 이러한 긴장을 강조한다. 전투를 사랑하는 "전쟁광(eager fo war)"인 왕은 결국 이러한 희생을 치러내고 만다.

남편을 살해한 후에, 클리템네스트라는 그녀의 행동에 대한 이유를 설명하기 위해 충격을 받은 아르고스 시민들의 합창단 앞에 섰다. 그녀는 그들의 "대중적인 악담(저주), 도시의 증오의 함성"을 알아차리지만, 왜 그들이 그녀의 남편에게 반대하지 않았는지를 되묻는다. 그는 "초원의 포식자와 같이 내가 배 아파 낳은 가장 위대한 사랑인, 자신의 아이를 희생시키는 사람이었고, 자신이 바로 그에게는 트라키아의 바람을 일으키는 마법이었다. 당신들이 이 땅에서 몰아내야 하는 사람은 바로 그 사람이 아니겠는가?"[14] 라고 묻는다. 클리템네스트라는 남성과 여성의 모순된 가치를 합창단에게 제시한다.

아가멤논은 전쟁에 정신이 팔려있었다. 그러나 헬레네를 납치했던 범인에게 고통을 가져다주는 것으로 여겨진 그 전쟁은 정의의 가해자 역시 파멸시켰다. 헬레네를 메넬라오스의 가정으로 다시 데려오기 위해 벌어진 그 전쟁은 아가멤논 일가의 파멸과 함께 끝이 난다. 클리템네스트라라는 한 여성의 시각에 의하면, 아가멤논은 싸우기 위해 전쟁을 가족의 이익 보다 우선시하기 때문에, 그리고 남성의 자긍심과 복수심을 가족의 정서보다 우선시하기 때문에 가장 심한 저주를 받아 마땅하다.

3부작의 끝에서, 출생과 특수성에 대한 여성의 가치(클리템네스트라가 자신의 고통으로 낳은 딸에 대해 말한 바 있는)는 신의 지도하에 건설된 보편적인 도시 아래 포함된다. 희곡작품 속에서 인간은 그들의 가족과의 끈을 부인하는 데 어려움을 겪는다. 아가멤논도 전쟁을 위해 쉽지 않게 그의 딸을 희생시켰고, 오레스테스 역시 그의 아버지의 죽음에 복수하기 위해 어머니를 그리 쉽게 살해할 수는 없었다. 이 3부작에서 아이스킬로스는 기존 도시의 체제를 결코 폄하하지는 않는다. 당시는 개인이 정의로운 처벌에 대한 책임을 떠맡는 사회, 거기서 가족의 구성원들이 피의 복수를 떠맡았던 폴리스 이전의 개별적 사회를 초월하는 것이 필요한 시기였다.

그 행위에 가장 가까운 사람들로부터 처벌을 받아왔던 개인은, 이제 그 행위로부터 멀리 떨어진 사람들에 의해 처벌받게 되었다: 아내는 그녀의 남편을 죽였다는 이유로 더 이상 아들에 의해 살해당하지 않을뿐더러, 남편도 아이를 희생시켰다는 이유로 아내에 의해 죽임을 당하지 않는다. 도시 전체의 이익이 그것을 요구하는 경우에,

오레스테스의 경우처럼 살인자에게 무죄가 선고될 수도 있다. 그러나 아이스킬로스는 그의 청중들에게, 도시가 건설되고 각자에게 주어지는 책임감이 그 상황과 가장 직접적으로 연루된 것들로부터 분리될 때, 중요한 것을 잃게 된다는 점을 지적하고 있다. 클리템네스트라는 우리에게 이런 점을 상기시키기 위해 작품에 등장한다.

소포클레스의 『안티고네』(Sophocles' Antigone)

도시의 건설에 있어 잊혀져 왔던 어두운 저변의 흐름에도 불구하고, 아이스킬로스의 3부작은 행복한 기록으로 끝을 맺는다. 질서(order)는 회복되고, 가족은 더 이상 도시의 정치적 이익을 위협하지 않고, 남성은 가족이 가지는 개별적 제한성을 극복하는 도시라는 보편적 관점을 가지도록 신에 의해 양육되는 것이다. 아이스킬로스가 묘사하듯이, 가정의 대들보로서 작동했던 가족과 여성은 이제 도시를 드러내기 위해 그것에 종속되어야 했다. 희생당하는 딸이 눈물로 "아버지"를 부를 때, 도시와 전쟁은 귀를 막을 것을 요구한다.

소포클레스의 『안티고네』(Antigone)(B.C. 441)에서 이러한 긴장이 드러나고, 도시와 가족의 모순된 요구는 양자를 갈라놓는다. 다시 한 번 여성은 가족을 대표하고, 또 다시 여성의 대표자는 도시의 남성적 이익에 반하는 가족의 가치를 방어하는데 있어 남성적으로 행동하게 된다. 상징적으로 그리고 실제적으로, 여성은 그것을 지키기 위해 가정의 경계 밖으로 나가야 한다. 가족의 핵심을 보호하기 위해 안티고네는 도시를 방어하는 사람들과 유사하게 남성적 전사가 되어 버린다.

「안티고네」(Antigone)의 막이 오르면, 두 여성이 무대에 등장한다. 안티고네의 여동생 이스메네(Ismene)는 테베(Tebes)에 대한 공격에서 사망한 그들의 오빠, 폴리네이케스(polyneices)를 묻어주자는 안티고네의 제안에 주저한다. 그들은 반역자에 대한 매장을 금하는 법령에 도전해야 하는 상황이었다. 그 법령은 아테네의 종교적 규율(laws)에 따라 수호자가 된 그들의 삼촌이자 현재 도시의 통치자인 크레온(Creon)이 결정한 것이었다. 이스메네는 남성적 도시 앞에 선 여성의 연약함과 남성들의 일에 대한 간섭의 부자연스러움을 강조한다: "그런데 우리는 남성과 함께 전투를 수행하지 않는 여자로 태어났다는 것과 그 때문에 더 강한 자의 지배를 받게 된다는 점을 우선적으로 명심할 필요가 있다. … 나는 어쩔 수 없이 이러한 상황에 몰려있으니, 나는 그 권위를 갖고 있는 사람에게 복종할 것이다."[15] 그녀는, 남성과 권력을, 그리고 권력을 도시와 동일시한다. 안티고네는 남성 권력에 위협을 받지도, 도시의 규율에 두려움을 느끼지도 않는다. 그녀는 정치적 권력과 정당성을 연계하여 생각하지도 않는다. 오히려 자신의 혈족인 오빠에 대한 그녀의 변호는 온당치 않은 도시의 법령에 반하는 정의로운 행동이다.

안티고네가 도시를 구체적 영역의 차원에 놓는 동시에 가족의 가치를 보편성과 연관시킨다는 점에서, 안티고네는 클리템네스트라와는 다르고, 연극 「안티고네」는 「오레스테이아」(Oresteia)와 다르다. 그녀의 오빠를 매장하는 일은 언제 어디서건 성스러운 존재인 신에 의해, 그리고 만물에 대한 신적 질서가 요구하는 것이다. 크레온의 법령은 오직 한 도시에만 관련된다. 안티고네는 그녀가 도시의 남자들을 기쁘게 해주어야만 하는 것 이상으로 그들[죽음의 신들]을 기쁘게 해주어야 할 것이라고 말함으로써 죽음의 신에 대한 그녀의 헌신을 드러낸다. 이스메네는 그 신들을 명예롭게 하기를 바라면서도, “나는 도시의 압력에 반하여 행동 할 수 없게 태어났다”고 말한다. 그녀는 도시의 정통성에 대한 환상을 갖고 있지 않다. 그녀는 도시의 정통성이 보편적 권리가 아니라, 힘에 기초한다는 점을 인식하지만, 그것을 인식한다는 점에서 그것을 거부할 수 있는 힘을 발견하지는 못하고 있는 것이다.

안티고네는 가족을 옹호함으로써 도시의 근간을 파괴한다. 도시는 누가 우리 편이고, 누가 반역자인지에 대한 명확한 구분을 필요로 했다. 이러한 정의(definition)는, 이 경우에 —아마도 폴리네이케스가 테베를 공격했고 도시를 위해 싸운 그의 형과 전투를 벌였기 때문에— 가족 간의 유대를 간과했을지도 모른다. 신의 보편적 규율과 가족이라는 신앙에 대한 그녀의 헌신 속에서 안티고네는 도시의 최종적인 요구를 무시하면서, 궁극적으로 가족 역시 무시하게 된다. 또한 그녀의 또 다른 형제를 죽음에 이르게 한 폴리네이케스의 행동을 무시했다. 그녀는 그녀의 여동생에 맞섰고, 사실상 인연을 끊었다. 그리고 그녀는 또한 폴리네이케스의 시체를 매장한 것에 대한 형벌로 죽음을 강행함으로써, 가족의 종교적 규율에 의해 예정되어 있었던 크레온의 아들 하이몬(Haemon)과의 결혼도 부인했다. 가족에 대한 신의 규율이라고 자신이 정의한 것을 지켜내기 위해, 그녀는 기꺼이 도시를 파괴하고 궁극적으로 그 안에 있는 가족까지 파괴한다. 정당성에 대한 그녀의 헌신 안에서, 그녀는 가족의 보호자로서 국가의 역할을 인식하기를 거부한다. 자신을 보호하는데 있어, 이스메네의 신체적 유약함은 가족의 허약함과 유사하다; 양자 모두 도시의 힘에 저항할 수 없고, 양자 모두 생존을 위해 그 힘에 의존한다는 점에서. 결국 안티고네는 그녀의 약혼자 하이몬과 함께 죽는다. 가족에 대한 그녀의 과도한 헌신으로 그녀는 죽음과 결혼한 것이다.

크레온은, 도시를 보존하기 위한 그의 헌신 속에서, 그리고 도시는 신앙의 차원에서 벗어나 법과 질서(order)에 헌신하는 조직이라는 그의 신념 안에서, 종교적 삶을 추구하려는 가족의 요구를 무시했다. 삶의 정치경제적 차원에 대한 과도한 관심으로 그[크레온]는 가족과 종교의 요구라는 문제를 드러내지 못하고, 가족의 안위와 보존을 위해 도시가 왜 필요한지에 대해서도 생각하지 못한다. 이러한 일방적 시각은 그가 지키고자 했던 도시를 몰락으로 이끌었고, 더욱 비극적으로 그의 아내와 아들을 죽음으로 내몰아 그 일단 무시하기로 결정했던 가족을 파괴했다.

이 연극에서, 도시와 가족의 영역은 비극적으로 대립하고 있다. 아이스킬로스의 연극은 특수한 가정보다 보편적 도시가 우월한 것으로, 그리고 특수한 연대를 무시하면서, 가족의 정의 보다 도시의 정의가 우월한 것으로 막을 내린다. 소포클레스의 연극은 그렇게 쉽게 해결책을 제공하지 않는다. 가족의 가치는 크레온에 의해 부인되었다: 그는 그러한 주장의 타당성은 인식할 수 있었지만, 이 근본적인 진실을 알아가는 과정에서 누가 반역자이고, 누가 그것을 보호하는지를 명확하게 규정해야 하는 도시의 통합된 기초에 대한 의문을 가지게 된다. 안티고네와 크레온의 갈등 속에서 보여지는 두 영역의 분리와 그들의 대립은 이 연극의 비극성을 주도한다. 그럼에도 불구하고 더 비극적인 것은 소포클레스가 어떠한 해결책도 제시하지 않는다는데 있다.

에우리피데스의 『트로이의 여인』(Euripides' Trojan Women)

B.C. 5세기의 마지막 30여 년간 스파르타와 아테네 간의 펠로폰네소스 전쟁은 길고 지루했으며, 그리스 도시들에게 미친 충격은 거의 재난 수준이었다. 생명의 손실은 차치하고라도, 전쟁이 아테네인들의 의식구조를 지배하게 되면서 사회 구조는 산산조각으로 부서지고 말았다. 호메로스의 시에 표현된 야만적인 전사에 대한 경탄은 야만성이 문명화된 폴리스에 스며들어 일상화하게 되면서 점차 줄어들었다. 에우리피데스의 연극 「트로이의 여인」(Trojan women)(416 B.C.)은 전쟁의 폭력에 대한 우리의 공포와 전쟁터에서의 위대한 행동에 대한 남성들의 헌신의 결과로 고통을 받는 사람들에 대한 우리의 연민을 불러일으키기 위해, 포로가 된 여성과 연약한 여성을 이용하면서 이러한 이상이 스러져가고 있음을 보여준다. 이 비극에 등장하는 여성은 전쟁의 파괴성이 전쟁터를 넘어서 남성과 여성의 친밀한 관계에까지 퍼져버렸음을 관중들에게 상기시킨다.

이 연극에서 여성은 고통을 견뎌내는 능력에 있어서만 강한 사람으로 나타난다. 안전을 위해 그들은 그들의 남편, 아들, 그리고 아버지에 의지했지만 지금 그들의 보호자는 죽었다. 그녀의 아들을 데

려가려하는 병사에게 저항하는 안드로마케는 이런 말을 듣게 된다; “약한 존재여, 강한 척 하지 말아라. … 당신의 도시와 당신의 남편은 파괴되었다. 당신은 우리의 지배하에 있고, 우리는 한 여성과 충분히 싸울 수 있다.”[16] 연극에서 포로된 여성들이 그들의 남편을 죽인 살인자들의 손에 자신들의 운명이 주어져 있음을 알게 되는 장면이 이어진다. 각각의 장면은 그 이전에 보여준 장면보다 더 악화된 운명을 보여주고, 각각의 상황에서 여성이 취급되는 방법은 도시의 구조 안에서 그들의 의존적인 역할과 연관되어 있다. 여성들의 삶은 그들의 삶 속에서의 남성과의 관계에 의해 배타적으로 규정되는 것이다. 여기서 남자가 죽임을 당했을 때, 그들은 그들을 억류한 정복자에 의해 규정된다. 안드로마케는 그녀의 시어머니인 헤카베(Hecuba)로부터 죽은 남편을 잊으라는 충고를 받는다. “너의 현재 남편을 존중하고 사랑이 넘치는 너의 매력을 그에게 주어라.”[17] 여전히, 너무나 젊은 다른 트로이 여성들은 트로이의 정복자들과 잠자리를 같이 하도록 강요받을 것이고 그들의 아이를 낳을 것이다. 합창단이 말하듯이, “살육 당한 젊은이들로 인해 적막해진 침실은 그리스인들에게 그들의 아이를 낳아줄 신부들을 제공할 것이다.”[18]

노예로써, 트로이 여성들은 트로이에서 그들이 행했던 것과 똑같은 일을 베틀과 침대에서 행할 것이다. 사회에서 그들의 신분은 다른 여성들에 비해 변화되었으나, 공동체에서 그들의 역할은 변화되지 않았다. 한편, 남성들은 죽임을 당해야만 했다. 그들은 한 도시에서 다른 도시로 이주할 수 없었다. 트로이 전사는 그리스 전사가 될 수 없다. 연극은 안드로마케와 헥토르의 어린 아들의 시신이 할머니에 의해 매장되면서 막을 내린다. 남성은 의미 있는 삶을 위해 도시에 의존하고, 따라서 아무리 어려도 도시가 붕괴되면 죽어야만 했다. 그러나 도시가 아닌 남성과의 관계에 의해 규정되는 여성은 죽임당할 필요가 없었고 오직 이전당할 뿐이었다.

그럼에도 불구하고, 손자의 죽음을 슬퍼하며 울던 헤카베는 그가 남자가 될 수 없었고 따라서 도시를 위해 죽는 기회와 그로 인해 명예를 얻을 수 없다는 것을 애통해했다. 그녀의 애가는 연극 전체를 통해 울려 퍼졌고 이 전쟁으로부터 얻게 된 도시의 명성이 그녀가 겪어야 했던 모든 고통에 대한 답임을 암시한다. 예언의 능력을 가진 트로이 여성 카산드라(Cassandra)는 다음과 같이 말하기도 했다: 실제로 연극에서 그러하듯이 헥토르의 운명이 슬픈 일이기도 하지만, 만약 그리스인들이 오지 않았다면 "그가 위대했음에도 불구하고, 그 누구도 그를 알지 못했을 것이다."[19] 전쟁과 영광에 대한 남성적 관심은 여성의 자체평가를 위한 한 요소가 되었다는 것이 에우리피데스를 통해서 드러난다. 우리가 무대 위 여성들의 고통에 슬퍼하지만, 그들이 그들 자신에 대해 슬퍼할 때에도 그들은 전쟁을 그들 삶의 한 부분으로 만든 그 가치 체계를 벗어나려 하지 않는다. 에우리피데스에게 비극은 단지 우리가 무대에서 본 포로가 된 각각의 여성들에게 가해진 구체적인 행위만이 아니다. 그것은 바로 이러한 여성들로 하여금 남성적 용어로 자기규정을 하게 하고, 군사적 영광의 추구와 그 결과를 받아들이게 한 정신 상태인 것이다.

아리스토파네스의 「리시스트라타」(Lysistrata)와 「에클레시아수자에」(Ecclesiazusae)

희극작가 아리스토파네스는 장기화되고 있는 펠로폰네소스 전쟁에 대해 반대하기 위해 희곡작품을 썼지만, 비극작가가 전쟁의 참상과 비인간화에 대한 분노를 표현하기 위해 고전적 신화로 돌아서고 있을 때, 아리스토파네스는 그의 관심사를 드러내기 위해 당대의 공상적인 이미지를 이용한다. 「리시스트라타」에서, 그것[이미지]은 아테네, 스파르타, 코린토스, 그리고 보이오티아 전사의 아내들이 주도하는 '성파업(sex strike)'이다. 그 여성들은 평화가 선언될 때까지 남편과의 동침을 거부한다. 아리스토파네스는 여성에 대해 특별하게 호의적으로 묘사하지 않는다. 그들은 주로 그들 자신의 성적 만족을 위해 남편을 되찾아 오겠다는 데 관심을 보인다. 그들은 그리스군의 텐트 앞에서 기다리는 트로이 여성들처럼 우리의 연민도 웃음도 자아내지 않으며, 동시에 그들의 사적인 행복을 위한 요구에 고마워하거나, 최소한의 동조하게 되는 것이다.

「리시스트라타」(Lysistrata)에서 여성들은 남성 세계에서 일할 때 전통적인 기술에 의존하지만, 남성의 전쟁에 대한 관심에 대항하기 위해 그들은 단순히 남성의 성(sex)만을 부인하는 것이 아니라 고향을 떠나서 공적기금이 보관된 아크로폴리스(acropolis)를 장악해 나간다. 이런 과정 속에서, 그들은 도시를 가족으로 변모시켰고 상호간에 형성된 갈등을 모호하게 만들어버린다. 그 전쟁에 자금을 조달하는 아테네의 재정을 장악하려는 여성의 시도에 저항하는 치안판사에게 그들은 전쟁은 필요하지 않다고 대답한다. 그들은 도시도 가정처럼 운영될 수 있으며, 여성들이 길쌈과 실잣기 같은 가정활동에 빗대어서 정치적인 문제들을 해결할 것이라고 주장한다. 전쟁을 없앰으로써, 여성은 가정과 도시 사이의 구분도 제거하려 한다 —즉, 이는 그리스 무대의 수많은 비극의 특징인 갈등의 종식을 의미한다.

그러나 이러한 긴장은, 아리스토파네스가 희극 작품을 통해서 지적하듯이, 공적 행위는 개인의 사적 삶 보다 우위에 놓여 있어야 한다는 요구에서 잘 드러난다. 여성들은 그 구성에 함께 참여하려 하지 않는다; 그 누구도 조직적 모임에 참여하기 위해 그리 조급해 하지 않고, 각자 나름대로의 가정사적 변명거리를 늘어놓는다. 그들은 단일한 성파업의 부분이 되는 것 보다는 오히려 포도주나 남편이 거기서 하는 일을 즐기는 편이었다. 그들이 일단 아크로폴리스의 자산을 장악하게 되자, 그것은 그들이 남성적 외부 영역에 참여할 수 있는 구실이 된다. 그들의 지도자인 리시스트라타는 여성들에게 당시의 공적 행위란 사적인 기쁨의 포기를 요구한다는 것을 가르쳐야만 했다. 아리스토파네스의 연극 속에서 사적 즐거움에 초점을 맞추는 여성은 전쟁의 필요성과 남편이 그녀들의 침대에서 떠나야하는 이유를 이해하지 못할지도 모른다. 이 희극에서 아리스토파네스는 분명히 전쟁에 반대하지만, 공공 작업이 사적인 삶으로 구성되어야 한다는 요구에는 예민하게 반응한다. 리시스트라타를 제외하고, 여성들은 도시의 공공 정책에 영향을 미치기 위한 그들의 시도와 아테네 국제 관계라는 보다 큰 영역이라는 차원에서 이러한 요구의 타당성을 이해하는데 매우 어려워한다.

이러한 문제들에도 불구하고, 여성 없이는 쾌락을 느낄 수 없는 남성 때문에 리시스트라타의 계획은 성공한다. 리시스트라타는 전쟁은 남성을 존재하도록 하기에 충분하지 않으며, 그들의 공적인 삶은 사적인 삶으로 보완되어야 한다고 주장한다. 아리스토파네스가 보았듯이, 성 파업은 의미 없는 전쟁의 추구 속에서 그들이 무시해 왔던 것을 어쩔 수 없이 인식하게 한다. 그들은 헥토르와는 다른 남자들이다; 그들은 사적 영역과 공적 영역 사이의 밀접한 관계를 이해하는데 실패했다. 그러나 『일리아드』의 비극에서 헥토르는 죽어야 하는 반면에, 희극 무대에서는 남성들이 침대에서 아내와 즐기기 위해, 전장에서 죽음을 피하는 것이 가능하게 된다.

또한, 전쟁에 대해 공감하지 않는 「리시스트라타」의 여성은 그리스인들간의 통일에 대한 그의 욕구를 드러내는 아리스토파네스의 범그리스주의에 대한 표현으로써 작동하기도 한다. 자신이 위해서 싸우는 특정 폴리스의 공적영역의 중심에 서있는 남성은 폴리스의 범위를 초월할 수 없다. 그러나 성취를 위해 도시에 연결되어 있지 않은 여성은 도시의 내부뿐만 아니라 도시를 넘어서 존재할 수 있다. 전쟁을 멈추기 위한 여성의 모의는 그 자체가 범그리스적이다. 성에 대한 관심이 그들을 아테네인이나 스파르타인으로 묶지 않기 때문에 여성은 함께 어울릴 수 있다. 도시의 남성은 특정한 정치체제에 밀착되어 있기에 다른 그리스에 대항하여 전쟁을 수행한다. 같은 이유로, 에우리피데스의 비극 속에서 여성들은 노예가 될 수 있었으나, 남성들은 죽임을 당해야만 했다.

그의 연극, 「에클레시수자에」(Ecclesizusae)에서 아리스토파네스는 특정한 공적 체제에 대한 관심이 결여된 결과와, 그 결과로써 발생하는 폴리스에서 가정으로의 변모를 탐색하는데, 이는 궁극적으로 공과 사, 남성과 여성, 선과 악의 차이를 부정하는 데로 귀착된다. 그 희극은 펠로폰네소스 전쟁의 종결 이후에 쓰여 졌고 평화로운 도시를 그리고 있다. 국가는 더 이상 남성 병사의 희생을 요구하지 않으며, 따라서 앞선 문학 작품에서 언급했던 긴장은 더 이상 존재하지 않는다. 이 시기의 여성 리더는 프락사고라(Praxagora)이다. 그녀는 여성을 통해 아테네 의회를 장악하려 시도한다. 여성이 심드렁한 남성들을 대체할 입법의원과 행정관료가 되려는 것이다.

가정에서 사용되는 언어로 여성들은 정치적 기구를 전유하게 되고, 일단 그들이 맡게 되자 그들은 가족과 사적 소유가 존재하지 않는 급진적으로 새로운 도시를 창조한다. 전통적 가정이 자연스럽다는 생각에 대한 의문이 제기되었다. 폴리스가 가정의 모든 역할들을 담당한다: 의복과 식품은 분배될 것이고, 항구는 와인저장고로 사용될 것이다. 또한 법정은 식당으로 변형될 것이다. 프락사고라는 가난한 자도 없고, 재판도 없는, 그리고 간통도 없는 사회를 구상한다. 그곳에는 또한 도난당할 사적 재산도, 타락할 결혼도 없을 것이다.

동시에 그녀는 입법기관, 사법 그리고 외교 정책 등 모든 정치적 요소를 제거해야 한다. 폴리스는 오직 이러한 관심사로부터 분리되어야만 가정이 될 수 있다. 여기서 정치적 삶으로 여성들이 진입하는 것은 그 급진성이라는 맥락에서 이해되어야 한다. 여성의 해방과, 공적인 것과 사적인 것 사이에서의 긴장의 파괴를 통해서, 그리스 사회가 이전에 기초하고 있었던 모든 것이 파괴된다. 공적인 명예를 위한 그들의 영역에서 남성들은 부정되었고, 연회와 성을 즐기는 방탕의 무리가 되지만, 그 이상은 아니다.

프락사고라가 그녀의 개혁을 추진한 후에 무대를 떠나고, 그 희극의 나머지부분은 그 제안과 개혁의 의미를 추적한다. 이는 매우 행복한 그림으로 보이지 않는다. 그녀는 공적인 목적을 제거해왔고, 사적 소유를 지속적으로 즐기고자 하는 사람들이 자신들의 물건을 공공 재산으로 만들 필요가 없다고 생각하게 되면서 도시는 거의 무너지게 된다. 그렇지만, 더 중요한 것은 여성들이 잘생긴 젊은 남성들을 그 도시의 성적 열망이 가득한 여성들에게 분배하는 규칙을 만들었다는 것이다. 그녀들은 성적인 쾌락은 먼저 가장 나이든 사람과 가장 못생긴 사람을 만족시킨 후에, 나이에 따라 분배되어야 한다고 요구한다. 따라서 배우들이 그들의 집단 연회를 위해 퇴장할 때 추는 마지막 기쁨의 춤에 앞서, 그 희극은 세 명의 못생긴 할망구들이 젊은 여성에게만 구애를 하러온 젊은이와 싸우는, 기괴한 장면을 보여준다. 이 장면에서 공공의 복지에 대한 관심은 존재하지 않는다. 오히려, 추녀들이 미녀들 보다 우선시되게 만듦으로써 자연을 거스르는 비열한 시도를 드러낸다. 또는, 여기서 우리는 여성이 남성보다 우선시되는 공동체에 대한 아리스토파네스의 불편함을 찾아볼 수 있을지도 모른다.

이 희극 작품에서 아리스토파네스가 여성들에게 정치체제를 변화시킬 기회는 주었지만, 사적인 관심사를 공적인 것으로 변화시킬 수 있는 힘, 또는 자신만의 것에 대한 사적인 사랑과 공동의 것에 대한 사랑을 통합할 수 있는 힘을 부여하지는 않았던 것이다. 아리스토파네스의 마지막 작품으로, B.C. 4세기 동안에 쓰여진 『에클레시아수자에』(The Ecclesiazusae)는 공적 세계를 지키기 위해 싸웠던 남성적인 호메로스의 영웅에 조종을 울리면서 그 소멸을 알리고 있다. 혹자는 전쟁에서 얻어진 영광을 중시하는 남성적 시각의 위험성을 다른 곳에서 보기도 한다. 『에클레시아수자에』는 남성들이 전쟁에서 돌아와 집에 있으면서 실질적으로 여성들에게 그들의 삶을 양보할 때 발생하는 일들을 그리고 있다. 프락사고라의 급진적 계획은 그녀가 처음에 구상한 질서 있고 안정된 아름다운 정치체제를 창조하지 않는다. 그녀의 정치는 궁극적으로 그들 자신보다 더 위대한 무엇에 대해 헌신하는 공적 영역보다는 오히려 사적 영역에 놓여 있었다. 비록 여성들이 남성들보다 더 많이 자기이익을 추구할 필요는 없다 할지라도, 아리스토파네스는 자신의 희곡에서 일반적으로, 특히 이 작품 속에서, 여성들을 사적인 것의 대표자이고 공적인 것의 반대자로 규정하고 있다. 그녀가 도시를 지배하게 되면, 그것은 감각적인 만족의 영역 속으로 사라지게 된다는 것이다.

그리스 연극 전체에서 단지 몇 작품의 간략한 분석은 완벽하지도 않고, 그것만으로 정치적 삶에서 여성의 개념에 대한 통일된 개념이 그 작품들에서 드러난다는 어떤 결론도 내릴 수는 없다. 극작가들은 여성을 다양한 목적으로 등장시키지만, 엄밀히 말해 중요한 것은 바로 이 다양성이다. 왜냐하면 그 다양성은 아테네인들의 자신에 대한 분석과 초상 속에서 여성 문제가 매우 중요하다는 점을 시사하기 때문이다. 도시에 존재하는 여성들을 고려하지 않고서는 그들은 그들의 도시, 신과 그들과의 관계, 그리고 보편적인 질서를 그려낼 수 없었다. 그들은 여성들의 주장이 인간 현실의 일부분인 것을 인지했다. 때로는 그 주장이 위협적으로 보일지도 모르고, 다른 이들에게는 그것이 자신에 대한 남성적 시각의 부적절성의 증거로 보일 수도 있지만, 개념으로서의 여성은 자신들의 모습이 그려져 있는 연극을 관람하도록 허용되지 않았던 당시 아테네 여성들의 경우처럼 실내에만 머물러 있지는 않았다.

결론

본 장의 앞부분에서 언급한 바와 같이, 정치 철학은 누군가가 어떤 사회의 법, 전통, 그리고 관습에 대해 문제를 제기하면서 시작한다. 고대 아테네 사람들은 모든 것이 총망라된 정치공동체에서 살았고 도시는 인간 존재의 중심이었다. 페리클레스는 아테네 시민들에게 그들이 도시를 사랑하는 자가 되어야 한다고 역설했다. 그러나 도시가 개인들에게 그러한 완벽한 요구를 한 이면에는, 위에서 언급한 극작가와 같이, 무분별한 태도로 그들이 살아온 체제와 전통, 법들을 수용하고 싶지 않은 사람들도 존재하고 있었다.

그들이 살아 온 도시를 성찰하기 위해서, 본래 도시의 근간이 헌신에서 비롯된 것인지에 대한 의문을 제기하기 위해서, 그리스의 사상가들은 종종 도시에게 자신의 모든 것을 헌신을 할 수도 없었고 하지도 않았던 도시의 여성에게 관심을 돌리곤 했다. 때때로 고대 공동체에서 그녀들의 역할은 폴리스의 요구와 잘 들어맞지 않았다. 가정에서의 그녀들의 존재와 위치는 다양한 문제들을 제기했다: 그들은 인간 본성의 이중성, 갈등하는 충성심의 긴장, 특별한 연계로부터 보다 일반적인 지향점으로 움직이는 추상화의 중요성 등을 지적했다. 따라서 여성들은 도시의 구조적 모순을 언급하면서 남성들로 하여금 도시의 자연적 지위에 대한 문제를 제기하도록 했다. 도시와 가족 간의 내재적 양립불가능성은 자연에 내재한 영원한 긴장의 표시인가? 아니면, 그러한 모든 긴장들을 극복할 수 있는 법이 만들어질 수 있는가? 극작가들은 이러한 이슈들에 정면으로 대응하면서 비극 혹은 희극으로 표현했다.

다음 장에서 우리는, 아리스토파네스가 『에클레시아수자에』에서 다루었던 것처럼, 폴리스를 가정과 동일하게 만들면서 그 문제를 해결하려 했던 사상가를 만날 것이다. 여성에 대한 플라톤의 저작의 중요성을 고려할 때 우리가 직면하게 될 문제는 그의 최선의 도시(best city)에 [여성을] 도입한 것이 과연 희극인가 비극인가 하는 것이다.

제3장

플라톤: 철학, 여성, 그리고 정치적 삶

B.C. 399년, 소크라테스는 젊은이를 타락시키고 도시에 새로운 신을 도입했다는 이유로 처형되었다. 스파르타와의 전쟁에서의 패배와 스파르타에 의해 세워진 폭력적인 과두정에 휘청거리던 아테네는 5세기 초엽부터 향유해왔던 민주정체를 최근에 재건하고 있었다. 아테네의 안보는 흔들리고 있었지만, 이런 모든 혼란의 와중에, 전쟁에 소집되어 자신의 도시에 봉사하면서도, 민주정의 아테네인가 과두정의 아테네인가에 대한 정치적 의문 없이, 정치적 성공보다는 오히려 개인적 덕에 대한 문제, 그리고 영혼의 본질과 그것의 완전함에 관한 문제에 스스로를 헌신한 한 사람이 있었다.

물론, 이 사람이 바로 소크라테스다. 그는 영혼을 완벽하게 하고 덕스럽게 하기 위해서 우리는 도시가 기초하고 있는 믿음, 전통, 제도에 관해 질문해야 한다고 가르쳤다. 그는 이러한 전통과 그 전통이 함께하는 도시가 파괴되는 것을 바라지는 않았지만 무엇이 도시를 위해 가치 있는 것인지에 대해 모든 시민들이 설명할 수 있어야 한다는 점을 지적하고 싶어 했다. 대부분의 사람들에게 그러한 설명은 쉬운 일이 아니다. 전통은 정의내리기 어려운 덕들을 칭송하고 있었고, 구체적으로 어느 때 어떻게 행동해야 하는지에 대한 정확한 지침을 주지도 못했다. 소크라테스는 질문하는 자로서 다른 사람들로 하여금 그들이 더 이상 자신들이 지키고자 하는 도시를 지켜낼 수 없다는 혼란 속으로 몰아넣었다. 그가 해롭지 않은 것처럼 보이기는 했지만, 도시는 오래된 가치 —그것이 부적절한 것일지라도— 의 안정성에 대한 그의 문제제기를 위협으로 인식했고 그를 처형했다.

플라톤은 소크라테스의 추종자였다. 소크라테스는 가르치려고 하지 않았고, 당시에는 플라톤이 세운 아카데미와 같은 학교가 없었기 때문에 그에겐 제자가 없었다. 소크라테스가 그의 추종자들에게 주었던 것은 모든 인간 경험을 비판적으로 다루고 그 경험을 일상적 추론에 대항하여 판단하는 삶의 방식에 대한 훈련이었다. 그것은 육체의 건강을 넘어서는 영혼의 건강과 육체적 쾌락을 넘어서는 지성의 쾌락에 가치를 부여하는 삶의 방식이었다; 그것은 또한 가치와 기준을 추구하는데 있어서 도시를 넘어서 개인을 움직였던 삶의 방식이기도 했다. 아테네 지도자 페리클레스와 인척으로 연결되어 있어 이제 막 정치경력을 시작하려는 청년으로서, 플라톤은 소크라테스 안에서 자신이 사모하게 되었던 삶을 지속하기 위해 정치를 거부했다. 그렇게 하기 위해서, 플라톤은 대화편을 작성하였고, 대다수의 대화편에서 소크라테스를 주요 인물로 설정했다.

이러한 대화편과 함께 플라톤은 서구사회를 수세기 동안 매혹시킨 소크라테스를 우리에게 전해준다. 그러나 그는 또한 독자로 하여금 도시에서 소크라테스의 역할에 대해 의문을 갖도록 한다. 극소수의 전쟁과 아테네 체제가 아테네 모든 시민들에게 부과한 공공서비스를 제외하고, 소크라테스는 정치적 삶에서 한 발 물러나 있었다.

정치적 삶에서 물러나 있는 것이 실제로 가능한 것인지 플라톤은 의문을 제기한다. 그는 사회적 가치에 의문을 제기할 때 내재된 위험성을 인식하고 있었다. 자신의 대화편에서, 그는 소크라테스가 그러한 질문을 제기하도록 두고 있지만, 또한 그에 따르는 결과도 보여준다. 이러한 이유로 플라톤의 대화편은 자신의 스승이 가지는 관점의 단순한 설명만은 아니다; 오히려, 우리로 하여금 앎을 향한 열정과 도시가 제기하고 제기해야하는 이 열정의 한계를 깊이 생각하게 한다.

소크라테스를 처형했을 때 아테네인들이 인식한 것처럼, 철학을 추구하면 정치공동체의 안정에 위협이 될 수 있었다. 플라톤도, 소크라테스를 존경한 만큼, 이 사실 또한 알고 있었다. 이러한 이유로 철학자들은 도시 밖에 서 있게 된다. 그리스 사회의 여성도 마찬가지였다. 우리가 앞으로 살펴보게 될 플라톤의 저서를 통해, 철학자와 여성은 세대가 이어지는 과정에서 전자는 지적으로, 후자는 육체적으로 공헌하면서도 동시에 도시로부터 소외당하게 되는 경험을 공유하게 된다. 따라서 그들 모두 정치체제의 가치에 의문을 제기하기 위해 플라톤의 자료 내에서 작업하게 된다. 플라톤은 철학자와 도시, 여성과 도시의 대립관계를 설정한다. 그가 정치사회의 본질을 생각하면서 직면한 문제는 이러한 대립관계가 극복될 수 있는 것인지에 대한 것이었다. 『국가/정체』에서 그는 철학자와 여성을 도시의 일부로 만들어줌으로써 이러한 긴장을 해결하려고 시도한다. 그러나 우리는 그가 과연 해결이 가능한 문제를 제시하고 있는 것인지에 대한 의문을 가질 수밖에 없다.

『국가/정체』: 대화편에서의 성평등과 그 역할

플라톤은 이 책에서 다루는 사상가 중에서 특별하다. 이전 장에서 논의한 극작가들이 여성의 요구와 사적 영역에 대한 감수성을 요구했던 반면에, 플라톤만은 유일하게 『국가/정체』에서 소크라테스를 통해, 최선의 도시에서 공적 권력의 영역 안에 여성을 도입하고, 여성도 그러한 도시를 지키는데 동등하게 참여할 수 있도록 한다. 플라톤의 이러한 주장은, 다른 많은 측면에서의 검증이 필요하겠지만, 적어도 두 가지 차원에서 매우 놀라운 것이다. 첫째로, 소크라테스는 남성과 여성이 모두 동등하게 도시를 통치할 수 있는 철학자이자 통치자가 될 수 있다고 제시한다; 성적 차이는 관계가 없다. 고대 정치철학자들의 핵심적인 질문 중 하나인 누가 통치할 능력을 가지고 있는가라는 질문에 답변하면서, 소크라테스는 최소한 우리의 이상적인 도시를 위해서는 특정한 성이 필요한 것은 아니라는 대답으로 논쟁을 시작한다. 두 번째로, 소크라테스는 아이를 재생산하는 여성의 역할은 공적 활동에 있어 그녀의 참여와는 관계없는 것이라고 주장한다. 여성이 임신하고 출산하여 양육이 필요하다는 사실은 도시에서의 공적 역할에 별 다른 의미를 가지지 못한다.[1]

『국가/정체』는 참가자의 의견을 대립시킨 첫 번째 질문인 정의의 본질에 대한 저작이다. 처음에는 그에 대한 대답이 비록 다르게 보일지는 모르지만, 케팔로스(Cephalus)의 집에 모인 다양한 사람들에게는 명백해 보인다. 그러나 소크라테스의 질문과 함께, 쉬운 개념규정은 사라지고, 소크라테스는 스스로에게 정의(正義)의 본질을 정의(定

義)하고 그것이 좋은 이유를 설명해야 하게 된다. 그는 어떤 이가 작은 것(개인)보다 큰 것(도시)을 분석한다면, 정의를 찾아보는 것이 보다 쉬울 것이라고 말한다; 따라서 그는 어떤 점에서 정의가 도시에 들어설 수 있는지를 알아내기 위해 가상의 도시를 말로 건설한다.

도시를 세우고 정의의 본성을 찾아내는 과정은 『국가/정체』 2권부터 4권의 대부분을 차지하면서 잘 나타나 있다. 4권에서 그는 각기 자연에 의해 주어진 임무를 수행하는 3개의 계급(division) —노동자(생산자), 전사(수호자), 통치자— 을 구분한 후에, 정의는 각 계급이 주어진 임무를 수행하는 데에서 발견되는 것이라고 주장한다. 이러한 논의 가운데, 그는 아무렇지 않게 전사와 통치자를 포함하는 지배계급은 친구들과 같이 모든 것을 공유할 것이라고 말하는데, 여기서 공유되는 모든 것은 여성, 아이들, 그리고 재산을 의미한다.

4권의 시작에서, 소크라테스가 정의로운 정치체제의 해체에 대해 논의하려 할 때, 대화편의 대화상대는 그의 말을 끊고, 즉흥적이면서, 급진적인 그의 제안에 대한 설명을 요구한다. 그 질문에 대답하는 과정에서 소크라테스는 통치계급에 여성을 포함할 것을 제시하면서, 더욱 급진적인 제안을 하게 된다; 즉, 아테네 사회에서 정치적 삶으로부터 철저히 배제되어 있던 여성을 완벽한 참여자로서 공적 영역에 끌어들이는 것이다. 이전에, 그리스 문학에서 그러한 사상은 아리스토파네스의 희극에서 나오는 클리템네스트라와 같은 괴물이나 우스갯거리를 생각하게 했다. 『국가/정체』에서 대화의 배경은 새롭고 이국적인 생각들에게 열려있는 공간으로 아테네의 항구 도시이다. 여기서 소크라테스의 제안은 실로 새롭고 낯선 것이었다.

5권은 소크라테스가 지칭한대로 3개의 파도로 구분되는데, 각기 모두 그를 조롱의 바다에 빠뜨리려 한다. 첫째, 그는 도시의 공적 삶에 여성을 포함시키기 위한 논쟁을 해야 한다; 다음으로, 그는 가정의 파괴에 대해서 논쟁해야 한다. 왜냐하면 누군가의 옷에서부터 아내에 이르기까지, 사적인 것으로 간주되었던 모든 것이 공동의 것이 되어야 했기 때문이다; 마지막으로, 그는 가능성에 대한 질문에 대답해야 했다. 여성을 포함하자는 제안보다 더 웃기는 것은 아니지만, 적어도 그 만큼은 웃기는 '철학자 왕'의 가능성에 대한 질문이 그것이다. 소크라테스를 위협했던 첫 번째 파도는 우리가 당면한 문제로 가장 중요한 것이었다. 그러나, 남녀평등에 대한 그의 논지는 소유의 공동체에 대한 논쟁, 혹은 달리 말하면, 가족의 파괴와 관련된 논쟁과 근접해 있다. 마찬가지로 이러한 논쟁은 그러한 도시의 존재 가능성에 대한 논의와도 관련되어 있다. 그러나 우리는 그의 논쟁을 무엇보다도 평등에 관한 것으로 이해하도록 하자. 그리고 나서, 그 밖의 다른 곳에서 표현된 정치 철학이 이 저작과 플라톤의 다른 대화편에 어떻게 통합되어 있는지를 살펴보기로 하자.

논쟁(The Argument)

소크라테스의 첫 번째 논쟁은 동물과의 비유에 의거하는데, 그는 마치 그들이 소크라테스가 말하는 최선의 도시보다는, 농가마당에서 사는 것처럼 훈련받고 양육 받으며 살았던 동물인양 이 도시의 주민에 대한 이야기를 시작한다.[2] 소크라테스는 그들이 논쟁에서 "무리의 수호자로서 남성을 설정하려는" 시도를 하고 있음을 인지하면서 시작한다.[3] 그리고 그는 다음과 같은 결정적 질문을 던진다; "경비견들 가운데 암컷이 수컷이 경비하는 것과 같이 경비하고, 함께 사냥하고, 공동으로 그 밖의 모든 것들을 한다고 믿는가?"[4] 플라톤의 배다른 형제로 도시건설을 위한 열정을 가지고, 소크라테스가 문제를 던질 때 빈번히 그의 논리를 저지하는데 실패한 글라우콘(Glaucon)은, 비록 그가 성별간의 상대적 힘의 크기에 따른 자격, 성 평등의 논쟁에서 끊임없이 문제가 되는 자격을 이야기했음에도, 암컷 경비견과 수컷 경비견 사이에 차이가 없다는 점에 동의하게 된다. 그러나 소크라테스는 계속해서 도시의 (혹은 농장의) 수호자로서 평등한 참여에는 동등한 양육과 교육이 수반되어야 함을 주장한다.

평등한 교육이라는 놀라운 제안으로 이어지는 소크라테스의 첫 번째 논지는 개와의 비유를 기초로 한다. 희극 무대에서 남성은 개구리, 혹은 말벌, 또는 새로 변했고, 비극 무대에서 남성은 신처럼 되기를 애쓰고, 그들의 인간성은 신으로부터의 거리에 의해 설명되었다. 여기서, 성 평등을 이야기할 때, 소크라테스는 우리에게 비극이 아닌 희극을 상기시켜준다. 그리고 소크라테스에게 있어 경비견과 인간은 그러한 장면에서 비유되는 것인지 우리는 스스로에게 물어보아야 한다. 소크라테스가 정의를 찾기 위해 창조한 최선의 도시에서 어떻게 행동해야 하는 지를 우리는 동물에게서 배워야 하는가? 아니면, 우리는 우리의 모델을 신으로부터 찾아야 하는가? 여성과 아이들의 공동체에 대한 최초의 문제로 소크라테스를 괴롭혔던 대화상대중 그 누구도 이 질문에 답변하지 못했다. 그 대신, 그들은 그의 제안이 노소를 가리지 않고 남녀가 발가벗은 채 함께 하는 신체 단련까지 전개되는 것을 허용하게 된다.

이는 당시 그리스의 경험에 정면으로 도전하는 것이었다. 당시 그리스인의 부인은 대체로 여성의 영역에 머물렀고, 가까운 친척을 포함한 대부분의 남성들조차 그들을 볼 수는 없었다. 소크라테스 자신도, 가장 우스운 것은 나이 많은 남성과 여성이 함께 운동하는 것이라면서, "그들의 신체는 주름졌고, 눈을 즐겁게 하지 않는다"[5]고 언급한다. 여기서 이러한 제안들 속에서 소크라테스는 성스러운 건물의 조각 작품에서 어리고 부드러운 인간의 형태가 신격화되고 이상화된 문화로부터 형상화된 젊은이들의 아름다움과 부끄러움에 대한 감각에 반대하고 있는 것이라고 나는 믿는다. 당시의 미적 감각과 대조적으로, 그는 특히 남성이든 여성이든 너무나 인간적인 주름진 육체를 매력적이지 않게 보는 —당시 전쟁터에서 갑옷을 입은 여성만큼이나 당시 대부분의 남성들에게 매력적이지 않게 보였던— 그런 시각에 대해 경고했다.

소크라테스가 제시하는 최선의 도시(best city)의 체육관에서는 성욕 또한 없어야 한다; 남성이 여성과 같아야하는 이 도시에서, 에로스(육체적 사랑)는 무시되고 성(sexuality)에 관심을 이끌어내는 육체의 차이는 아무런 의미가 없어진다. 앞서 『국가/정체』의 앞부분에서 묘사된 전사 교육은 먹는 것, 자는 것, 마시는 것, 그리고 모든 형태의 육체적 쾌락을 포함한 육체적 욕구를 명백하게 부정하는 방향으로 설정되었다. 전사들은 가장 검소한 도시를 창조하기 위해 그들의 육체적 욕구를 넘어서야 했다. 그렇게 육체적 욕구로부터 분리해나가면서, 소크라테스는 여성과 남성의 평등을 위한 제안에서, 이제 성성(sexuality)을 제거하게 된다. 육체적 차이는 문제가 되지 않고 따라서 에로스는 사라진다. 이것이 성평등을 위해 지불해야 할 대가인 것이다.

그러나, 소크라테스의 동물과 남성에 관한 이야기에 너무 동요한 나머지, 대화상대는 소크라테스가 그들에게 준 단서를 알아차리지 못했다. 대신에, 소크라테스가 공상의 나래를 펼 때 그를 붙잡아 줄 준비가 되어 있는 회의론자를 등장시키게 된다. 그는 이러한 가공의 상대를 통해 그 스스로에게 질문을 하는데, 그 가공의 상대는 그 집단으로 하여금 그가 그 혹은 그녀에게 자연적으로 가장 적합한 일을 각 개인에게 할당함으로써 정의로운 도시를 건설했던 2권에 있는 소크라테스의 초기의 논쟁을 참고하도록 한다. 선천적으로 농부인 남성은 농사를 지을 것이고, 선천적으로 구두 수선공인 남성은 신발을 수선할 것이다. 이 회의론자는 묻는다. 남성과 여성은 선천적으로 다르지 않은가? 그리고 만약 그렇다면, 그들은 자신의 공동체에서 다른 업무를 배분 받아서는 안 되는 것이 아닌가? 이것은 도시의 건설 초기에 지침이 됨과 함께, 4권에서 "정의(justice)"를 정의하는 데 있어 중심이 된 내용이었다. 왜 이러한 지침과 원칙이 여기에서 무시되는 것인가?

이 가공의 회의론자에 의해 제시된 논쟁은 중요한 것이고, 우리는 소크라테스가 그것을 극복하기 위해 설정했던 가정에 주의를 기울여야 한다. 자연적으로 우리는 어떤 일을 하는데 적합하게 되어 있다 —농사를 짓거나, 신발을 수선하거나, 전쟁에 나가 싸우는 것 등.

이러한 영역에서 우리의 능력은 다양한 요인에 기인하는데, 육체는 그 최소한의 요인에 불과하다. 우리는 농사를 짓고, 구두를 수선하고, 또한 전쟁에 참가하기 위해 어떤 육체적 속성을 필요로 한다. 그러나 우리는 또한 우리가 빠르게 혹은 느리게 배울 수 있게 하는, 그리고 관대하거나 인색하게 되기도 하는 영혼(souls)을 가지고 있다. 우리는 각자 다른 것이 아닌 우리의 육체와 정신에 맞는 어떤 일을 하도록 천성적으로 타고났다.

그를 비판하는 사람들에 대한 소크라테스의 대응은 우리가 우리에게 선천적으로 적합한 것이 무엇인지 결정하는 적절한 속성 혹은 특성을 고려해야 한다는 것이고, 그는 이러한 속성을 오직 영혼(souls) 속에서만 발견한다. 길거나 짧은 머리카락, 곱슬곱슬 하거나 일자형의 머리카락, 그리고 통통하거나 마른 체형이거나, 모두 구두 수선공이 되기 위한 그들의 능력에 있어 차이가 없다; 구두 수선공이 되기 위해 필요한 것은 구두 수선공의 영혼(souls)일 뿐이다. 마찬가지로, 남자 내과의와 여자 내과의는 내과의사가 되기 위한 구별된 속성을 가지고 있지 않다. 소크라테스가 표현한 것처럼, 그들은 "동일한 영혼의 속성(nature)"을 가지고 있지만, 반면에 선천적으로 구두 수선공인 남성과 농부인 남성은 그렇지 않다.

> 그러면 만약 여성과 남성 집단이 특별한 직업(craft) 혹은 그 밖의 다른 일과 관련하여 차이가 나는 것처럼 보인다면, 우리는 그러한 직업을 어느 한쪽에 배정할 필요가 있다고 말할 것이다. 그러나 만약 여성은 아이를 낳고 남성은 아이를 생기게 한다는 점에 있어서만 서

로 다른 것처럼 보인다면, 우리는 우리가 말해왔던 것에 대해 여성이 남성과 다르다는 것이 밝혀진 것은 결코 아니라고 말할 것이다. 우리는 여전히 우리의 수호자와 그들의 여성이 같은 일에 종사해야 할 필요성이 있다고 믿을 것이다.[6]

소크라테스는 이러한 요점들을 다음 절에서 계속해서 상세하게 설명하고 있는데, 가끔은 현대 성평등 지지자들이 사용하는 것과 놀라울 만큼 유사한 논쟁을 시도한다. 도시의 건설과 관련해, 특별히 여성 혹은 남성에게 속하는 어떤 직업과 기술이 있는가? 대화상대들은 어떤 답도 쉽게 내리지 못한다. 과거 여성과 남성의 차이는 여성의 속성이 아닌 서로 다른 교육의 결과였다. 소크라테스는 여성이 도시의 공적 영역에 들어가지 못한 것은 그들의 속성 때문이 아니라고 주장한다. 그것은 관습이다. "우리는 마치 우리가 자연(nature)에 반하는 법을 규정하듯이, 불가능하거나 기도문과 유사한 법을 만들지는 않는다. 오히려, 현존하는 관습이 자연에 반하는 것처럼 보인다."[7]

누군가는 관습을 넘어서야만 하고, 그것이 바로 우리가 할 수 있는 그 무엇이다. 소크라테스는 『국가/정체』의 5권에서 관습 변화의 가능성에 대해 언급했다. 그는 나체로 운동하는 관습이 어떻게 최근에 이르러서야 그리스인들에게 받아들여졌는지를 상기시킨다. 이러한 관습이 크레타와 스파르타에 처음 도입되었을 때, 그리스인들은 그것을 조롱거리로 생각하였다. 운동하는 동안 "모두 갖춰 입는 것보다, 차라리 벗는 것이 낫다"는 점이 알려지게 되자, 이 관습은 이제 완전히 수용되었다.[8] 정의로운 도시의 공적 영역에 여성을 포함시키는 것은 나체로 운동하는 관습과 마찬가지로 수용될 것이다. 공적 영역에서의 여성의 배제는 정의로운 도시에 근거해서 볼 때 자연의 요구에 따르지 않는 단순한 관습에 불과하다.

현대사회의 여성의 영역에 대한 논의에서 이 자연과 문명사이의 구분은 많은 영향을 준다. 그러나 만약, 소크라테스가 공적인 삶과 사적인 삶 속에서 여성의 적절한 위치에 대한 질문을 논의하기 위한 동일한 이론적 체계를 제안한다면 그는 여전히 여성에 대한 남성의 우월성을 확실하게 주장하는 입장을 취할 것이 분명하다. 예를 들면, 그의 이전 주장에도 불구하고, 그는 글라우콘에게 이렇게 묻는다:

> 그러면, 자네는 인간이 수행하는 일로서, 남성이 여성보다 더 우수하지 못한 그런 일을 알고 있는가? 혹은 직조술과 빵을 굽고 채소를 삶는 일에 관해 언급함으로써 이는 여성 집단이 가장 뛰어난 것처럼 보이며 여성이 그 경쟁에서 진다는 것은 무엇보다도 우스운 일이라는 것을 장황하게 말할 것인가? … 그러고 보면, 친애하는 벗이여, 도시를 경영하는 일 중에서 그녀가 여성이기 때문에 여성의 것인 것도 없고, 그가 남성이기 때문에 남성의 것인 것도 없다. 그러나 여러 가지 성향이 양성의 생물들에게 흩어져 있어서, 모든 일에 여성도 성향에 따라 관여하게 되고, 남성도 모든 일에 마찬가지로 관여하게 되는 것이지만, 이 모든 경우에 여자가 남자보다 더 힘이 약하기는 하지.[9]

그러므로 소크라테스는 여성도 도시의 수호자 집단에 포함될 수는 있겠지만, 항상 육체적으로는 취약할 것이며 따라서 이것이 지도자

집단의 대부분이 신체적 힘이 중요시 되는 개인과 전사로 구성되어 있는 이유라는 결론을 내린다. 바느질과 빵굽는 일과 같은 여성이 선천적으로 우월할 지도 모르는 어떤 영역은 성평등이 필요 없는 사회의 가장 낮은 계층에 배정되었다. 그는 다시 그의 성평등 담론을 육체 영역으로부터 분리된 추상적 상태에서 논의하게 된다.

성적평등과 관련된 그의 논쟁의 대화에서 다른 참여자들로부터 수긍을 받게 되자, 소크라테스는 안도의 한숨을 쉰다. "그러면 우리가 여성과 관련된 법에 대해 논의하던 중에 첫 번째 파도를 빠져나왔다고 말할 수 있겠지."[10] 현재 대화상대는 다음의 파도로 넘어가겠지만, 그 다음의 파도는 첫 번째 파도를 비교적 약한 것으로 보이게 할 것이다: 부인들과 아이들은 공유될 것이다. 그 어떤 여성도 사적으로 어떤 남자와 함께 살아서는 안되며, 그 어떤 부모도 그 혹은 그녀의 아이들을 알아서도 안되고, 그 어떤 아이들도 자신들의(그 혹은 그녀의) 부모들을 알 수 없을 것이다. 결혼은 신성하게 여겨지지만, 여성이 임신하는데 필요한 기간만큼만 지속되어야 하고, 도시의 이익을 위해 봉사하는데 최선을 다하도록 정비된다 —즉, 우생학을 통해 최고의 자녀들을 생산하기 위한 제도이다. 결혼상대를 고르는 것과 짝짓기를 하는 것은 통치자에 의해 결정되고, 종족 번식을 위한 일시적인 만남만이 허락된다. 그 아이가 태어났을 때, 그 혹은 그녀는 곧장 어머니의 곁을 떠나 공동양육장(pen)으로 보내진다. 모유가 가득 찬 어머니는 젖을 먹이기 위해 아이에게 올 것이고, 그 어머니는 그녀가 가슴을 내어주는 아이가 그녀가 낳은 아이인지 아닌지는 알 수가 없다. 남성이든 여성이든 보모는 어머니로부터 부모의 짐을 나눠 갖는다. 글라우콘은 이렇게 논평한다: "당신은 수호자 여성을 위해서 가장 쉬운 양육법을 묘사하고 있군요."[11]

그러나, 우리는 글라우콘과 달리 소크라테스가 그의 여성에게 제시한 아이 양육법으로부터의 해방의 반대측면을 살펴봐야만 한다. 한편, 일부일처제 가족의 탄생은 아버지의 불확실성을 극복할 수 있을지 모르지만, 여성은 가족 체제에 의존하지 않고서 자신이 어머니라는 사실을 알고 있다. 그녀는 자신의 안에서 아이의 움직임을 느끼고, 아기가 그녀의 몸에서 떠나는 것을 경험한다. 아기의 출산에서 남성의 참여는 짧은 순간으로 제한된다. 가족은 자연이 여성에게만 주었던 아버지와 자식 사이의 지적인 유대를 제공한다.[12] 가족을 파괴하고 탄생의 순간에 어머니로부터 아이를 떼어놓으면서, 소크라테스의 제안은 부계와 모계 모두의 불확실성을 형성한다. 어머니도 아버지도 자신의 아이를 알지 못하다는 것은 법제화되어야 하는 것으로 결코 자연적인 제도는 아니다. 결국, 소크라테스의 모델에서, 남성적 정치세계에서 여성을 자유롭게 한다는 것은 또한 여성을 무지로 풀어놓은 셈이었다. 남성과 평등해지면서, 남성 같은 여성은 그들만이 가지고 있는 감각을 상실하게 된다.

『국가/정체』에서 소크라테스에 따르면, 정치 공동체에서의 참여는 자신의 것에 대한 사랑을 버릴 것을 요구한다. 만약 여성들이 정치 공동체와 통치계급의 일부가 된다면, 그들은 또한 입법을 통해 그들이 소유한 것들을 모두 빼앗기게 될 것이다. 소크라테스가 그의 여성들에게 제안한 평등은 양날을 가진(좋게도 나쁘게도 이해할 수 있는) 선물이다. 그들은 아테네 사회의 전통들에 따라 그들에게는 거부되었던 공적 영역에 참여하게 되지만, 그들은 모성과 관련된 어떤 지식과 같은 그들 특유의 것을 포기해야만 그렇게 할 수 있게 된다. 가족으로부터 사적인 것으로부터의 분리는 남성이 공적영역의 진정한 일부가 되기 위해 필요한 것이다. 여성들에게, 그것은 그녀들이 가진 신체적 특수성을 무시하는 것을 의미하기 때문에 이러한 분리는 더욱 이루기 어렵다. 앞 장(chapter)에서 논의했던 연극작품은 이러한 분리가 도시의 남성을 위해 만들어졌다는 긴장상태를 보여준다. 『국가/정체』에서, 소크라테스는 이제 여성들을 위한 긴장상태를 형성한다.

논쟁의 맥락적 중요성

소크라테스가 제안한 여성에 관한 두 가지 법은, 우리에게 그리스 관행과 다른 급진적인 것으로 보이지만 그다지 독특한 것은 아니다. 이미 우리가 살펴보았듯이, 『국가/정체』가 작성되기 직전인 B.C. 4세기 초엽에, 아리스토파네스는 『에클레시아수자에』(The Ecclesiazusae)를 썼고, 거기서 여성은 의회의 입법가가 됨에 따라, 사적 소유물을 공적 물건으로 만들면서, 분리된 가정의 공동체(communism)는 하나의 거대한 가정으로 변형되고 모든 성관계는 전통적인 사적 가족의 규제로부터 해방되었다. 플라톤의 저서와 아리스토파네스의 희극[13]에서 발견되는 표현(language)의 유사성은 플라톤이 우리로 하여금 소크라테스의 제안들을 읽을 때 아리스토파네스를, 그리고 여성이 지배했을 때 발생하는 희극적 상황을 상기하게 하려는 의도가 있었다는 점을 강력히 시사한다.

플라톤은 희극을 보다 덜 명백하게 만든다. 그러나 소크라테스가 말했던 자격과 그가 제시했던 사례(특히, 그의 우생학과 근친상간을 피하기 위한 부적절한 그의 시도를 위한 모델로써 새와 개를 활용하는 것)는 소크라테스가 최선의 국가에서 정치적 삶에 여성의 전적인 참여 또는 『국가/정체』 5권의 두 번째 파도에서 그가 제안한 것과 같은 완벽한 공산주의 사회를 형성할 수 있는 가능성을 진지하게 그려내고 있다는 생각의 근거를 약화시킨다. 그럼에도 불구하고, 플라톤은 종종 당시 관행에 반해 여성을 사적 영역으로부터 제거하고 그들을 공적 영역에 놓는 가능성을 제시하는 그의 미래적 시작, 그의 애정, 그의 의지로 인하여 현대 여성주의 사상가들의 총아가 되었다.

그러나 우리는 왜 소크라테스가 이러한 제안들을 했는지, 그리고 어떻게 그러한 논쟁들이 전반적인 그의 저술의 목적에 부합하는지를 알아보아야 한다. 우리는 왜 2,500년 전의 저서를 통해 플라톤이 여성권리의 초기 주창자로 인식되지 않았는지 이해할 필요가 있다. 여성의 권리에 대한 주장은 실제로 그의 개념적 작업과는 동떨어진 사안이었고 자신이 제시한 제안의 보다 중요하고 포괄적인 의미를 모호하게 만들어버릴 수 있는 것이었다. 여성에 관한 법은 여성의 특별한 정치적 역할을 옹호하기 위해서가 아니라 정치의 본질을 설명하기 위해 제안된 것이었다.

첫째, 우리는 첫 번째 두 제안간의 관계를 알아야 한다. 하나는 성평등을 위한 것이고 다른 하나는 도시의 상위 두 계급 사이에 형성된 공산주의라는 점이다. 성평등이 다음에 묘사되는 공산주의를 수반하게 한 것인지 또는 공산주의가 정치체제에서 소크라테스가 어떤 방식으로든 지켜야 한다고 생각했던 거대한 여성실업자 집단을 우리에게 남겨놓은 것인지에 대해 학자들의 논의는 분분하다. 무엇이 먼저이건, 이러한 인과관계의 방향이 우리의 즉각적인 관심사는 아니다. 오히려 우리는 이 두 가지 제안의 상호보완성에 주목해야 한다. 두 가지 제안을 통해 소크라테스가 성취하고자 했던 것은 도시를 위해 개인으로서의 자신을 줄곧 부인해 왔던 통치자이거나 전사가 될 도시의 구성원들에게서 삶의 사적 영역을 제거하려는 것이었다.

우리가 보았던 것처럼, 전통적으로 여성은 출산이라는 사적 활동(재생산 활동)에 제한되어 있었고, 가족(oikos) 즉, 가정 내부의 기능을 유지하기 위해 필수적인 활동에 종사하고 있었다. 소크라테스가 공적 영역에 여성의 참여를 제안하고, 전통적인 가족을 제거하려 시도했을 때, 그는 과감하게 사적 영역을 파괴했고, 그것을 노동자와 탐닉하는 자들에게 남겨놓았다. 앞장에서 논의된 연극은 그리스인들의 삶을 괴롭혀 왔던 공적인 것과 사적인 것의 내재적 긴장 관계를 입증한다. 소크라테스의 제안은 남녀 모두에게서 사적인 것을 제거함으로써, 이러한 긴장들을 극복하고, 그들을 도시의 전체에서 분리해 놓을지도 모르는 그 어떤 것에 대한 사회의 개별 구성원들의 애착을 없애려 한다.

소크라테스는 이렇게 묻는다. "우리에게 도시를 분열시켜 하나가 아니라 여러 개로 만드는 것 이상으로 도시에 더 나쁜 것이 있는가? … 시민들이 가능한 한 많이 살아가거나 죽어가는 것과 같은 일에 동일하게 기뻐하거나 슬퍼할 때는 언제든지 기쁨과 고통의 공동체로 맺어지지 않겠는가? … 그러한 것들의 개인화는 공동체를 파괴한다."[14] 소크라테스의 분명한 목적은 도시를 형성하는 것이고, 그가 설정했던 3분된 도시의 최소한 두 부분을 한 개인이 느끼는 것과 같은 단일한 경험구조를 가진 하나의 개인으로 만들어내는 것이었다.

이러한 통합체(unity)를 이루기 위해, 그는 두 번째 파도에서 공산주의를 등장시켰다. 그러나 동시에 그는 개인들 간에 존재할지도 모르는 모든 차이와 기쁨과 고통을 달리 느끼도록 할지도 모르는 차이를 파괴하는 작업을 해야만 했다. 한 사람의 손가락이 모두의 손가락이 되고, 따라서 한 사람의 손가락이 베이는 상처는 모든 이에게 고통이 되었다. 한사람의 아이는 모두의 아이이고, 그래서 그 아이가 한 부모에게 매달리는 것을 막는 훌륭한 제도는 부모일지도 모르는 모든 사람에게도 매달리지 않게 만들 것이다. 도시에서 인간을 분리시키고 고립시킨 것은 —소크라테스의 정의의 원리에 기초하지 않은 것은— 그들의 사적 경험이다. 그것은 공적 통일체에서 그들을 떼어놓는다. 사적인 것을 허락하기 위해서, 과시하고자 하는 욕망을 가진 특별한 존재는 이기성, 차이와 분열을 조장하고, 공동체의 안정을 해치게 된다.

소크라테스가 제시한 공산주의는 각자의 그릇을 한 사람이 아닌 모두에게 속한 집단의 그릇으로 만든다. 그의 공산주의는 남성과 여성의 성적 차이를 포함하여, 어떤, 그리고 모든 특수성을 모호하게 한다. 여기서, 소크라테스는 도시의 생존을 위협하는 가장 중요한 것은 자신을 다른 사람과 다르고 분리된 것으로 스스로를 인지하는 것으로 부터 온 사적인 것에 대한 생각이 불러일으킨 불화라고 제시하고 있다. 이는, 그것이 아이이건, 그릇이건, 손가락이건, 누군가의 것에 대한 특별한 보살핌으로 이어진다. 우리는 상대적으로 멀리 있는 사람이나 사물보다는 가까이 있는 것, 우리의 것, 우리의 아버지, 우리의 딸에 보다 관심을 갖는 경향이 있다.[15] 소크라테스가 건설하고자 하던 통일된 도시는 한 사람에게 다른 사람보다 더 큰 관심을 쏟는 것을 인정할 수 없고, 그래서 그 도시는 다른 무엇인가에 '속한' 가깝지 않는 존재가 될 수 있는 가능성을 차단하고 있다.

성평등은 분리되어 있는 것, 다른 것(the other 타자)에 대한 파괴와 연결되어 있다. 한편으로는 그리스 사상에서 여성은 언제나 사적인 것과 그리고 다른 것을 의미했다. 남성과 여성을 평등하게 하면서, 공적인 것과 사적인 것도 하나가 되었다. 그곳에 "다른(other)" 것은 없다. 그러나 보다 근본적으로 여성은 인류의 분화를 의미하는 것으로 우리는 언제나 같지 않고 다른 무엇인가가 존재한다는 점을 드러낸다. 통일된 도시를 창조하기 위해 소크라테스는 인류의 통일성을 위협하는 여성으로써의 여성을 파괴해야만 했다. 그녀는 도특한 재능과 경험을 가진 존재 그자체로서가 아닌, 육체적으로 약한 남성, 열등한 남성으로 정치 공동체에 통합되었다. 오직 도시의 단일성만을 바라보며, 소크라테스가 제안한 성평등은 공적 삶에 여성을 포함시키고자 했던 것이 아니라, 정의로운 국가를 위해 꼭 필요한 통일성을 약화시키는 사람으로서 사적인 삶과 차이를 대변하는 여성을 파괴하는 데 관심이 있었다.

소크라테스의 꿈의 도시 안에서 출산의 과정은 여성에게 별로 중요하지 않는 주변적 기능으로 전락한다; 소크라테스가 성관계시기로부터 아이 양육으로 바로 옮겨가기 때문에, 우리는 여성이 아이를 낳는다는 것을 거의 알기 어렵다. 아이는 도시에 별도로 마련된 특정 지역의 "공동양육소(pen)"에서 유모가 양육하게 된다. 남성과 여성 사이에 존재하는 재생산 역할의 차이는 사실상 무시된다. 이로써 고대에서 그녀는 지금은 동질화되어야 하는 남성과 가장 확연히 구별되었던 자신의 재생산적 작업에서 배제되게 된다. 우리는 여기서 소크라테스가, 사람들을 서로 분리하지 않도록 하기 위해, 육체로부터의 분리를 시도하고 특히 여성의 경우에는 여성의 성이 가지는 성적인 본성으로부터의 분리를 시도했다는 점에 주목해야 한다.

육체로부터의 이러한 분리는 그것이 고립을 강조하는 육체이기 때문에 필요한 것이고, 이는 또한 '타자(other)'인 인간을 의미하게 된다. 소크라테스의 주장에도 불구하고, 우리는 다른 이의 손가락이 우리 것인 척 할 수는 없다. 소크라테스가 추구한 정치공동체의 절대적 통일성은 육체에 의해 부정된다. 특히, 섹슈얼리티는 육체를 눈에 띄게 강조했고, 따라서 소크라테스가 제안한 도시의 인위적인 통일성을 위해서 그것은 거부되거나 극복해야만 하는 것이다. 그의 육체에 대한 부정은 도시의 성평등과 공산주의적 성향을 허용하게 된다. 그러나 그것은 동시에, 인간은 육체와 영혼의 합일체로서의 인간이라는 개념을 무시하게 된다. 실제로는 이러한 인간의 개념은 플라톤의 대화편에서 줄곧 주장되어 온 것이다. 그가 성 평등의 근거로서 자연적 역량에 대해 언급할 때, 그는 유일하게 적절한 기준이 영혼이라는 점을 시사 하는 것으로 보인다. 그러나 영혼은 농사를 짓거나 구두를 만들 수 없다; 영혼은 육체와 함께 일을 해야 한다. 유사하게 영혼은 전쟁에서 싸울 수가 없다; 전투는 육체가 하는 것이다. 평등에 대한 그의 강조에도 불구하고 그가 전쟁에서 여성의 육체적 유약함에 관해 자주 언급하는 이유를 여기서 알 수 있다.

그러나 육체가 관계없는 영역이 존재하기에, 이 영역을 위하여 플라톤과 소크라테스는 성평등의 개념을 도입한 것이라고 나는 생각한다. 철학은 육체의 노력이 아닌 영혼에 의거한다. 소크라테스는 철학적으로 테아게스(Theages)의 사례[16]를 사용한다. 즉, 테아게스의 허약한 육체는 그로 하여금 정치에 참여하지는 못하게 하지만, 철학에 참여하는 것까지 막지는 못했다. 유사하게, 강함과 약함의 문제나 재생산적 책임이 갖는 분명한 불이익도 철학의 활동에 영향을 미치지 않는다. 아리스토텔레스 이전의 그리스 정치가 전쟁에서의 육체의 사용을 전제하고 있지만, 그 반대로 철학은 육체를 필요로 하지 않았다.

『국가/정체』 5권에서 그의 정치 공동체 속에 여성을 포함시키게 되면서, 소크라테스는 정치를 넘어서는 철학의 우월성을 주장한다. 그는 5권의 세 번째 질문에 응답하는 연설에서 드러나듯이, 철학자가 통치자가 되고, 통치자가 철학자가 되었을 때, 그가 제안한 도시는 가능하게 되는 것이다; 여성을 공적 삶에 참여시키고, 육체의 무관함을 제시하면서, 소크라테스 시대의 고대 그리스인들에게는 터무니없는 그러한 제안이 설 수 있는 기반을 닦게 된다. 세대를 이은 독자들의 반응은 그를 중요하게 받아들이고 있지만, 당시 대화상대는 그를 비웃었다. 철인 통치자는 여성 통치자 보다 더 우스운 것이었다.

이러한 맥락에서 여성은 그리스인들에게 익숙한 정치에 대항하기 위한 소크라테스의 수단이었다. 여성은 그리스 도시가 군사적 용맹과 신체적 무용에 부여하는 가치에 반대했다. 소크라테스는 여성의 지위보다는 철학적 지위에 보다 관심을 가졌다. 철학이 정치의 반대에 서있듯이 여성은 남성의 반대편에 있었다. 정치를 철학과 같은 것으로 만들려는 책에서, 그는 또한 남성을 여성과 같이 만들어야 했다. 그러나 성을 같게 만드는데 수반되는 어려움은 철학을 정치와 같게 만드는데 수반되는 어려움에 반영된다. 철학자는 최고의 진리(truths)를 향해 올라가는(the ascent) 존재에서 어둠의 세계, 거짓말과 그림자의 세계로 내려가길 강요받는 존재로 바뀌어야 한다.[17] 철학과 정치의 대립은 상승과 하락, 진실과 거짓, 여성과 남성의 대립이다.

정치를 넘어서는 철학의 수준으로 여성적 원리를 고양시키면서, 소크라테스는 그의 정치 개념에 대해 우리가 이해하는데 중요한 자신의 철학 개념 중 많은 것을 밝혀준다. 플라톤에게 철학의 활동은 임신과 출산이라는 성적 활동과 매우 유사하다. 『국가/정체』 6권에서, 소크라테스는 성적 욕망과, 임신과 출산 그리고 철학의 추구행위를 비유적으로 표현한다.

> 철학자는 천성적으로 존재하는 것을 추구하며, 존재한다고 생각되는 특수한 것들에 머물지 않고 나아가되 그러한 것을 알아내기에 적절한 영혼의 일부로서 각각의 것 자체의 본성을 찾을 때까지 열정적 사랑의 예리함을 잃지도 않고 멈추지도 않는다. 그것에 유사한 것은 적절한 것이다. 가까이 있고 실제로 존재하는 것과 함께 하고, 정신과 진실을 낳아, 그는 알게 되고 진실하게 살아가고 양육 받게 되며

드디어 분만의 고통이 멈추게 되는 것이고, 그 이전에 그 고통은 멈추지 않는다.[18]

이 구절의 표현은 명백히 성적이며 플라톤의 대화록 『테아에테투스』(Theaetetus)에 나오는 언어와 상상의 밀접한 관계를 보여준다. 여기서 소크라테스는 철학적 개념의 산파로 자신을 자주 묘사한다.[19] 이러한 비유를 통해 우리는 소크라테스가 종종 왜 여성의 생물학적 기능을 지속적으로 생각나게 하는 이미지들인 분만과 출산이라는 용어로 철학적 과정을 묘사하는지 알 수 있다.[20] 소크라테스가 낳은 대부분의 태아들이 "무정란(wind eggs)"으로 판명 될지라도, 분만과 출생의 지적이고 육체적인 과정들 간의 관계는 소크라테스와 그의 활동을 생물학적 여성과 연결 짓게 된다. 철학의 활동은 삶의 탄생과 유사한, 생명을 주는 힘(force)이다. 정치의 활동은 죽음을 지향하는 힘이다; 그것은 소크라테스를 죽였고, 주인과 아들을 포함한 『국가/정체』에 나타난 대화상대자 다수도 죽음으로 내 몰았다.

결국, 소크라테스는 철인왕을 위한 그의 제안에서 철학과 정치의 관계를 그리고 평등의 파도에서 남성과 여성의 관계를 형성한 방식은 새로운 긴장을 초래하게 된다. 그들은 진리를 추구하는 철학자를 진실하지 못한(무작위 결합으로 보이는 짝짓기를 주선할 때 철학자가 이용해야만 하는 그 유명한 선의의 거짓말 또는 허위와 같은) 정치꾼(political teller)으로, 여성을 남성으로 바꾸어 놓았다. 이 각각의 경우에 최소한 소크라테스와 그리스인들의 관점에서 무엇이 각자의 본성에 의한 특징인지를 무시하는 왜곡상태가 발생했다.

최상의 도시를 창조하기 위해, 즉 정의의 근본이 되는 정치적 삶에 의지하기 위해, 소크라테스는 철학자들에게 심하게 대해야만 했다. 그는 그들을 "더 어렵게 살게"[21] 만들었다. 유사하게, 여성들이 가진 신체의 독특한 특성은 부정되었고, 도시를 위해 약한 남성으로서 열등한 삶을 살아가게 되면서, 삶보다 전쟁(그리고 죽음)을 추구하기 위해 준비하고, 교육받게 된다. 여성과 철학자는 모두 소크라테스의 도시에 어색하게 맞추어진 존재가 되었다; 여성들은 도시의 일반적인 필요로부터 주의를 받지 못하는 사적인 것(the private)과 특수성을 강조하고, 그리고 철학자들은 도시의 특수성을 초월하는 보편적 진리에 대한 관심을 강조한다.

『국가/정체』 6권에서, 철학자와 여성은 일련의 이미지를 통해 통합되었다. 철학적 시도가 출산에 비유된 위에서 언급된 사례뿐만 아니라, 철학자가 보잘 것 없는 구혼자에 의해 강간당하거나[22] 혹은 열등한 사람과 혼인하여 결국 열등한 자녀를 출산하는[23] 어린 소녀와 비유되는 다른 사례도 있다. 둘 사이의 양립가능성은 여성에게 되돌아오는 이미지에 의해 포착된다. 소크라테스의 철학 행위와 여성의 통합을 통해 우리는 정치의 반대에 위치한 그의 철학적 개념을 알 수 있다. 그리스의 전통에서 여성은 가사영역(idios)에 속한 사적 개인이고, 여기서 이디오스는 백치(idiot)나 공동체의 일부가 아닌 사람을 의미한다. 비슷하게, 플라톤 전집에 나오는 철학자들 또한 사적 개인이다. 여성들은 그녀들의 집에서 은둔해 있어야 하고; 철학자는 도시의 여론으로부터 벗어나 자신들을 보호해야 한다. 그는 도시의 믿음을 초월하여 존재하는 지식에 대한 그의 연구를 통제하려는 도시의 믿음, 신조를 수용할 수 없었다. 그는 그의 지성 위에 도시의 요구를 더하려는 도시의 시도로부터 독립적으로 존재해야 했다.

도시의 구성원이 되기 위해서는 그는 자신의 사적 지식을 희생하고 도시의 관점을 수용해야 한다. 이는 철학자가 할 수 없는 일이었다. 그는 마치 여성들이 정치적 환경을 고려하지 않고 사적인 역할을 수행하는 것처럼, 정치적 결과 혹은 공동체의 정치적 필요와 상관없는 질문을 했다. 여성들은 그들이 아테네나, 테베, 혹은 뉴욕 어디에 살던지 간에 아이들을 낳았다. 마찬가지로 철학자들도 그들이 어느 곳에 살던지 지식을 추구한다. 그러나 정치적 개인은 그 혹은 그녀의 특수한 공동체의 정치적 여건에 따라 다르게 행동한다. 플라톤에게 있어 여성과 철학자는 정치적 세계와 동떨어져 살아가는 존재였다. 『국가/정체』에서 그는 이 둘을 정치 안으로 끌어들였다.

소크라테스와 같은 철학자는 도시를 위험하게 할지도 모르지만, 대게 여성들이 그랬던 것처럼, 그는 단지 쓸모없을 뿐이다. 그 대화자 중 한 사람이 유용하지 못한 존재로서 철학자의 문제를 제기했을 때,[24] 그는 투키디데스의 역사에 나오는 다음과 같은 페리클레스의 말을 상기한다: "우리는 혼자서 공적인 일에 참여하지 않는 사람을 조용한 사람이 아니라 쓸모없는 사람(idios)이라고 생각한다."[25] 그리스의 정체(polity)는 가사영역(idios)을 위한 공간이 전혀 없는 사회였다. 그러므로, 정치적 삶에 여성을 끌어들이는 것을 둘러싼 긴장은 철학자를 정치에 끌어들일 때의 문제와 같았다. 자연스럽게 둘은 사적 세계에 속해 있었다.

그러나 이 둘이 정치사회에 들어가는 『국가/정체』 5권의 목적은 성교에서부터 다친 손가락까지 이전에는 사적이었던 모든 것을 공적인 것으로 만드는 것이었다. 정치화되는 과정에서 여성과 철학자는 그들의 원래적 환경으로부터 분리되었다. 정치적 존재가 되기 위해서 여성과 철학자는 파괴되었다. 여성과 철학자의 동일시 작업은 여기서 여성의 지위 상승이 아니라, 정치적 영역에서의 양자의 반대만 확인하는 결과를 드러낸다. 『국가/정체』의 도시에서 성 평등은 철인 통치자의 전조가 된다. 소크라테스에 따르면, 이 두 개념(성평등과 철인 통치자)은 자연적인 것에 대한 정치적인 것의 승리라고 할 수 있다; 도시의 기존 가치에 질문하는 행위를 멈추라는 도시의 요구를 존중하는 대신 죽음을 선택했던 소크라테스에게 이는 자신이 언급했던 개념을 실험하는 것만큼이나 하기 어려웠던 행위였다.

소크라테스의 여스승들

우리가 보통 질문하는 철학자라는 의미에서 소크라테스를 그 주변에 있는 사람들에게 화나게 만들고, 그들을 괴롭게 자극하는 자로 생각하기는 하지만, 소크라테스는 두 번 여성 스승을 받아들인다. 한 명은 (아마도 가상의 인물로 보이지만) 만티네아(Mantinea)에서 온 예언자였고; 또 다른 이는 페리클레스의 애인이었다. 전자는 '신을 명예롭게 하는 자'를 의미하는 '디오티마(Diotima)'로서 그녀는 소크라테스에게 정치적 삶을 희생한 사랑에 대해 가르친다; 후자인 '아스파시아(Aspasia)'는 소크라테스 시대 아테네의 가장 중요한 정치지도자와 관계있는 여성이 이해하고 있는 수사학의 정치적 기술로 소크라테스를 교육시키려 한다. 우리는 먼저 예언자[디오티마]를 살펴보고 정치적 여성들이 소크라테스에게 가르치고자 했던 것이 무엇이었는지를 생각해볼 것이다.

『향연』(Symposium)의 디오티마

디오티마는 디오니시우스의 축제에서 상연된 최고의 비극상을 수상한 극작가 아가톤(Agathon)을 참가자들이 축하하고 있는 대화편 『향연』에서 소크라테스의 스승으로 등장한다. 참가자들은 모두 아테네 지식인의 현학적 삶에서 매우 알려진 사람들이었다. 그들은 평범하게 술 마시기를 포기하는 대신, 사랑에 대한 찬양을 주제로 말하면서 서로 경쟁하기로 한다. 연설자의 대부분은 동성애를 찬양하고 가족애를 포함한 이성애를 경멸한다.

시인, 파이드로스(Phaedrus)는 첫 번째 연설자였다; 그의 사랑에 대한 찬양은 남성을 용감하게 만드는 사랑의 힘에 대한 내용이 중심을 이룬다. 그는 동성의 짝으로 구성된 군대를 제안한다. 연인들은 그들이 사랑하는 사람 앞에서 겁쟁이로 보이는 것을 부끄럽게 생각할 것이다; 따라서 그들은 죽음을 무릅쓰고 용감하게 싸울 것이다. 사랑은 군사적 시도에서 적절히 사용될 때만 정치적으로 도움이 된다. 파이드로스는 알세스티스(Alcestis)에 대한 연설을 하면서 한 여성에 대해 언급한다: 그녀는 남편을 매우 사랑했기 때문에 그를 대신해 죽고자 했다. 다시 한 번, 사랑은 용기로 이어졌다. 대조적으로, 오르페우스(Orpheus)는 그의 아내 페르세포네(Persephone)를 되찾기 위해 그의 음악을 사용하여 지하세계의 신을 유혹하려 했다. 그러나 그는 그녀와 재결합하기 위해 죽으려고까지 하지는 않았다. 그는 연인이라는 이름을 얻지 못한다. 그의 사랑에 대한 찬양에서, 파이드로스는 사랑을 죽음으로 이어지는 것으로 보고 있다는 점을 우리는 여기서 주목해야 한다. 죽음을 두려워했던 오르페우스는 진정한 연인이 아니었다.

대화편 후반부에 나오는 디오티마의 연설을 통해 나타난 소크라테스의 관점은 삶, 특히 철학적 관점의 삶을 창조하는 사랑의 역할을 강조한다. 비록 그 대화가 대체로 여성의 명예를 훼손하는 일련의 연설들이기는 했지만 말이다. 비교법 체제 연구자인 파우사니아스(Pausanias)는 파이드로스가 단 하나의 확실한 사랑의 예로 제시한 것을 배제하고서 사랑을 찬양했다. 그는 여성의 사랑과 여성에 의한 사랑을 구분했다. 이는 보통사람들의 성향을 지닌 사랑으로 천박하다; 대조적으로 천상의 사랑은 남성의 사랑으로 이어진다. 그의 연설에서 그는 그 분리를 위한 정당성을 제시하지 못하고 있지만, 동성애적 관계를 권장하고, 허용하는 정치 공동체의 도덕적 이점에 대해 말하기로 한다.

아리스토파네스(Aristophanes) 또한 이 축하연에 나타난다. 그는 우리가 4개의 팔과 4개의 다리, 그리고 2개의 얼굴을 가진 둥근 형태로 존재했던 태초의 자연에 대해 말한다; 그때는 남성-남성, 남성-여성, 여성-여성[이 서로 결합되어 있는]과 같은 3종류의 성이 존재했다. 우리의 오만함 때문에 신은 우리를 분리시켰고, 그래서 현재 우리는 원래 하나였던 다른 반쪽을 찾으면서 우리의 삶을 보낸다는 것이다. 원래 남성-남성이었던 사람은 남성을 찾고, 반면에 원래 남성-여성이었던 사람은 이성을 찾는다. 아리스토파네스는 후자를 합법적인 가정의 지위를 전적으로 무시하는 간통범(adulterer)으로 묘사한다. 대신에 그는 진정한 남성에 대해 이야기하는데, 그들은 원래 남성-남성에서 갑자기 분리되었으며, 정치적 삶을 선택하고, 다른 남성을 사랑하는 남성이다. 이러한 남성들은 관습에 의해 결혼을 강요받는다. 자연이 아니라 법이 그러한 남성을 아이를 낳는데 참여하도록 만든다. 여성과의 육체적 관계(involvement)는 자손증식이 필요하지 않았던, 전능자가 존재했던 초기 황금기로부터 타락한 흔적이다.

신의 의지를 이해했던 선지자인 한 여성으로부터 사랑을 배웠다는 소크라테스의 주장은 대화 전반에 드러난 여성에 대한 부정적인 태도와는 현격한 대조를 이룬다. 그는 연설에서 이 여성의 말을 반복하는데, 그 말은 아마도 자신의 목소리로 말하는 것이라기보다는 젊은 남성의 말이었을 것이다. 그는 사랑이란 누군가를 완벽하게 만들어 줄 사람과의 결합을 갈망하고 열망하는 것이라고 말한다.

이러한 사랑의 본성을 설명하기 위해서 디오티마는 우화를 사용한다: 아프로디테의 생일을 축하하기 위한 축제에 남성인 플렌티(Plenty, 풍요)가 참석했는데, 그는 와인과 음식을 잔뜩 먹고는 잠이 들었다. 여성인 포버티(Poverty, 빈곤)가 축제에 와서, 잠든 플랜티(Plenty, 풍요)를 발견하고는 그 옆에 누었으며, 결국 그의 아이를 낳게 된다. 이렇게 플렌티와 포버티의 결합을 통해, 사랑이 태어나고,

부모의 특성 모두가 그 아이 안에서 발견되게 된다. 이 이야기의 많은 구체적인 내용은 우리가 소크라테스를 포버티(Poverty, 빈곤)와 그녀가 사랑이라는 아이에게 전해준 특성과 연관시킬 수 있도록 만들어진 것이다. 예를 들면, 그들은 모두 맨발로 다니면서, 출입구나 현관을 돌아다니면서, 둘 다 결코 만족하지 못하고, 서로가 항상 더 많이 얻기 위해서 계략을 꾸민다. 테아에테투스(Theaetetus)의 산파 이야기에서 시도한 바와 같이, 소크라테스가 자신을 연관시키려 한 것은 여성인 어머니 포버티라는 점을 우리는 주목해야 한다.

이러한 여성과의 연계는 디오티마가 사랑의 본성을 설명하면서 계속 이어진다. 그것은 잠깐이 아니라 영원히 아름다운 것들을 전유하고자 하는 욕망이었다. 그러나 우리가 유한한 존재인 까닭에, 사랑은 우리로 하여금 불멸성을 추구하도록 하는 것이고 우리는 이를 재생산과정을 통해서 실현한다. 그러나 다른 한편으로, 다른 사람에게서 자녀를 낳는다는 남성적 시작으로부터 사랑과 생식을 묘사하기보다, 소크라테스는 남성의 임신이라는 상상적 발상을 한다. 아주 놀라운 내용으로, 디오티마는 모든 인간이 임신한다고 주장한다. 그녀는 남성과 여성을 구분하지 않는다; 실제로, 그녀는 임신이 가능한 존재인 여성으로 변형된 남성을 제시한다. 인간성의 징표이자 진정한 연인이 되는 것의 상징인 임신을 할 수 있는 능력 앞에서 아버지의 정력과 힘, 그리고 용기는 무색해졌다. 자손 증식을 위한 사랑을 경멸했던 파우사니아스와, 자발적 죽음 속에서만 사랑을 발견했던 파이드로스와 다르게, 소크라테스의 디오티마는 사랑을 출생과 세대계승의 과정으로만 생각한다.

디오티마는 사랑의 위계질서에 대해 묘사한다. 가장 낮은 단계에 많은 사람들을 위한 불멸성이 가능해지는 인간 자녀의 탄생이 있다. 우리가 이 위계질서를 따라 올라가면서 모델이 시인과 입법자 그리고 철학자가 되지만, 출생과 세대계승이라는 여성적 이미지도 양보하지 않는다. 우리는 그 오르막(위계질서의 계단)이 아이들로부터 명성으로, 마지막에는 아름다움까지 움직일 때, 임신한 신체가 아닌 임신한 영혼에 관해 듣게 된다. 그 선지자가 세대계승의 다양한 수준을 묘사한 것처럼, 신체는 잊혀 지지만, 언제나 재생산되어 남아있는 것은 그러한 언어이다. 이와 같이 에로스(육체적 사랑)는 소크라테스의 연설에서 창조성 그리고 여성성과 연결된다. 이 연설에서 여성은 앞선 연설자들에 의해 표현된 여성처럼 그녀의 육체와 천박하게 연결되지 않는다. 앞선 연설자들의 남성에 대한 강조는 정치적 삶에 초점을 맞추게 되면서 결국 죽음 —아리스토파네스의 '진정한 남성'의 특징으로 묘사하는 전장에서의 죽음과 세대의 부재— 에 초점을 맞추게 된다. 그러한 세계를 거부하면서, 소크라테스는 여스승에게 의지한다. 사랑 문제에 대한 그녀의 교육은 진정한 아름다움을 철학적으로 추구하는 과정에서 그를 도시를 넘어서 밖으로 움직이게 한다. 소크라테스에게 그 아름다움은 도시에서도 남성의 사랑에서도 찾을 수 없는 것이었다.

『메넥세누스』(Menexenus)의 아스파시아(Aspasia)

플라톤의 가장 이해할 수 없는 대화편 중 하나에서, 소크라테스는 페리클레스의 정부였던 아스파시아로부터 수사학의 기술을 배웠다고 주장한다. 『메넥세누스』의 거의 맨 앞부분에서, 플라톤은 소크라테스가 페리클레스의 유명한 장례식 연설의 진정한 저자는 이 여성임을 시사했다고 말한다. 소크라테스의 이러한 추측이 그렇게 진지한 것은 아니지만, 이러한 이상한 주장으로 그는 고대와 근대를 통해 가장 고귀한 찬사라고 많은 이들이 생각해 왔던 그 내용을 평가절하한다. 그 연설은 여성의 생각에서 나올 수 없는 것이었다. 그리스 사람들에 의하면, 여성은 전쟁 또는 도시의 영광이 그렇게 찬양받는 것을 이해할 수 없었다.

그러나 『메넥세누스』(Menexenus)의 서문에서, 소크라테스는 장례식의 연설을 별 것 아니라고 설명했다. 아테네인 앞에서 아테네를 찬양하는 것은 위대한 도전이 아니다. 펠로폰네소스인들 앞에서 아테네를 찬양하는 것이나 그 반대는 수사학적 기술의 한 예가 될 것이다. (또는 우리는 『국가/정체』를 읽고, 심포지엄의 만찬 자리에서 정치인들 앞에서 철학자를 칭찬하거나 남성들 앞에서 여성을 칭찬하는 것은 위대한 수사학자로서 가치 있는 일이라고 생각할 수 있을 것이다.) 이와 같이 그는 여성으로부터 수사학의 기술을 배웠지만, 그는 여기서 수사학의 기술을 폄하한다.[26] 그는 그녀를 칭찬하는 동시에, 그녀가 탁월했던 그러한 활동을 평가절하하려 하고, 그렇게 함으로써 그 장례식 연설 뒤에서 실제로 존재했던 남성의 노력까지 평가 절하한다.

대화편 『메넥세누스』는 대화편의 제목과 같은 이름의 젊은이가 정치에 입문하려 하면서 만약 그가 급하게 준비할 수밖에 없는 경우 장례식 연설을 하게 될 경우에 대하여 소크라테스에게 물어보는 것으로 시작한다. 그것은 쉬운 일이라고 소크라테스는 대답한다. 그는 최근에 아스파시아에게서 배워 그것을 암송할 수 있었다. 그가 이전에 배운 것은 미래를 위한 화법의 필요성을 충족시킬 수 있었다. 왜냐하면 그러한 화법은 결코 특수하지 않고, 이미 수행된 행위와 특별한 관련이 없기 때문이다. 이는 그들이 전쟁이라는 실제 행위와 분리되어 있음을 의미한다. 소크라테스는 자신이 외우면서 연설을 배웠다는 점을 인정한다. 왜냐하면 아스파시아는 그가 구절을 잊어버리면 항상 때릴 준비가 되어 있는 무서운 선생님이었다.[27] 설득의 정치적 기술인 수사학은 맞아가면서 배우게 된다. 사랑 문제에 대해서 가르치는 신과 가까운 존재인 선지자 디오티마와 달리, 아스파시아는 권력의 중심에 가까이 있으면서, 그녀가 여성이었음에도 불구하고 정치의 힘을 이용한다.

그러나, 그녀가 힘을 통해 교육을 하기는 했지만, 그녀는 추도연설을 도시를 위한 젊은 남성들의 죽음을 다루는 것에서 삶, 특히 출산과정과 관련된 것으로 완전히 바꿔놓는다. 그녀의 연설 초반은 페리클레스의 그것과 아주 유사하게 시작한다. 그러나 페리클레스가 마라톤과 테르모필레에서 페르시아에 대항하기 위해 조상들과 그들의 위업에 의지했던 반면에, 아스파시아는 단 하나의 조상, 아테네인이 발원하는 어머니인 땅(earth)에 의지한다. 그녀는 대지(soil)를 아이를 낳고, 키우는 어머니로 묘사하면서 여러 장에 걸쳐 지속적으로 은유적 설명을 한다. 모유는 지구의 열매와 같다. 실제로 인간 어머니는 어머니의 지구가 아니라 지구의 모방으로서만 등장하게 된다.[28]

아스파시아가 언급하는 신화는 아테네인들이 그들 스스로를 땅에서 태어난 자생적인 존재로 보는 시각이다. 그러나 전통적으로, 토착적 신화는 여성을 배제하고 있다. 남성은 어머니의 도움 없이 태어날 수 있었다. 남성의 씨앗은 단순히 대지에 뿌려졌고(심어졌고), 이렇게 하여 여성은 도시의 기원 논의에서 누락되게 된다.[29] 아스파시아는 우리가 여성의 자리를 인식하고 있으며, 여성이 없으면 정치공동체도 없었을 것이라고 주장한다. 그녀의 연설은 페리클레스의 남성적 연설과 다르며, 소크라테스가 배우고자 했던 것은 바로 그녀(아스파시아)의 연설이었다.

장례식 연설의 말미에, 페리클레스는 아테네의 여성들에게 좋은 일이건 나쁜 일이건 다른 사람들의 입초시에 가능한 한 오르지 않는 덕스러운 삶을 살아가라고 충고한다. 아스파시아가 그러한 유명한 논평을 명백히 언급하지는 않지만, 플라톤은 소크라테스가 그렇게 한다고 설명한다. 메넥세누스가 유일한 여성의 연설에 경탄하자, 소크라테스는 그에 대하여 말하지 말라고 메넥세누스에게 경고 한다; 소크라테스에 대한 아스파시아의 교육은 언급되어서는 안되는 것이었고, 공적 담론의 일부가 되어서도 안되는 것이었다. 만약 메넥세누스가 약속한다면, 그때 소크라테스는 그에게 다른 좋은 정치 강연을 얼마든지 해줄 것이라고 한다. 메넥세누스는 맹세했고, 대화는 끝이 난다.

여성의 침묵과 비가시성이 강요되는 상황에서, 페리클레스는 아마도 그들의 전복적 힘을 인식했을 것이다. 아스파시아는 아버지 보다는 어머니에 중점을 둔 정치의 대안적 시각에 대해 소크라테스에게 가르쳤다. 디오티마는 정치를 넘어선 영역에서의 완성을 위한 추구를 할 수 있도록 그를 훈련시켰다. 소크라테스의 두 여성 교사는, 전혀 다른 방법으로, 동성애의 남성적 세계를 따르거나 칭송하지 않았던 정치적 삶에 대한 시각을 제공하였다. 동성애적 시각은 당시에 『향연』의 다른 연설과 원래의 장례식 연설 내용의 전반을 지배하면서, 여성은 담론과 행동의 영역에서 배제되게 되었던 것이다.

『법률』: 차선의 체제에서의 여성

플라톤의 마지막 대화편인 『법률』은 아테네의 이방인이 남 크레타에 설립될 도시를 위해 법률을 제정하는 방대한 저작이다. 토론은 크레타에서 온 노인 클레이니아스(Kleinias)와 스파르타에서 온 노인 메길루스(Megillus)에 의해 지속되는데, 양자[크레타와 스파르타]는 좋은 법률(eunomia)로 명성을 떨치고 있는 도시였다. 이방인은 스파르타와 크레타의 모델 둘 다를 거부하고 자신만의 모델을 제시한다. 그러나 여기 『국가/정체』에서 발견되는 공산주의는 신들의 공동체로 예비된 것이다; 이방인은 그러한 공산주의가 인간들 사이에서는 불가능하다고 주장한다. 대신에, 마그네시아(Magnesia)라는 이름의 이 새로운 도시를 위한 법률은 차선의 정치 체제를 설정하기 위한 지침이 되고, 이 체제는 그리스 주변의 다양한 공동체로부터 오는 남성과 여성을 있는 그대로 받아들인다.

이방인은 이 도시의 건설을 새로운 그리스 도시의 창조에 참여하기 위해 크레타에 합류하는 다양한 벌집으로부터 온 구성원들과 함께하는 단 하나의 벌집의 창조에 비유한다. 『국가/정체』에서 국가의 건국자들(founders)은 10살 미만의 아이들을 제외한 모두를 돌려보낼 계획이었다. 거기서 인간의 본성은 개조되어야만 했고, 10살 이후에 그러한 교육은 불가능했을 것이다. 따라서 부모들은 유토피아 건설이라는 모험을 위해 그들의 아이를 포기해야만 했다. 『국가/정체』의 주민들은 그들도 부모가 있었다는 사실을 잊어야만 했고, 그들을 다른 사람과 구분할 수 있도록 하며 자신에게만 고유한 그 무엇도, 그 누구도 가지고 있지 않았다. 인간 본성의 요구와 변화에 있어서, 『법률』의 도시는 그리 가혹하지 않았다. 성인들은 자기 것을 소유한다는 것의 의미를 충분히 알고 온다. 도시의 구성원이 되기 위해, 자신의 것을 빼앗으려는 어떠한 시도도 없다. 그들은 그들의 재산과 여성 혹은 남성으로서의 그들의 성 정체성을 유지한다. 이방인은 존재 가능한 도시 설정을 목표로 한다.

그러나 새로운 가능성과 공산주의의 부재에 따라, 성적 불평등과 여성의 열등함이 발생한다. 가족뿐만 아니라, 그 가족과 관련한 모든 문제에 관한 광범위한 입법, 특히 소크라테스가 『국가/정체』에서 무시하고자 했던 것, 즉 아이를 낳는 사람으로서의 여성에 관한 입법이 이루어진다. 여성의 열등함을 가정하고 재생산에 초점을 맞추면서 이 책은 여성의 역할에 있어 이전과 판이하게 다른 대우(취급)를 하게 된다. 여기에서, 여성은 남성보다 너무나 열등하여 그들의 교육에 대한 관심의 결여는 그 도시 속의 질서에 관한 많은 문제를 야기한다. 이방인은 엄밀히 말하면 여성들이 열등하기 때문에 그들을 교육에 참여시키는 데 실패한, 스파르타와 크레타의 정치체제를 비판한다. 두 도시의 남성들을 위한 공동식사를 찬양한 후에, 이방인은 말한다;

> 그러나 그들은 어떤 제정법의 규제도 받지 않고 그들을 위한 공동식사의 관행도 없어, 여성과 관련된 관행은 그 어떤 것도 정확하게 제정되지 않고 있다; 특히 비밀스럽고 속아 넘어가게 하는 성향을 타고난 우리 인간의 성인 여성은 그 약함으로 인해, 입법자가 포기하게 되면서, 정확하지는 않지만, 이러한 무질서적 상황이 허용되고 있는 것이다. … 여성에 관련된 일들이 무질서한 채로 간과되어 버린다는 것은, 사람들이 생각하듯, 비단 절반이 아니라, 덕성과 관련하여 여성의 자질이 남성보다 더 못한 만큼, 그 해는 두 배 이상이 되는 것이다.[30]

그 논쟁은 『국가/정체』에서 발견된 것과 정확히 반대이다. 거기에서, 평등은 동등한 교육을 요구했다. 여기에서, 덕(virtue)에 대한 차이점은 동일한 교육과 공동의 식사를 요구한다.[31] 이방인은 선천적으로 여성이 "비밀스럽고 기만하는(secrecy and thievery)" 경향이 있기 때문에 여성을 남성과 평등하게 만드는 것은 자연에 반한다는 점을 인정하지만, 그는 이러한 평등이 교육에 의해 실현될 수 있다고 주장하기도 한다. 여성이 천부적으로 남성과 평등한 잠재적인 사람들이라는 점과 같은 일에 종사하도록 교육 받을 수 있고, 교육을 받아야만 한다는 데 있어서는 논란의 여지가 없다. 이것은 가능하기는 하지만 많은 노력을 필요로 한다고 그는 주장한다. 이방인은 사우로마티스(Sauromatis)라고 불리는 여성들을 예로 든다. "실제로 그들은 말, 활, 그리고 무기를 가지고 남성들과 동등한 의무를 부담하고 동등하게 훈련한다."[32] 만약 누군가 문화와 역사적 시간을 가로질러 살펴본다면, 우리는 여성스러운 기질과 신체적 특징에 어울리지 않는 기술일지라도 전쟁과 사냥을 위한 장비들을 다룰 수 있는 여성을 발견할 수 있다. 여성은 그들의 한계점을 극복하기 위해 교육을 받을 수 있다.

『법률』의 확장편(extended section)(794d–795d)에서 그 이방인은 양손 사용능력을 개발해야 하는 중요성에 대해 논의한다. 그런 과정을 통해서 우리는 동등한 기술을 가진 양손을 사용할 수 있는 이점을 상실하지 않을 수 있다. 표면상으로, 이것은 남성과 같은 활동과 교육과정 속으로 여성을 포함시키기 위한 논의와 유사한 의미를 가진 주장으로 보일지도 모른다. 그러나 우리는 이러한 양손사용을 위한 요구와 그 훈련의 효과에 대해 생각해 보아야 한다. 우리 중의 몇몇은 오른손잡이로, 또 다른 이들은 왼손잡이로 만들어 놓은 자연의 역할을 이방인이 간과하고 있다고 플라톤이 주장하고 있지 않는 것일까; 교육을 통해 자연에 반하여 양손을 동등하게 만들려는 시도는 선천적으로 더 강한 손의 능력을 감소시킨다. 우리는 다시 한 번 여성과 남성을 위한 획일적인 교육과 플라톤이 그의 양손잡이에 관한 논의에 의한 이러한 제안을 위해 주장한 것으로 보이는 조건을 비교해 보아야 한다. 자연적으로 더 강한 오른손이 양손잡이 교육의 강조에 의해 약화되어가는 것처럼, 성(sexes)은 그들을 평등하게 만들기 위한 노력 속에서 그들의 천부적인 강함에 대한 관심을 외면했을 것이다.

『국가/정체』에서의 소크라테스와는 달리, 그 이방인은 여성을 도시의 남성과 동일하게 만들려고 하지 않는다. 그보다, 그는 그 도시의 이익이라는 관점에서 그들[여성]의 교육을 바라보고 있다. 교육 과정은 그들의 열등한 성향을 제한하는 방향으로 이루어진다; 따라서 "비밀스럽고 기만하는" 성향을 갖는 여성들은 남성과 같은 정도로 도시에 봉사할 수 있도록 훈련받아야 한다. 우리는 이미 이것을 여성의 정치적 역할에 대한 그리스적 이해에서 지속적으로 제기되는 문제점으로 지목한 바 있으며, 이는 또한 그리스 연극무대를 지배했던 주제이기도 하다. 이방인은 『법률』에서 이렇게 말한다. 만약 여성들이 그야말로 그들 자신만의 일을 돌보고, 아이들을 양육하기 위해 남아 있다면, "그들은 전쟁에 참가할 수 없었을 것이다. 그래서 그들이 도시와 그들의 아이들을 위해 싸워야만 하는 경우가 발생할지라도." 그들은 "아마존"과 같이 싸움터에 나갈 수 없었을 것이다.[33]

전통적으로, 여성은 그녀의 도시보다 가족을 더 보살폈다.[34] 『국가/정체』에서, 소크라테스는 여성을 도시의 일부로 만들기 위해 그녀에게서 그 가족을 빼앗았다. 『법률』에서 여성은 도시가 공격당할 경우 정신적, 육체적으로 도시를 방어할 준비가 되어 있다. 여성은 남성 전사로 변하지 않는다. 가족은 남아있고, 여성은 지속적으로 그녀가 그리스 사회에서 일반적으로 했었던 일을 하며, 이제야 그것의 안정성에 대한 위협으로써 뒤에 남겨지는 대신에 도시의 일부가 된다.

예비교육이 도시의 방어를 위해 비슷해지는 동시에, 출산과 관련한 성별 각각의 다른 역할들이 강조된다. 결혼 전, 여성은 아이들을 훈련시키는 체육 시합과 경주의 육체적인 활동에 참여한다; 결혼 후에는 남성과의 공동식사 —아마도 같은 식탁은 아닐지라도, 최소한 그 옆에서— 에 합류한다. 이것이 어떤 의미에서는 그들 가정의 제한된 장벽으로부터 여성을 자유롭게 하고 그들이 축복받은 공적 영역에 진입할 수 있도록 하는 특별한 선물이라는 의미를 가지고 있지 않다는 점을 우리는 주목해야 한다. 오히려 그 이방인은 이렇게 주장한다. "어둠 속에 사는 것이 익숙해져 있기 때문에, 여성 집단에게 인내하기에 이것보다 더 어려운 것은 없다. 여성은 강제로 불빛이 있는 곳으로 끌려가는데 모든 방법을 다해 저항할 것이며, 입법자를 보다 강하게 제압할 것이다."[35]

이러한 도시에 의한 초기의 성 통합은 오래가지 않는다. 일단 임신을 하게 되면, 아버지 집단과 어머니 집단은 분리된다. 아이들이 태어나기 이전부터, 그들은 강한 몸을 만들기 위해 약간의 운동을 필요로 한다; 따라서 임신한 여성들은 매일 사원을 산책해야만 한다. 그들은 더 이상 전쟁을 위한 훈련을 받지 않을 것이지만, 그 도시의 종교적 삶에 그 자신을 헌신할 것이다. 유사하게, "입법자는 아이를 가진 여성들을 특별하게 보살필 필요가 있다. … 따라서 임신한 여성들은 선정적인 즐거움이나 고통을 경험하지 않을 뿐만 아니라, 그 시간 동안 품위 있고, 심지어 이지적이고 온화한 것을 기리면서 살아갈 것이다."[36] 『국가/정체』에서 여성들은 그들의 임신 여부와 관계없이 남성과 관계를 가지는 경비견과 같은 존재였다. 임신의 상태는 무시되었다. 반면에 『법률』에서는 입법자는 임신한 여성에게 많은 처방과 규제를 제공한다. 예를 들어, 출산기의 여성들은 장례식[37]뿐만 아니라, 레슬링 경기와 무거운 갑옷을 입는 전투[38]에도 참여하지 못한다. 이러한 규제들은 태아의 복지를 위한 관심과 연관되어 있다.

『국가/정체』에서 출산과정에 대한 자세한 설명은 회피된다; 부모인 남성과 여성 간의 차이에 대한 유일한 언급은 단지 여성은 아이를 낳고, 남성은 아이를 생기게 한다[39]는 것과 여성은 아이를 위해 모유를 생산한다는 것이다. 모든 점에서, 부모들 간의 유사성이 강조된다. 예를 들어, 소크라테스는 이렇게 말한다: "최고의 남성은 최고의 여성과 관계를 맺는 것이 요구되고, 역으로 가장 평범한 남성은 가장 평범한 여성과 관계를 맺는 것이 요구된다."[40] 『법률』에서 이방인은 정 반대의 제안을 한다; 이제 상호보완성 규칙이다.

> 모든 일에 있어서 자신이 필요 이상으로 급하게 서두르고 저돌적이라는 점을 알게 된 자는 결혼을 통해 보다 점잖은 부모를 얻도록 애쓸 필요가 있다. 그와 반대되는 성향을 가지고 태어난 사람은 결혼을 통해 그 반대의 성향을 가지는 자들과 인척이 되도록 힘써야 한다.[41]

출산은 배우자 사이의 차이들에 근거한다; 그리고 그것의 유사함이 아닌 차이들에 대한 강조는 임신한 기간 동안 유지되어 정치체제와 관련하여 남성과 여성 역할은 구별된 상태로 남아있게 된다.

그럼에도 불구하고, 이방인은 여성들이 가임기를 일단 지나면 다시 공적, 사적 영역 모두에서 남성과 같아질 수 있다고 주장한다. 즉, 정체와 관련된 역할의 차이는 재생산과 관계한 남성과 여성의 몸의 차이에 근거하고 있고, 재생산이 관련된 그 기간 동안으로만 제한되어 있다. 이방인은 여성들을 40세에 공직에 진입할 수 있게 하면서, 다음과 같이 덧붙인다. "여성이 출산을 완료하게 되면 그녀를 군사적 업무에 활용하는 것이 필요하기 때문에, 그녀는 50세정도 까지 여성에게 가능하고 적합한 일을 맡게 될 것이다."[42] 가족 범주를 벗어나는 남성의 성적 관계가 일반적으로 용인되고 있었던 당시 아테네의 관행과 상반되는 것으로, 출산 가능기간 동안 남녀성 모두에게 간통이 금지된다는 구절은 아마도 더욱 놀라운 일일 것이다. 마그네시아에서, 재생산이 가능한 연령대를 일단 지나더라도, 여전히 출산능력이 있는 상대와 성관계를 할 수 없을 때까지는 "그러한 일에 절제하고 있었던 남성과 여성은 모두 전적으로 좋은 평판을 유지해야 한다."[43]

차이로 인한 성 평등교육에 대한 관심부터 출산가능 기간 동안 차별화된 성적 역할까지, 이방인은 성적 역할과 차별화가 관련성이 없게 되는 기간으로 성적으로 구분되는 역할들까지, 이방인은 성적 역할과 차별대우가 무관해지는 기간까지 움직인다. 성년기에 여성을 남성과 분리시키는 것은 잠재적 임신 가능성 때문이다; 이방인의 법률은 관계가 있을 때 그 차이를 인정하고, 더 이상 관계가 없을 때 그것을 무시한다. 『법률』에서의 차이는 용인되고 필요한 것이지만, 이는 또한 교육을 통해 보완될 수 있는 것이다. 도시의 정치 구조와 교육 목적은 차이에 순응하면서 다양한 방법으로 그 차이를 다루고 있다.

『국가/정체』에서 소크라테스는, 통합의 이익과 관련하여, 남성과 여성의 차이를 무시하려 노력하면서 여성이 철학자가 되는 것을 허용하려 노력한다. 『법률』에서 이방인은 이 차이를 무시할 기회조차 갖지 못한다: 여성들은 남성들과는 다르며, 그들의 임신가능한 몸은 그들이 할 수 있는 것을 결정한다. 그럼에도 불구하고, 그는 그들[여성들]이 도시를 위해 필요하다고 본다. 이 이방인의 답변은 차이에 대한 억압이 아니라 통합이며, 무시가 아닌 적응이다. 여성들은 『국가/정체』에서와 같이 철학을 위한 모델이 아니지만, 여기서 그녀는 플라톤과 그 시대의 그리스인들이 이해하듯이 그녀의 본성으로부터 분리된 것도 아니다.

크레타와 스파르타의 체제와 달리, 차선의 도시는 여성을 설명해야 할 필요를 인식했으나, 그러한 과정에서 여성의 신체를 관리하는데, 소크라테스는 『국가/정체』에서 그렇게 하기를 거부했다. 존재가능한 차선의 도시는 정치가 육체를 책임져야 한다는 점을 인식한다. 『국가/정체』에서, 소크라테스는 육체와 육체의 성적 욕구를 무시하려 애써왔다. 여성에 대한 그의 처리 방식은 이러한 정치의 결함을 드러낸다. 『법률』에서 이방인이 여성의 재생산 역할에 관심을 가지게 되면서 육체에 대한 관심이 제시된다. 각각의 대화편에서, 여성의 역할을 이해함으로써, 우리는 각각에 존재하고 있는 정치의 개념과, 그 한계와 그 가능성에 대한 보다 충분한 이해를 하게 되었다.

결론

플라톤은 그가 살던 시대의 아테네 여성들의 정치적 지위와 사회적 지위에 관심이 없었다. 그는 여성 —출산하는 존재, 남성과 다른 이들, 사적 영역과 가까이 있는 존재— 에게서 야망, 돈 그리고 전쟁과 같은 정치적 삶에 헌신하는 아테네 사회에 대한 자신의 비판을 위한 유용한 상징을 발견한 것이다. 여성들은 플라톤이 소크라테스와의 유대의 결과로 인해 강하게 거부했었던 그 세계와 분리되어 존재한다. 아테네 폴리스 세계에 내재한다고 보았던 문제를 극복할 수 있는 정치 체제에 대한 그의 구상에서, 플라톤은 철학자의 자리를 생각해야 했던 것과 마찬가지로 여성의 자리를 생각해야 했다. 플라톤의 관점에서, 여성도 철학자도 정치적 활동의 세계에 잘 들어맞지 않는다. 그의 목적은 부분적으로 그의 독자들에게 왜 이것은 이러하고, 어떻게 정치 체제가 이런 긴장을 조정할 수 있을지 제안하는 것이다. 그러나 그의 견해에 따르면, 그 긴장은 절대로 완전히 해결될 수 없다.

제4장

아리스토텔레스: 불완전한 남성, 위계질서, 그리고 정치학의 한계

B.C. 367년, 젊은 아리스토텔레스는 플라톤의 아카데미에서 연구하기 위해 마케도니아왕국을 떠나 아테네로 왔다. 아카데미에서 보낸 20년은 자신만의 분석을 위한 기틀을 마련해 주었고, 그의 사상에 대한 플라톤의 영향력은 결코 잊혀질 수 없는 것이었다. 서구 철학의 전통의 두 거두 간에 20년 간 지속된 상호작용은 젊은 제자들의 사상에 영원한 흔적을 남겼다. 그런데도 아리스토텔레스의 철학은 그것을 제시하는 방법[1]이나 그것의 유기적 구조에 대한 관심, 강조, 그리고 분석의 방법에 있어서 독특한 것이었다. 또한 정치적 삶에 대한 여성의 관계를 다루는 방법에 있어서도 매우 독특하다.

실제로, 아리스토텔레스는 이점에 있어서 플라톤과 극명하게 대립한 것처럼 보인다. 적어도 『국가/정체』에서 플라톤이 당시 도시의 정치지도부에서 여성이 제외된 것을 두고 신랄한 비판을 한 반면에, 아리스토텔레스는 지적으로나 도덕적으로나 여성의 선천적 열등함과, 가부장적 가정에서 우월한 남성에 대한 여성 복종의 자연스러움을 의미하는 설명과 함께, 보수적인 현상유지의 옹호자로 등장한다. 비록 이러한 간단한 비교가 지나친 단순화이기는 하지만. 적어도 이 부분에 있어서는 제자에 대한 스승의 영향력이 분명히 드러난다. 플라톤의 경우와 마찬가지로, 우리는 남성의 우월성에 만족한 사회에 대한 비판과 함께 정치 사회에서의 여성의 역할에 대한 심도 있는 분석을 아리스토텔레스에게서 찾아내기 위해 개별 주장만 볼 것이 아니라 담론 전체를 이해해야 한다. 언어의 정밀한 분석과 특히 아리스토텔레스가 여성혐오적 발언을 하게 된 맥락, 그리고 전체적인 그의 사상의 방향에 대한 고려와 함께, 우리는 발췌되고 잘못된 인용이 때로 그들이 그렇게 보이도록 만들었다는 점에서 그의 여성과 정치세계에 대한 생각이 플라톤의 생각과 그리 다르지 않다는 것을 알 수 있다.[2]

목적론과 자연

아리스토텔레스는 그리스 태생이었다; 그는 그리스 부모에게서 태어났고, 마케도니아왕궁에서 근무하던 그리스 의사의 아들로 그곳에서 성장했지만 마케도니아 언어가 아닌 그리스어를 사용했다. 아리스토텔레스가 과학적인 질문에 관심을 가진 것이 아버지의 영향이었는지는 알 수 없지만, 플라톤은 결코 하지 않았던 자연세계에 관한 연구가 그의 사상의 발전에 핵심적인 역할을 하고 있는 것은 사실이다. 아리스토텔레스의 아카데미 생활은 B.C. 347년 플라톤의 죽음으로 끝이 났다. 그는 12년 동안 아테네를 떠나있었고, 소아시아와 마케도니아에서 머물렀다. 소아시아에 머무는 동안, 그 지역의 해양 생물을 관찰하는 데 많은 시간을 보냈다. 이 연구를 통해 아리스토텔레스는 종(species)의 분류와 자신의 관찰의 결과로부터 일반 법칙을 도출해내게 되었고, 모두 동물에 대한 그의 저작에 통합되어 있다.

부분적으로 동물이 그 일부를 구성하는 물질적 세계에 대한 연구는 아리스토텔레스에게 자연, 즉 '퓌시스(physis)'에 관한 연구였고, 자연의 연구는 또한 그에게 사물이 어떻게 성장하는가에 대한 연구이기도 했다. 그리스어인 퓌시스(physis)는 "성장하다(grow)"는 의미의 동사 '푸에오(phueo)'에서 파생되었다. 아리스토텔레스가 자연의 세계를 분석하면서 제기한 문제들은 시간의 흐름에 따라 나타나는 성장과 변화가 발전의 패턴에 따르는 것과 관련이 있다. 그의 주장에 의하면, 우리가 꽃이나 벌레, 여성, 가족, 아니면 정치공동체등 어느 것에 대해서 이야기를 하던지 간에, 우리는 발전 패턴을 이해함으로써 살아있는 것들(living things)을 이해할 수 있다. 우리가 알고 있는 것처럼, 자연세계에서의 성장은 무차별적인 것이 아니다. 자연은 각각의 사물 단계에 따른 분명한 성장패턴을 지니고 있다. 어린 단풍나무 한그루가 어느 날 갑자기 코끼리가 되지는 않는다; 만약 어린 단풍나무가 자연에 의해 예정된 과정을 따르면, 단풍나무로 자라게 된다. 우리 인간을 포함하여, 모든 살아있는 것들은 어떠한 잠재력을 가지고 있다. 우리는 어떤 것으로 자랄 수 있는 능력을 가지고 있고, 우리가 무엇인지 —예를 들어 나무인지 인간인지— 를 규정하는 것은 우리의 성장 과정 끝에 있는 어떤 것이다.

살아있는 것들에 대한 아리스토텔레스의 연구는 각각의 것이 지향하는 목적에 대한 이해에 기반을 두고 있다. 묘목은 그것이 성장과

정의 끝에 도달했을 때 단풍나무가 될 잠재성을 지니고 있다. 그러나 모든 어린 단풍나무가 이러한 일반적이고 정상적인 과정을 따르는 것은 아니다. 실제로 대부분은 죽는다. 그러나 아리스토텔레스에 따르면, 어린 단풍나무는 그 자신의 본성을 실현하기 위해 단풍나무가 되어야 한다. 아리스토텔레스의 저술을 목적론적이라고 규정하는 것은 그것이 규범적인 결말에 초점을 맞추고 있기 때문이다. 인간을 포함한 각각의 식물과 동물은 그것이 최종형태에 도달하는 지점이자, 발생하는 순간부터 즉, 움직이는 순간부터 지향하는 지점인 목적지, 텔로스(telos)를 가지고 있다. 만약, 그 목적지에 도달하지 못했다면, 그것은 그 자신의 잠재력을 성취하지 못한 것이며, 정상적인 상황에서 이룰 수 있었던 것을 이루지 못한 것이다.

명확하지는 않을지라도 이런 목적론적 관점은 어떤 것의 본성적 목적 또는 본성의 최종적 완성으로부터 근대자유주의 개념이 분리되는데 근거가 되는 원칙을 잠재적으로 거부한다. 홉스는 『리바이어던』(*Leviathan*) 11장에서 분명히 선언한다: "고대의 도덕 철학자들의 저서에서 언급되는 바와 같은 궁극적인 목적(finis ultimus)이나 최고의 선(summum bonum)은 없기 때문에."[3] 이러한 말과 함께, 그는 근대세계에 우리 모두가 우리가 원하는 만큼 발전하고, 신도 자연도 국가도 우리가 누구인지, 무엇을 해야 하는지 규정할 수 없다는 개념에 근거한 원칙을 제공한다. 우리 시대의 말로 표현하자면, 목적론에 대한 거부는 다른 어떤 것보다 자신의 삶의 가치와 관련하여 누구든지 다른 사람의 판단을 거부하고 '자신의 것을 할 수 있다'는 가능성을 허용한다.

아리스토텔레스의 목적론은 그 혹은 그녀가 하고 싶은 것을 할 수 있게 모두에게 허용하지는 않는다. 본성상 각각의 것이 추구해야 하는 목적이 존재한다. 여기서 '해야한다(must, 당위성)'라는 것은 자연에 의해 주입된 것이며, 목적으로서의 자연을 수용하면서 도덕적 '당위성'이 된다. 선하게 되기 위해서, 그 목적은 반드시 추구되어야 한다. 목적에 도달하지 못한 것은 결함이고, 성장의 자연적 패턴으로부터의 왜곡이다. 성인으로서 인간이 자신의 이성으로 하여금 선과 악, 옳고 그른 행동에 관한 바른 선택을 하게 할 수 있을 때. 인간으로서 그 완성이 달성되는 것이다. 인간의 목적은 고정된 상태가 아니라 활동의 상태, 특히 이성에 따른 선택이며, 아리스토텔레스에게 있어 이것이야말로 인간 행복의 원천이 되는 것이다.

이러한 목적을 이루기 위해, 인간은 반드시 도시국가(폴리스)에서 살아야만 한다 —즉, 인간은 정치적 동물이다. 정치적 영역에서 개인은 다른 사람들과 어울려야만 하고, 도시국가의 교육적인 과정과 법률로부터의 이득을 얻어내야 한다. 따라서 인간의 자연적 목적이 단순하게 자연에서 오는 것만은 아니다. 다른 동물의 경우, 그들의 완성, 목적은 자연에 의해 결정 된다; 만약 동물이 그들의 본성을 완성하는 데 도달했다면, 그들은 그렇게 선택을 했건 하지 않았건 그렇게 한다. 만약 본성이 성공한다면, 그들이 그 최종적인 지점에 도달한 것이다. 만약 어린 단풍나무가 죽거나 도토리가 썩는 흔한 경우처럼 본성이 실패한다면, 그들은 목적을 이루지 못한 것이다. 그러나 이러한 경우가 인간에게는 적용되지 않는다. 인간의 행동은 본성과 함께 작용한다. 인간은 완성된 상태에 도달하기 위해 도시의 관습과 법률을 이용해야만 한다. 도시국가(polis)와 그 법의 정립을 통해 삶은 질서있게 되어야 한다. 여기에 특히 이성적 선택과 담론, 교육의 영역이라는 도시 영역의 형성과 유지를 향한 인간 활동이 있어야 하는 것이다.

인간은 그리스어로 담화(speech)를 수반하는 용어, 이성(logos)을 소유하고 있기 때문에 다른 생명체와는 구별된다. 우리가 이성-담화를 활용하는 것은 우리의 본성을 이행하는 것이지만, 우리의 이성을 활용하는데 있어 우리는 다른 사람과 함께 논의해야하고, 우리의 잠재적 활동에 대한 이성적 사고로부터 이끌어 낸 평가에 따라 선택을 해야만 한다. 그리고, 우리가 선택한 것을 다른 사람에게 설명할 수 있어야 한다. 이러한 선택과 그렇게 하기 위해 우리가 가지고 있는 근거는 우리가 앞으로 이어갈 삶의 종류를 결정한다. 올바른 결정 — 로고스의 능력을 가진 인간으로서의 우리의 지위에 적절한 결정— 을 하기 위해서, 우리는 교육받아야 한다. 특히 우리의 잠재력을 완성하기 위해 창조한 정치공동체에서 우리는 교육받아야 하는 것이다.

본성상 우리가 움직이는 방향으로 우리 인류에게 특징적인 특정한 목적을 가지고 있다할지라도, 각 생명체가 가지는 잠재성의 완성을 방해하는 일들이 많이 발생할 수도 있다. 단풍나무 묘목으로 돌아가서 본다면, 영양분이 부족하면 죽을지도 모른다. 폭풍이 그 가지를 이상한 모양으로 부러뜨릴 수도 있고, 그래서 성장이 멈출 지도 모른다. 정원사는 특이한 모양으로 가지를 가꾸려 할 수도 있어, 본성에 의해 의도된 모양과는 다른 모양이 될 수도 있다. —혹은, 더욱 성가시기는 하지만, 자연의 힘의 분명한 실행을 무효화시키는 표현으로,

만약 그것의 성장과정에서 어떤 외부적인 방해요소가 없다면, 그것은 그 목적에 맞게 자라게 되어 있다고 말할 수도 있다. 도시국가의 구조 내에서 이성을 발전시키지 못한 사람은 인간의 잠재력을 완성하거나 그것을 달성하지 못한다. 자연의 힘은 손상되고 타락한 인간이 출현한다. (이것은 신이나 동물일 수는 있지만, 어떤 경우에도 인간은 아니다.) 혹은 이성적인 인간의 발전에 도움이 되는 상황을 제공하지 못하는 도시국가(polis)도 그 잠재성을 성취하지 못한 것이다. 그리고 그것은 결함이 있는 조직의 형태가 되거나 성장의 자연적 패턴에 따라 되어 있어야 하는 상태로부터 편향된 상태가 된다.

단풍나무 묘목과 인간의 차이는 인간이 선택을 한다는데 있다; 어린 단풍나무는 날씨, 정원사, 토양조건 등 외부적인 요소의 영향을 받는다. 인간은 자신이 어떻게 살 것인지를 스스로 결정하고 선택한다. 이러한 선택은 확실하게 개방되어있지만, 동시에 실수에 대한 가능성도 있다. 그러나 식물은 실수하지 않는다.

모든 자연 현상은 아리스토텔레스의 성장 모델과 목적론에 따라 연구될 수 있다. 그는 그의 생물학 저서에서 이러한 분석 모델을 여성에게 적용한다. 그러나 그가 자연적인 생물학적 존재로 여성을 다룬 그의 분석을 볼 때, 우리가 발견하는 것은 평등에 대한 우리의 개념과 특별히 들어맞는 것은 아니라는 점이다. 살아있는 것들의 발생과 성장을 연구하는 생물학자인 아리스토텔레스에게, 인간이건 다른 것이건 간에 종(species)으로서의 여성(혹은 암컷)은 불완전한 남성(수컷)이다. 여성의 탄생은 성장과정이 자연적 패턴에 따라 완성되지 못할 때 발생한다. 아리스토텔레스는 성별에 대한 이중성은 필요하다고 주장한다.

> 존재하는 것이 존재하지 않는 것보다 더 낫고, 살아가는 것이 살아 있지 않는 것보다 더 낫다; 이러한 이유로 동물의 발생이 있다. 일단 태어난 것의 본질이 영원하기는 불가능하기에, 그것에게 허용된 방법에 의해 지속하는데, 그것이 바로 발생(generation)이다.[4]

존재의 특정 계층이 존재하도록 해주는 발생을 위해서, 남성과 여성의 원소 모두 반드시 필요하다.[5] 그러나 이러한 필요에도 불구하고, "보다 우월하고 강한 것을 위해 열등한 것은 분리해 두어야 하기 때문에" 남성과 여성을 분리해 놓는 것 또한 필요하다고 아리스토텔레스는 계속 주장한다.[6]

이러한 맥락에서 남성은 더 낫다. 왜냐하면 그는 존재를 위한 최종적 원인, 목적지, 이유 등과 완전한 상태에 도달했을 때 존재가 취해야 할 모습과 형상(form) 모두를 발생시키기 때문이다. 여성은 단지 질료(matter)만을 제공한다. 아리스토텔레스는 여성의 신체가 이성과 형상을 가진 존재로 전이되는 데 필수적인 열, 즉 프네우마(영, pneuma)를 만들어낼 수 없다는 생각이 포함된 그의 연구결과를 뒷받침하기 위해 정액과 월경 액에 대한 비교 연구를 정교하게 수행했다.[7] 그는 이러한 과정에서 여성의 참여가 필요하다는 것을 부인하지는 않았다. 수정(conception)은 동종의 수컷과 암컷 사이에서만 일어난다. 배아 상태의 인간은 소의 질료로부터 영양분을 섭취할 수 없다. 이와 같이 아리스토텔레스가 여성을 단지 남성을 자라게 하는 씨앗을 품은 화분으로만 본 것은 아니었다. 남성과 여성은 모두 "잔여물"에 기여하게 되는데, 남성의 잔여물은 열의 존재를 통해서 "혼합되지만", 여성의 경우는 그렇게 않다는데 차이가 있다.[8]

발생의 과정에 대한 과학적 설명을 제공하기 위한 그의 노력 뒤에는 여성이 질료에 형상을 제공하는 "프네우마(영, pneuma)"를 "혼합(concoct)" 할 수 없기 때문에 신체적으로 열등하다는 아리스토텔레스의 생물학적 가정이 놓여 있다. 이 부분에 있어서의 여성의 실패는 수정하려는 순간의 파열에서 비롯된다. 아리스토텔레스는 동물들이 아직 미완성일 때, 수컷과 암컷의 차이가 발생한다는 점에 주목하면서 『동물의 발생』(Generation of Animals) 제5권을 시작하고, 더불어 그는 그것이 감각적으로 명백해지기 전에 그러한 차이가 발생하는지에 대해서는 의견의 불일치가 존재한다는 점도 추가한다. 다른 이론들을 검토한 후에, 그는 다음과 같이 자신의 견해를 제시한다; 남성의 원소, 정액이 여성의 원소를 통제하는 데 실패할 때 여성이 발생한다. 남성 원소가 약한 이유는 열의 부재에 있다. 곧바로 아리스토텔레스는 이러한 가정을 뒷받침하기 위해 증거를 제시한다; 어린 부모는 여아를 더 많이 출산하고, 여아들은 북풍이 불 때, 혹은 달이 기울 때 더 많이 수태된다. 이러한 조건들은 모두 열의 감소를 특징으로 하고, 여성과 기형아의 출산으로 이어진다.[9]

현존하는 인종의 유지를 위해 자연은 남성과 여성 모두의 존재를 필요로 한다는 것을 인정하는 동시에, 아리스토텔레스는 또한 수정의 순간에 나타나는 열등한 조건 때문에 여성은 완벽한 상태에 도달할 능력이 없는 남성이라고 주장한다. 인간의 성장 패턴은 자연스럽게 완전히 성장한 남성으로 이어진다; 여성의 존재는 그 패턴을 잘 따라가지 못했음을 보여주는 것이다. 동물의 발생에 관한 작품을 통해서, 아리스토텔레스는 여성을 아이 혹은 소년에 비유한다. 여성은 생식력이 없는 남성으로 이해된다. 그러나 아이들은 계속해서 성장하고 생식력이 있는 남성이 될 수 있는 잠재력을 가지고 있는 반면에, 여성은 이미 성장이 끝났고, 그런 잠재력도 가지고 있지 않았다.

생물학적 저서에 나타난 이러한 분석과 함께, 아리스토텔레스는 아주 쉽게 고대 철학자 중, 여성을 남성이 되는데 실패한 천부적으로 열등한 존재로 간주하는, 고전적인 남성 쇼비니스트로 고대철학의 못된 짐승이 되어 왔다. 이 사람이 과연 『국가/정체』 5권을 쓰고, 『법률』(Law)에서 아테네의 이방인이 그들의 아이를 양육하느라 시간을 보낸 여성에게 정치적 공간을 열어주기를 제안하고, 그의 스승 소크라테스가 자신을 여성에 비유하는 것을 즐기면서 여신 헤라를 걸고 맹세했던 플라톤의 제자일 수 있을까?

위계질서(hierarchy)와 관찰의 한계

아리스토텔레스는 그의 목적론(teleogy)을 분석의 도구로 사용한다; 그는 세계를 구성하고 있는 것의 원인과 목적을 이해하면서 그를 둘러싼 세계를 이해한다. 우리는 모두 자연적으로 지향해야 할 목적을 가지고 있다. 우리의 모든 행동은 그 목적에 도달하려는 욕구에 의해 동기가 부여된다. 우리의 움직임은 혼란상태도 아니고, 무질서한 것도 아닌, 목적이 분명한 것이다. 『정치학』(Politics)의 첫 구절에서 아리스토텔레스는 우리에게 다음과 같이 말한다; "모든 경우의 모든 행동은 선(good)처럼 보이는 것을 위해서이다."[10] 선(good)으로 보이는 것이 그렇지 않을 때, 실수가 생겨나는 것이고, 누군가의 잠재력의 완성에는 이르지 못하게 된다. 그 목적을 이해하기 위해서, 우리는 또한 다른 유기체의 목적이 어떻게 다른 목적과 연관되는지 —즉, 이는 어떤 것이 다른 것을 위해 존재할 수 있는지, 있다면 어떻게 그런지—를 이해해야 한다고 아리스토텔레스는 주장한다. 아리스토텔레스 목적론은 우주에 대한 질서정연하고 구조화된 시각을 수반하는데, 이 질서의 일부는 사물의 다른 것과의 관계 —특히, 더 좋거나 더 나쁘다는 관점에서— 를 지칭한다.

아리스토텔레스의 세계는 위계적으로 구조되었다. 인간에게 이 위계질서는 다음과 같은 가장 기본적 수준에서 시작한다; 즉, 영혼이 육체보다 우월하다. 자연에 따라 살고 있는, 질서화된 개인의 경우, 영혼은 육체를 지배한다. 만약 그렇지 않다면, 그 개인은 무질서한 조건하에서 자연에 반하여 존재하는 것이다. 목적론과 같이 위계질서는 그 세계에서 무엇이 최선이고, 무엇이 최고인지에 대한 우선순위를 세울 수 있는 의미를 부여한다. 존재하는 것은 최고를 위한 것이고, 위계질서가 없다면 세계는 그 의미를 잃고, 자연은 혼란스러워질 것이다. 만약 지구에서의 삶이 계속되는 한, 이러한 위계질서는 매우 중요한 것이다. 정신이 육체를 지배해야 한다. 그렇지 않으면, 육체는 먹을 수도 입을 수도, 집에서 잠을 잘 수도 없을 것이다.

더 나은 것이 열등한 것을 지배하는 자연의 질서에 의하면, 영혼은 육체를 통제해야만 한다. 그리고 결함이 있고 불완전한 남성으로서 여성의 발생(generation)에 대한 아리스토텔레스의 분석에 의하면, 남성은 여성보다 우월하고, 따라서 여성에 대해 권위를 가져야 한다. 그가 빈번히 그의 저서에서 언급한 것처럼, 더 나은 것은 열등한 것을 지배해야 하고, 따라서 영혼은 육체를 지배해야 한다; 마찬가지로, 만약 모든 것이 자연에 의해 작동하고, 자연의 의도가 명백하게 이해되고 이행될 수 있다면, 남성은 여성을 지배해야 한다.

아리스토텔레스의 목적론과 발생에 대한 글과 그의 위계질서에 대한 정당성은 그를 쉽사리 고대 아테네 사회 —여기서 여성은 그 결혼이나 재산 문제에 있어서도 적절한 선택을 할 수 없어 자신의 주변에 있는 남성에게 전적으로 종속된 열등한 존재로 간주되는 사회— 의 단순한 지지자로 보이게 한다. 그러나 이러한 모든 것은 여성의 발생에서 드러나는 열의 부재와 유사한 어떤 일도 아테네의 성장을 방해하지 않고, 아테네의 "성장"을 수반한 모든 선택은 보이는 선이 아니라 진정한 선을 정확하게 지향하고 있었다는 가정 하에서만 가능한 것이다.

이 사례는 그런 경우가 아니다. 아테네는 자연에 따라 발전해온 체제가 아니다. 『정치학』 3권 마지막에서 아리스토텔레스는 자연에 따른 체제란 최선의 것이 통치하는 체제라고 말한다. 천부적으로 최상의 능력을 가진 사람이 천부적으로 열등한 사람을 통치하도록 되어 있어야 하는 것이다.[11] 우리는 여기서 소크라테스가 도시를 구하기 위한 철인 통치의 필요성을 제안했던 것을 떠올리게 된다. 그러나 여기서 언급한 『정치학』 3권을 끝마친 후에 아리스토텔레스는 책 4

권에서 가능한 도시 —아테네의 민주주의나 에어보에아에 있는 칼시스의 과두정과 같은 당시에 찾아볼 수 있는 도시들— 로 관심을 돌린다; 거기에서는 최선의 통치가 이루어지지 않았다. 민주주의 아테네는 결함 있는 체제 중 하나였다. 그것은 부자의 이익에 반대하는 다수의 자기 이익을 추구하는 사람들과 그렇지 않은 사람들을 동등하게 만들었다. 그 외 지역에서 발견된 과두정에 따르면, 그것 또한 최선의 통치를 허락하지 않았다. 실제로 아테네에서는 오스트라시즘(ostracism, 도편주방제도)이 도시로부터 최선의 것을 제거하기 위해 제도화되었다.[12]

아리스토텔레스가 주변에서 관찰한 바 있는 체제에 설정되어 있는 위계질서는 우월한 것이 열등한 것을 지배하는 자연의 위계질서 구조에 기초하지 않는다. 우월한 것이 열등한 것을 지배하는 자연적 관계에서 이탈되어 있어, 자연은 이러한 도시를 완벽하게 만들어주지 않았다. 도시의 성장과정에서 남성의 선택은 최선의 체제보다는 오히려 왜곡된 형태로 이행된다. 인간 선택의 개방성[무제한성]은 야만인 뿐만 아니라 그리스인들 또한 최선의 것으로부터 벗어나게 했다.

우월한 것이 열등한 것에 대한 권위를 갖는 원리로 구조화된 세계에서 존재해야 하는 것과 존재하는 것 사이의 괴리는 특히 노예제를 통해 그리스 사회에서 촉발된 문제점에 대한 아리스토텔레스의 논의에서 분명하게 드러난다. 그는 노예를 살아있는 재산의 일부로 언급하면서 논의를 시작한다; 그러나, 문제는 누가 살아있는 재산의 일부이며, 누가 그것을 통제하느냐에 대한 질문이 제기되면서 발생한다. 인간 사이의 그러한 관계가 자연에 기초할 수 있는가? 따라서,

다른 사람에게 한 개인이 종속되는데 충분한 근거가 없다는 것은 명백하다; "타락하여 변질되어온 관계보다 본성에 따라 획득한 자연적인 관계를 살펴볼 필요가 있다."[13] 아리스토텔레스가 말한 사회의 타락상에서, 우리는 자연적 필요에 의해서가 아니라, 사회의 법에 따라 그러한 조건에 놓이게 된 노예를 발견한다. 고대 아테네에서 노예제를 살펴보면서, 우리가 보는 것은 자연에 의해 존재하는 것이 아니라 타락한 조건 그 자체이다.

아테네의 노예는 아테네인들의 무력에 의해 정복된 도시의 사람들이었다. 자연에서는 더 강한 자가 더 좋은 자이므로, 어떤 이들은 그러한 힘 자체가 피정복민의 노예화를 정당화한다고 주장하기도 하지만, 아리스토텔레스는 그러한 의견에 동의하지 않는다. 그럼에도 불구하고, 이러한 상태를 인정한다고 할지라도, 아리스토텔레스는 노예의 자녀까지 노예로 취급할 수는 없다고 한걸음 더 나아가는 주장을 한다. 노예의 자녀들을 노예화하는 데는 다음과 같은 가정이 전제되어 있다; "인간에게서 태어났기 때문에 인간이고, 짐승으로 태어났기 때문에 짐승인 것처럼, 선한 것 역시 선한 것으로부터 태어난다." 아리스토텔레스는 다음과 같이 이의를 제기한다: "그러나 자연이 자주 그렇게 하기를 바랄 수는 이지만, 언제나 그렇게 할 수 있는 것은 아니다."[14]

결과적으로, 자연적으로 다른 사람을 지배할 자격이 없는 사람은 주인으로 남고, 반면에 자연적으로 종속될 자격이 없는 사람이 노예로 남게 될 것이라고 아리스토텔레스는 주장한다. 전통과 관습에 의존하면서 아테네 사회는 종종 자연의 요구에 반하여 행동하고, 그 결과 열등한 자가 우월한 자 위에 위치하기도 한다. 자연의 질서는 혼란스러워지고, 인간관계는 그들이 궁극적으로 이루어낼 수 있는 완벽에 이르지 못한다. 그러므로 친애(friendship)보다는 힘(force)이 노예제의 위계적 구조를 유지하는 데 필요하다.[15] 도시의 성장 패턴은 왜곡되어 왔고, 노예제는 이러한 문제점의 하나의 사례에 불과하다.

주인과 노예의 관계를 유지하는 것이 또한 남성과 여성의 관계의 경우에도 적용될지 모른다. 자연에 의하면 남성은 여성보다 우월하다. 『동물의 발생』에서 묘사된 발생의 역사는 이를 다음과 같이 설명한다; 우월한 것은 열등한 것을 지배해야만 하기 때문에, 그리고 정상적 환경에서 남성은 여성보다 완벽한 인간에 가깝기 때문에 여성은 남성에게 종속되어야만 한다. 그러나 자연은 자체를 완벽하게 구현하지 못하고 물질세계의 바깥이나 혹은 물질세계에 반대로 존재하는 경우에는 여성이 남성보다 우월할 수도 있다; 그리고 그럴 경우, 그것은 남성이 여성을 지배해야하는 자연적 위계질서에 반하는 것이다. 이러한 경우에, 열등한 것이 우월한 것을 지배하게 된다. 아리스토텔레스는 모든 남성이 모든 여성보다 우월하다고는 말하지 않았다. 단지 이것이 자연스럽다고 말했을 뿐이다. 우리는 자연이 언제나 모든 것을 통제하고 있다고 확신할 수 없다.

아리스토텔레스는 그의 『정치학』 1권의 마지막에서, 잠깐 동안 가족 내의 관계에 대해서 논의한다. 그는 도시에 대한 그의 논의를 시작하면서, 가정 내에 존재하는 세 개의 위계적 관계, 남편-아내, 아버지-자녀, 그리고 주인-노예를 참고했다. 그는 본성상 노예의 근거에 대한 보다 상세한 논의와 스스로 영양분을 섭취하고 생존하기 위해 소유물을 획득하는 인간의 활동에 대한 논의로 나아간다. 마지막으로 그는 주인의 노예 지배와 남편과 아버지의 아내와 아이에 대한 지배를 구분한다. 전자는 전제적인 것으로 정의한 반면, 후자의 두 지배형태는 정치적인 것으로 정의했다. 아이와 아내에 대한 지배는 자유로운 개인에 대한 지배이다. 비록 아이의 경우에는 아직 완성 단계에 이르지 못한 —즉, 이성적 힘이 아직 성숙하지 못한— 자에 대한 지배이기는 하지만 말이다.

다시 말해, 아내와 아이는 자유로운 존재이고, 동료시민들 혹은 잠재적 동료 시민들을 대우하는 것처럼 다루어져야 한다. 아리스토텔레스가 부부 관계로 보는 그의 정치적 관계에 대한 이해는 평등한 사람들, 즉 번갈아가며 지배가 가능한 평등한 사람들 사이의 지배의 과정을 수반한다. 다른 정치적 관계들에 있어 지배의 과정은 지배를 하는 것과 받는 것이 번갈아가며 이루어졌던 반면, 그가 주변에서 보아왔던 아내의 경우에 있어서는 남성의 지배가 영구적이었다. 후에, 그는 정치적 관계들에 대해 이렇게 언급하게 된다: "대다수의 국가에서 지배자와 피지배자는, 본성에 있어서 동등하고 어디에서도 다르지 않기를 바라면서, 자리를 치환한다."[16]

결혼과 정치적 상황에서 지배자와 피지배자 사이의 이러한 관계의 속성을 설명하기 위해, 아리스토텔레스는 부부관계에 대해 논의하는 가운데 왕위에 오르기 전까지 일반인이었던 이집트의 왕, 아마시스(Amasis)를 예로 든다. 말하자면, 그는 그의 신하였던 사람들과 다르지 않았다. 그는 그와 그의 손님이 종종 그들의 발을 씻었던 금으로 만든 냄비를 가지고 있었다. 그는 이 냄비를 녹였고, 그것을 다시 신의 형태로 만들었다. 이집트인들은 이제 이전에 냄비였던 것에 경배해야 했다. 그 냄비의 물질은 바뀌지 않았으나, 그것의 외관과 그것에 부여된 지위는 변화되었다. 지배의 위치에 있다는 것이 개인을 바꾸지는 않지만, 개인에게 부여된 지위의 본성을 변화시킨다. 남성과 여성의 경우에 있어서도 동일한 일이 발생하지만, 가족 안에서 아마시스의 냄비만큼이나 경배할만한 가치가 없음에도 불구하고, 남성은 항상 통치자임으로 인해 외부적 명예를 부여받는 지배의 위치에 있다. 남성은 외모와 말(speech), 그리고 명예의 차이로 여성과 구별되는 것이지, 본성의 차이로 여성과 구별되지는 않는다.[17]

그러한 주인행위가 자연적으로 정당화되지 않았음에도 불구하고 아테네가 노예의 자녀들을 노예로 만든 것과 같이, 남성은 이러한 권위가 항상 자연적으로 정당화되지 않았음에도 그 사회의 관습에 의해 권위를 보유한다.

아리스토텔레스는 소포클레스의 연극에 대해 언급하면서, 성별 혹은 출생에 따른 권력의 부여에 근거가 애매모호하다는 점을 절실히 느낀다. 지배자와 피지배자의 덕(virtue)이 같은지의 문제에 관해, 그는 덕의 통일성 혹은 다양성의 문제에 관심을 돌린다: 지배자와 피지배자, 주인과 노예, 남성과 여성이 가져야할 덕은 모두 동일한가? 그는 기능에 덕을 부여하는 것을 거부한다; 예를 들어, 한 아이가 성장하는 것은 필요하지만, 성장하는 것 자체가 그 아이에게 덕을 보장하기에 충분한 것은 아니다. 그 아이는 어떤 특정한 형태로 자라야 하고, 일단 자라면 성장의 완성의 단계에 관련된 다른 요구들을 충족시켜야 한다. 주변의 환경이 결정적으로 중요하다. 여성의 경우도 마찬가지이다. 아리스토텔레스는 여성의 덕에 관한 일반적인 전제를 보여주기 위해 소포클레스를 인용한다.: "침묵은 여성에게 질서(orderliness)를 부여한다."[18] 이것은 소포클레스의 비극 『아이아스』(Aeas)에서 아이아스가 그의 아내 테크메사(Tecmessa)에게 한 말이다. 아이아스는 아킬레우스의 방패가 그 자신이 아닌 오디세우스에게 주어진 것에 대해 화가 나 있었다. 이것은 그의 광기를 유발했고, 그는 소떼를 그리스 군대의 영웅들로 착각하여 모두 죽여 버린다. 테크메사는 그에게 화가 난 상태에서는 갑옷을 입지 말라고 충고하며 그를 진정시키려 했다.

아이아스가 침묵하는 여성의 적절함에 관해 말한 것은 이러한 맥락 속에 있다. 이러한 맥락에서 본다면 그의 말은 완전히 부적절한 것이었다. 그는 광기의 조짐을 보였고, 그녀의 말 속에 담긴 진실을 알아차리지도 못했다. 그가 그녀의 말을 들었다면, 그는 그렇게 파괴적으로 행동하지 않았을 것이다. 테크메사의 침묵이 지켜내리라고 그가 주장하던 바로 그 질서 있는 상태를 유지할 수 있었을 것이다. 여성에 대한 남성의 자연적인 위계는 역전되었고, 아이아스는 사물들의 자연스러운 진행을 재앙으로 이끄는 이러한 일탈을 인식하지 못했다. 덕은 한 부류의 사람이나 사물들에게 쉽게 부여되지 않는다. 만약 자연적인 것이 유지되려면, 그 상황의 배경(context)과 특수성(particularity)이 고려되어야 한다. 정복된 도시에 살았던 모든 사람을 노예로 취급하거나, 여성으로 태어난 모든 사람을 의식이 결핍된 존재로 취급하는 것은 자연의 다양성을 인식하는 데 실패한 것 일뿐만 아니라, 기능주의적 관점에 자신을 매몰시키는 것이다.

아리스토텔레스의 사회와 성적 관계에 관한 모델에서 여성들의 문제는 몇몇이 주장했던 것처럼 그들의 재생산적 역할에서만 기인하는 것이 아니라,[19] 이성(logos)이 아닌 감정에 의해 통제된다는 존재로 여성을 인식한데서 오는 것이다. 그러나 테크메사의 이야기는 이러한 인식(통찰력)이 항상 정당화되지는 않는다는 것을 암시한다; 아이아스의 이야기에서, 여성은 상황에 대한 인식을 제대로 하고 있는 반면에, 감정과 분노에 지배당한 존재는 바로 남성이다. 여성들의 종속된 위치는 천부적인 그들의 열등함에 기인하지만, 사회 —그리고 자신이 살았던 사회의 위계질서에 비판적이었던 바로 그 사회— 문제는 여성이 언제, 그리고 어떤 여성이 사회로부터 권위를 부여받은 남성에게 무언가를 제공해야 하는지를 결정할 수 없을 때 발생한다. 그러한 시기와 여성을 인식하는 데 실패했다는 것은 그 사회에 결함이 있다는 징후이고, 또한 그 사회가 최선의 지도자에 의해 통치되고 있지 않음을 드러내는 징후이기도 하다.

1권의 말미에서, 아리스토텔레스가 가족 내부의 서로 다른 관계들을 밝히려고 할 때, 그는 한때 가족의 구성원의 숙의능력(to bouleutikon)을 언급 한다. 숙의능력은 각각의 개인에게 행동을 선택할 능력과 그러한 선택의 타당성을 말로 표현할 수 있게 한다. 그 도시의 활동은 신중하게 이루어진다. 즉, 그것의 참여자들은 서로에게 하나의 정책 혹은 다른 것의 타당함을 설명하면서 행동방향을 논의한다. 보울레(boulé)는 아테네에서 시민들이 도시의 활동에 관해 심의했던 아테네 의회의 행정 평의회(council)였다. 원래부터 노예인 자들은 어떤 심의의 능력도 가지고 있지 않는다고 아리스토텔레스는 주장한다. 그들은 그들에게 유익한 것을 선택할 수 있는 능력도 없다; 따라서 선택할 수 있는 사람들의 뜻을 따르는 것이 그들에게 유익한 것이다. 아이일 때, 숙의의 능력은 아직 완전하게 발달되어 있지 못하고 따라서 그 아이는 적절한 선택을 할 수 있고 그의 행동을 다른 사람들에게 정당화 시켜 설명할 수 있는 개인으로 성장할 수 있도록 교육받아야만 한다. 여성에게 있어 숙의능력은 권위 없는 아쿠론(akuron)이라고 아리스토텔레스는 주장한다.

여기 번역상의 문제가 있다: 대개 아쿠론(akuron)는 "열등한"으로, 쿠로스(kuros)는 "우월한"으로 번역된다. 그러나 그리스어에서, 쿠로스(kuros)는 권위 혹은 타자를 지배할 수 있는 권위의 소유와 연관된다. 남성이 여성을 넘어선 쿠로스(kuros)한 존재로 묘사될 때, 아리스토텔레스는 그가 우월하다고 말한 것이 아니라, 다만 그가 권위를 가지고 있다고만 말하고 있다. 따라서 여성에 있어 숙의의 능력은 권위가 없다. 그러나 번역상의 문제는 더 있다: 아리스토텔레스는 영혼 내의 권위를 의미하는가, 아니면 여성들이 다른 사람들과 맺는 관계에 있어서의 그것을 의미하는가? 만약 우리가 이것을 내부에서의 관계에 관련된 것으로만 생각한다면, 그때 여성은 합리적 선택을 통해 그들의 욕망을 제어할 수 없는 감정적 불구자로 나타나게 된다. 반면, 만약 우리가 아쿠론(akuron)을 사람들 사이의 관계와 관련된 것으로 본다면, 여성은 주변의 남성 —아이아스가 테크메사의 조언을 듣는 것을 거부했던 것처럼 여성의 조언을 듣는 것을 거부하는— 이 가지고 있는 권위가 부족하다고 아리스토텔레스가 주장하고 있음을 우리는 알 수 있다. 여기서 아쿠론(akuron)의 실질적인 의미는 애매모호하다. 그러나 격정적인 남성보다 여성이 더욱 "사려 깊을(deliberative)"지 모르는 자연에 반하는 상황에서 통치해야 하고 권위를 가져야 하는 사람과 관련한 애매모호한 상태로 이어지기 때문에 이러한 모호함은 매우 중요하다.

아테네 사회가 여성의 숙의 능력(bouleutikon)이 권위를 가져야 할 때와 갖지 말아야 할 때를 이해하는 데 실패함으로써 모든 숙의로부터 여성이 무분별하게 배제되고, 따라서 우월한 사람이 열등한 사람을 지배하는 자연적(관습적이 아닌) 위계질서에 주의를 기울이는 데 실패한다. 그 도시는 그러한 계층을 결정하기 위해 부적절한 기준인 성별(sex)에 의존해야만 했고, 따라서 현실 정치체제는, 가족 내부에서 아테네인들이 항상 여성보다는 남성에게 권위를 부여했던 것처럼, 우월한 사람보다는 (많은)열등한 사람들에게 우선권을 부여한다.

도시가 사람들을 구별 짓는, 즉 지배할 사람과 지배를 받는 사람들을 결정해야 하는, 그리고 정부에 참여할 사람과 그렇지 않을 사람을 결정할 몇몇 외부적 기준을 필요로 하기 때문에, 이러한 문제들이 발생한다. 이러한 기준은 신체, 출생, 그리고 부와 같은 외적 기준에 근거한다. 그러나 아리스토텔레스가 『정치학』의 1권 13장에서 좋음(goodness)의 덕에 관련된 문제로 관심을 돌리면서, 그는 우리가 덕이 존재하는 곳인 영혼에 관심을 가져야 한다고 주장한다. 그러나 또 다른 문제가 있다: 우리는 영혼을 볼 수 없고, 따라서 다른 사람과 다른 한 개인의 좋음을 인식하는 것이 어렵다. 우리는 한 남성의 영혼의 덕이 그의 아내인 여성의 영혼에 대한 권위를 정당화시킨다는 것을 어떻게 알 수 있는가? 아리스토텔레스가 우리가 직면하고 있다고 생각하는 문제는 판단에 대한 증거가 그렇게 명확하지 않을 때 누가 나은 지를 어떻게 알아낼 수 있는가 하는 것이다. 육체에 대한 영혼의 위계질서와 마찬가지로, 우월한 자가 열등한 자를 지배해야 한다는 것이 자연의 선포이기는 하지만, 자연은 누가 우월하고 누가 그렇지 않은 지를 우리에게 명백히 알려주지는 못한다. 관습적인 기준에 따라, 아이아스가 테크메사에 비해 우월했다고 우리는 가정할 뿐이다. 아리스토텔레스에게 문제는 노예의 경우에 있어 특히 심각하게 나타난다.

> 자연은 자유로운 남성과 노예의 신체를 다르게 만들고 싶어 한다. 후자는 삶에 있어 필수적인 힘을 주었고, 전자는 노동에는 필요치 않지만, 정치적 삶에 필요한 정직하고 유용한 힘을 주었다. … 그러나 종종 노예가 자유로운 남성의 신체와 영혼을 가지는 반대의 상황이 발생한다. 이것은 분명하기 때문에, 만약 육체적 면에서 신의 모습이 다양한 만큼이나 인간의 모습도 다르다면, 그때 우월한 사람들이 그렇지 못한 사람들을 노예로 만들기에 충분한 자격이 있다는 점에 모든 사람이 동의할 것이다. 그리고 만약 육체와 관련해서 그렇다면, 영혼과 관련해서 이렇게 말하는 것은 지극히 당연하다고 할 것이다. 그러나 신체의 아름다움같이 영혼의 아름다움(beauty)을 보기란 참으로 어려운 일이다.[20]

자연이 영혼의 아름다움을 신체의 아름다움과 언제나 연관시키는 것은 아니기 때문에, 권위 있는 자리를 차지한 개인들의 영혼을 우리는 볼 수 없다. 따라서 정갈한 영혼이 여성의 결함 있는 몸속에 있을지도 모르는 반면, 위대한 전사였던 아이아스의 영혼은 잘못되어 있는 것인지도 모른다. 아리스토텔레스에게 있어, 정치적 삶에 관한 문제는 누가 우월하고, 열등한지 그리고 누가 통치를 해야 하고 통치를 받아야만 하는지를 찾아내는 것이다. 존재하는 것에 대한 관찰이 우리에게 권력을 가진 가치 있는 개인들에 대한 정보를 제공하지 않기 때문에, 자연은 우리가 쉽게 이 문제에 대해 답할 수 없게 만들었다. 적당한 위계적 관계에 대한 이런 중요한 단서를 우리에게 언제나 제공하지 않으면서, 자연은 우리로 하여금 선택하도록 하지만, 결과적으로 대체로 자연이 개인에 대한 잘못된 선택의 결과로서 변형되고 왜곡된 상태임을 알게 된다.

아리스토텔레스에게 정치의 과업은 이러한 왜곡의 문제를 어떻게 처리할 것인가이다. 우리가 최선(the best)의 것을 모르기 때문에, 그 답은 최선의 것을 권력의 위치에 놓는 것은 아니다. 그러므로 자신이 살아가는 사회의 문제 —사람들이 최선의 사람을 모르기 때문에 누가 권력을 가져야 하는 사람인지에 대해 동의하지 않는 정치 체제의 불안정성 등—를 관찰하면서, 아리스토텔레스는 안정성 문제에 귀를 기울인다. "각각의 사물(the thing)의 좋음(the good)이 그것을 보존하기 때문이다."[21] 그것은 단순히 보존을 위한 보존이 아니라, 그러한 안정성이 삶에 있어 더 높은 것들을 추구하는 데 필수적인 여가를 보장해주기 때문이다. 『정치학』 7권에서, 그는 전쟁은 평화를 위한 것이며, 우리의 이성적 선택을 할 수 있는 능력을 훈련하여 완전한 인간이 되기 위해 여가를 제공하는 정체체제가 반드시 유지되어야 한다는 주장을 정교하게 발전시킨다. 그러나 최선의 통치자가 이끌지 않은 정치체제가 어떻게 그 체제 자체를 보호할 수 있는가? 혁명에 관한 5권의 상당부분이 이러한 문제를 다루고 있지만, 여성이 특별하게 정치적 영역에서 질서와 안정성의 유지를 어떻게 돕고, 또 어떻게 저해하고 있는지에 대해서 알려주는 것은 2권이다.

가족, 여성, 그리고 정치적 안정성의 문제

『정치학』 1권의 도입부분에서 아리스토텔레스는 정치공동체의 기원을 설명하고, 도시(city)의 성장이 단순한 생존(life)에 관여하는 인간에서 좋은 삶에 관여하는 인간으로의 변형을 수반한다는 견해를 피력한다. 도시국가(polis)는 도덕적 선택의 삶인, 좋은 삶을 위한 조건을 제공한다. 그러나 우리는 좋은 삶을 살 수 있기 이전에, 육체의 욕구(necessities)에 사로잡힐 수밖에 없다. 우리는 '잘 살기 위해' 살아야 한다. 이 때문에 『정치학』 1권은, 곧 바로 가장 기본적인 차원의 재생산, 육체노동, 그리고 식량 수확에서 삶 자체를 보장하기 위한 방법의 개론서가 되어버린다. 각 차원에서조차, 아리스토텔레스는 삶을 창조하고 지지하는 것을 자연에서 끌어내기 위해서는 사회적 상호작용, 개인들 간의 협동이 있어야 한다고 가정한다. 그리고 그는 거기에 가족이 있어야 한다고 전제한다. 가족은 본래적으로 존재하는 것이며, 우리의 가장 기본적인 욕구(drives)의 표현이다. 심지어, 도시국가의 삶보다 더욱 기본적인 것이 바로 가족의 삶이다. 가족으로의 움직임은 애초에 스스로를 재생산하는 동물적 경향과 크게 다르지 않는 성향에서 비롯한다. 동물에게는 선택이 없지만, 인간 이성의 발전에 대한 아리스토텔레스의 신념에 의하면, 인간은 선택을 함으로써 (동물적인) 단순한 경향성을 초월한다.

성향은 또한 우리를 도시에 참여하도록 하지만, 그러한 참여를 통해 우리는 우리가 살고 있는 도시 체제의 구조를 제정하고 통제한다. 가족 내에서도 유사하다: 우리가 아테네인이이건, 야만인이건 스파르타인이건, 우리는 자연스럽게 가족체제를 형성하게 되지만, 가족이라는 조직은 자연적으로 결정되는 것은 아니다. 『정치학』을 시작하면서, 아리스토텔레스는 야만인들은 가족 간의 관계에 있어 열등한 모델을 가지고 있다고 지적한다. 그들은 여성을 마치 노예처럼 취급한다. 여성과 노예는 다른 유형의 인간이기 때문에 이를 같은 것으로 다루는 것은 실수이고 따라서 그들은 다르게 취급되어야 한다고 그는 주장한다. 선천적인 노예가 존재하는 것과 달리, 여성은 단순히 다른 사람의 목적에 대한 만족을 위해 이용되기 위해 존재하는 것은 아니다. 그들을 노예와 같은 것으로 취급하는 것은 이익과 해로움과 관련한 판단을 할 수 있는 각 개인의 자연적 통합성에 반하는 행동이다. 지적인 임무를 수행할 능력이 없는 노예는 주인을 필요로 한다; 그러나 여성은 이러한 판단을 할 수 있는 능력을 가지고 있고, 때문에 노예처럼 지배받아서는 안된다.

가족 내에서 여성과 노예를 다루는데 있어 적절한 구분을 하지 못하게 되면 야만인들의 사회처럼 부적절한 상태의 도시가 형성되게 된다. 우리는 정치적 제도로써 도시 내부의 관계에 대해 생각하기 전에, 가족 내 기본적인 관계의 특징을 이해해야 한다. 그리고 어떻게 그러한 관계가 세대를 초월하여 도시의 생존에 영향을 미치는지를 이해해야 한다.

아리스토텔레스의 『정치학』 2권은, 그러한 최선의 삶(best life)에 도움을 주는 최선의 정치제도를 구상하고 창조하기 위한 철학자와 입법자로서의 남성의 시도에 대한 일종의 요람이다. 그들의 모든 이상(dreams)과 제도(constitution)의 특징은 가족과 연관되어 있다. 이러한 것에 주목하지 않으면, 그들은 결코 좋은 삶을 살 수 없다. 고대도시의 사회적 조직과 달리, 가족의 사회적 조직은 여성과 남성, 노예와 주인, 아이와 부모를 모두 포함한다. 어떻게 여성이 삶의 보존을 위해 전념하는 사회에 적합하게 될 수 있을까, 그리고 어떻게 이러한 연대 조직이 도시국가의 안정성의 문제에 영향을 미칠 수 있을까? 만약 야만인들이 그들의 사적 삶을 올바르게 구성한 것이 아니라면, 무엇이 옳은 방법일까?

남편의 권위에 대한 단순한 복종이 정답이 아니라는 점은 분명하다. 비록 여성이 불완전한 남성일지라도 노예는 아니며, 남성과 여성의 차이가 여성의 노예화로 이어질 만큼 큰 것도 아니다.[22] 그러나 차이가 있다면 그 추이는 어떻게 되는 것인가? 가능한 해결책은 무엇인가? 아리스토텔레스는 『정치학』 2권에서 몇 가지 매우 상이한 해결책을 논의하는데, 그 중 두 가지는 다음과 같다. 하나는, 도시 여성의 방종이라는 스파르타적 해결책으로, 여성은 법과 규제로부터 벗어나 있고 남편과 접촉도 거의 없는 상태를 의미한다. 그리고 다른 하나는 플라톤의 『국가/정체』에서 소크라테스가 제안한 해결책으로, 여성을 포함하여 그들 도시에서 지배자가 될 수 있는 사람들 사이에서 사적인 모든 것을 파괴하는 것으로 부인과 아이를 공유(community)하는 것이다.

여성을 위한 자유: 스파르타의 사례

> [스파르타에서] 여성에게 주어진 자유는 체제의 목표와 도시의 행복과 관련하여 해로운 것이다. 남자와 여자가 가정의 일부인 것처럼, 도시가 남성의 부분과 여성의 부분이라는 두 개의 동등한 부분으로 나뉘어져 있는 것으로 생각할 필요가 있다. 그러므로 여성이 해야 하는 일들을 사소한 문제라고 여기는 체제(regime)에서는, 도시의 절반이 법과 제도 없이 존재하는 것으로 생각할 필요가 있다. 도시 전체를 강하게 만들고자 했던 입법자에게 [스파르타에서의] 법의 제정은 여성과는 상관없이 남성에게만 적용되었다는 것은 너무나 명백하다.[23]

아리스토텔레스에 의하면, 스파르타는 남성 권력의 표출인, 군사적 우월성을 지향하는 체제였지만, 결과적으로는 사실상 여성에 의해 지배받는 체제였다. 사회의 법과 관습에 의해 통제되지 않는 여성은 사치를 추구하면서 제한받지 않는 삶을 영위했다. 따라서 "스파르타식"(spartan)이라는 용어의 기원이 된 체제는 부를 존중하는 체제였다. 스파르타라는 체제의 원리는 여성을 향해 있지 않았고 따라서 폴리스는 내부적으로 둘로 —그 목적에 있어서 한편은 금욕적이고 호전적이고, 또 한편은 사치스럽고 나약한 두 부분으로— 나뉘어 있었다. 스파르타가 공격을 받았을 때, 여성은 도움이 되지 않았다고 아리스토텔레스는 지적한다; 그들은 용기의 기술을 배우지 못했고, 따라서 그녀들은 적들보다 오히려 더 큰 소동을 일으키곤 했다.

스파르타 제도(constitution)에 대한 간단한 분석을 통해, 아리스토텔레스는 그것이 좋은 법률, 좋은 체제(eunomia)라고 스파르타를 칭송했던 당시의 일반적 생각에 반대한다. 이들 법률은 700여년이나 지속된 것으로 전해진다. 그리고 그 법률은 강력한 군사 도시가 그리스 세계에서 질서 있는 체제의 모델로 여겨질 수 있도록 했다.[24] 『법률』(Laws)에서 플라톤은 아테네 이방인의 입을 통해 전쟁과 군사적 연승에만 골몰한 채 다른 덕목들을 배제하고 오직 용기라는 덕목만을 강조해 온 스파르타 체제를 비판한다. 아테네 이방인에 따르면 스파르타는 체제(regime)의 목표가 잘못 설정된 것이었다. 여기서, 아리스토텔레스는 스파르타 체제의 목적을 비판하지 않고,[25] 오히려 남녀간의 차이가 무의식적으로 만들어진 것이라는 점을 인식하는데 실패한 점을 비판한다. 도시의 남성은 군사 행동에 대한 경험에서 사회의 요구를 이해하게 되었다. 그곳에서 그들은 정치공동체가 요구하는 규율에 복종하는 것을 배웠던 것이다. 따라서 그들은 전쟁터나 전쟁터가 아닌 곳에서나 그들의 삶을 지배하는 법률의 권위에 기꺼이 복종해왔다. 그러나 그들이 하고 싶은 것을 마음껏 하기 위해 집에 남아있었던 여성은 군사적 행위의 절박성에서 자유로웠고 권위에 복종하는 방법을 배우지 못했다. 여성들은 심지어 도시 내에서 정치적 권위의 제재에도 저항했고, 공적인 목적보다는 사적인 것을 추구했다.

스파르타 체제와 그 체제가 군사적 행위를 통해서건, 아니건 여성의 정치 교육을 진지하게 여기는 데 실패했다는 비판을 통해, 아리스토텔레스는 그리스의 정치적 삶에서 여성의 중요성을 인정한다. 보다 정확히 말하면, 그녀의 중요성을 인정했기 때문에 그는 여성에 관심을 기울이지 않는 스파르타 체제의 덕목에 관한 그리스인들의 통념을 거부했다. 그는 『수사학』(Rhetoric)에서도 "스파르타인들이 한 것처럼, 여성의 일들을 가치 없는 것으로 다루는 사람들은 누구든지 행복의 절반을 결여한 사람들"이라고 언급하며 스파르타인들을 비판한다.[26] 그는 여성을 적절하게 다루는 데 실패한 것으로부터 온 방종과 용기의 결여뿐만 아니라, 사회 전체의 탐욕도 보았다. 여성은 탐욕스럽고, 그들의 남자를 지배함으로써 도시 전체를 탐욕에 의해 지배되도록 만들어버렸다. 모든 도시의 안정성은 그 도시 내부에서의 여성의 역할에 의존했다. 스파르타는 이 문제를 관리하는데 실패했고, 결국 내부적으로는 고통에 시달렸다: 심지어 남성 전사들이 성공하고 있을 때조차, 내부적인 부패의 씨앗은 자라나고 있었던 것이다.

전후 문맥을 무시한 채 위에서 길게 인용된 구절에서 보면, 아리스토텔레스가 여성을 선천적으로 약하고 방종한 것으로 보았다고 여겨질지도 모른다. 그럼에도 불구하고 여기에는 주목할 만한 두 가지 중요한 논점이 있다: 여성이 집에서 자유롭게 남아있었던 것에 반해, 남성은 군사 행동을 위해 밖으로 나갔고, 따라서 복종의 기술을 배웠기 때문에 여성만큼 약하거나 음탕하지 않다; 그리고 남성이 정치적, 군사적 권위에 복종하는 것을 배웠으니, 여성도 그렇게 할 수 있으리라는 점에서 문제는 해결될 수 없는 것이 아니다. 남성 입법자가 여성을 망각했기 때문에 여성에게는 훈련이 결여되어 있었다. 여성은 도시의 교육과정의 일부이자, 도시의 일부가 되어야만 한다. 도시는 그들이 공동체의 일부가 되고, 그 공동체의 필요와 이익에 상응하는 선택을 할 수 있도록 남성들을 훈련시켜야 한다; 그리고 만약 도시가 여성의 교육에 대해 잊어버린다면, 그 도시 내부에 불안정성이 생기게 된다. 복종하지 않으면 할 수 있는 것이 없는 노예와 달리, 여성은 선택을 할 수 있는 능력이 있으므로, 나쁜 선택보다는 올바른 선택을 하기 위해 남성과 마찬가지로 훈련을 받아야한다. 욕망에 지배당한 사람들이 하는 것처럼, 여성이 잘못된 선택을 할 때, 전체 도시는 붕괴하게 될 것이다.

정치적 삶은 누가 최선의 사람인지를 파악할 수 없기 때문에 안정성의 문제에 관심을 가져야 한다; 따라서 도시에서 여성에 대한 교육을 도외시하는 것은 정치적 노력 전체를 위태롭게 하는 것이다. 『국가/정체』에서, 도시의 군대에 여성을 포함하고, 여성을 위한 교육을 시도하는 소크라테스의 도시는 스파르타 체제(regime)에 대한 아리스토텔레스의 의구심에 해답을 제시해 주는 것처럼 보인다. 그러나 소크라테스는 여기에 여성과 아이의 공유라는 공산주의 개념을 더했다. 아리스토텔레스는 이것이 소크라테스의 노력 전체를 위태롭게 하고, 불안정하게 만들 것이라고 생각한다.

여성의 공유: 소크라테스 도시의 사례

현대의 독자들이 플라톤의 『국가/정체』와 그 안에 있는 유토피아적 계획에 관심을 가지고 살펴볼 때, 많은 사람들에게 가장 놀라운 것은 여성이 도시의 정치적, 군사적 삶에 동등한 재능을 가진 남성과 함께 참여할 수 있다는 플라톤의 제안이다. 소크라테스의 제안을 평가할 때, 아리스토텔레스는 성적 평등이라는 주제를 무시했다. 오히려 그는 아내의 공유라는 매우 독창적인 방식을 찾아낸다; 만약 그러한 공동체가 있다면, 평등의 문제는 유일하게 그곳에서만 발생할 것이라고 생각했다. 아리스토텔레스가 검토한 플라톤의 『국가/정체』 일부를 다시 돌아본다면, 소크라테스가 성 평등의 문제를 아내와 소유물의 공유화를 위한 그의 제안에 제시된 반대에 대한 답변으로 등장시켰다는 것을 알 수 있다.

그가 그의 주장의 두 가지 별도의 파도로서 두 가지 주제를 다루고 있음에도 불구하고, 그것은 확실히 연관되어있다. 아내의 공유는 여성을 남성과 동등하게 고려한다는 점에서 여성을 자유롭게 하지만, 소크라테스에게 남녀의 평등이라는 주제는 공산주의로 이어지는 조건을 형성하기 위해 먼저 논의 되어야만 하는 것이다. 아리스토텔레스에게 가족의 보존은 성적 불평등의 지속을 수반하는 반면, 아내의 공유는 성 평등을 가정하는 것이다. 아리스토텔레스는 가족 내의 위계적 관계들, 그리고 그 구조 내에 각기 다른 계급들에게 적절한 다른 덕목을 설명하면서, 『정치학』 1권의 말미에서는 성 평등을 다루었다. 여성이 인종(race)을 유지시키기 위해 여성으로 존재하는 한, 서열, 권위, 불평등 —즉, 가족— 은 있을 것이라고 아리스토텔레스는 생각했다.

아리스토텔레스가 소크라테스의 도시를 고찰하기 시작한 순간부터 그 스스로에게 제기한 문제는 정치적 결사에서 얼마나 많은 것이 공동으로 유지될 수 있는가: 일부인가, 전부인가 아니면 아무것도 아닌가? 공유할 수 있는 무언가가 없다면, 도시도 없는 것이기에, 분명히 일부는 공유해야 한다. 가장 기본적인 차원에서 도시가 위치해 있는 토지는 반드시 공유되어야 한다. 그러나 소크라테스는 다른 극단으로 가면서 모든 것이 공유되어야 한다고 주장한다. 이렇게 공산주의를 위한 그의 논점은 다양하지만, 이러한 모든 것 뒤에는 통일성에서 오는 정치체제의 안정성에 대한 관심이 존재한다.

여성과 가족은 보편적인 것보다는 특수한 것에 초점을 맞추는 사적 영역 안에 존재한다. 따라서 소크라테스가 보여준 것처럼 그들은 보편성에 대한 헌신을 강조해야만 하는 공동체의 이익에 반대로 움직인다. 『국가/정체』 8권에서 정체의 쇠퇴에 대해 논의하면서, 소크라테스는 명예지상정치적(timocratic) 인간에게서 보이는 사적 명예에 대한 관심으로부터 참주정의 삶을 특징짓는 절제되지 않는 사적 이익으로 움직이면서, 사적인 것에 대한 관심이 증가하는 것을 발견한다. 가족과 그 개별 지향성의 파괴를 통해 사적 영역을 붕괴시킴으로써, 소크라테스는, 이 책의 2장에서 우리가 본 페리클레스의 추도연설에서처럼, 공적인 것에 대한 완벽한 헌신에 자신을 던져놓는 것을 목표로 한다.

소크라테스가 가족의 출산과 양육과 연결된 인간의 육체를 도외시해 왔기 때문에, 이는 소크라테스의 도시 안에서나 가능한 일이었다. 그는 시가(poetry) 교육을 통해 그의 전사들이 그들의 신체와 신체적 욕구를 무시하도록 훈련하는 작업을 해왔다. 신체에 대한 무시는 사적이고 특수한 것에 대한 관심을 제거하게 된다. 소크라테스가 말하는 시민들의 신체는 그 자체로 정의되지 않았고, 따라서 여성의 신체도 5권의 앞부분에 소개된 도시의 공산체제와 성 평등 안에서 무시될 수 있었다. 소크라테스의 도시에서 가족은 "나의 것"과 심지어 "나의 신체" 조차도 아무 의미가 없는 통치자들만의 공동체로 대체되었다.

아리스토텔레스는 신체를 무시 하지 않았다; 대신에, 그는 어떻게 신체가 소크라테스의 제안들과 반대로 작동하는지, 어떻게 본성이 우리의 관심을 신체로 옮기는지, 신체의 특별한 것은 무엇인지, 그리고 자연적으로 어떻게 우리의 신체를 사랑하는 지를 강조했다. 소크라테스는 신체를 회피함으로써 차이를 무시했다. 아리스토텔레스는 신체를 그리고 결국 차이를 강조했다. 예를 들면, 그는 부모와 자식 간의 선천적, 신체적 유사성을 통해 특정 부모와 자식 간의 유대를 찾아낸다. 그는 소크라테스의 도시의 사람들은 결국 그들의 고유한 관계를 발견하려 하게 될 것이라고 주장한다. "나아가, 누가 형제이고, 아이들인지, 그리고 부모인지에 대한 추측하는 것을 피하기도 불가능한 일이다."[27] 부모와 자식 사이에 유사성을 인지하는 것이 가능하기 때문에, 소크라테스의 시민들은 이러한 추측을 계속할 것이 확실하다. 우리의 신체는 이러한 관계를 드러낸다.

부인의 공유가 실행되고 있었던 상 리비아(Upper Lybia)를 언급하면서, 아리스토텔레스는 유전적 신체의 특징에 대한 그의 주장을 뒷받침한다. 아버지로서의 자격과 권리는 아이가 태어난 이후 일정 시점에서 그 도시의 남성과 아이가 서로 닮았는지에 따라 결정된다. 실제로 그는 자연적으로 그들의 부모와 특히 닮은 자녀를 출산하는 암컷(여성이건 소나 말과 같은 동물이건)이 분명히 있다고 언급한다. 그들이 정당한 것(The Just)이라고 불렀던 파르살루스(Pharsalus)의 암말(mare)이 바로 그러한 예이다. 이는 아마도 그 암말이 자신의 짝이었던 말에게 당연히 주어야 하는 것 —즉, 그 아버지와 닮은 자녀들— 을 돌려주었기 때문일 것이다.[28]

이러한 관계를 드러내면서 신체는 지적인 것, 특히 소크라테스의 지성이 무시하려고 했던 것을 이루어낸다. 소크라테스가 『국가/정체』에서 시도한 것처럼, 그러한 관계들을 부인하는 것은 아리스토텔레스에 의하면, 자연에 반하는 행동인 것이다. 자연을 거슬러 행동하는 것은 생각하는 것조차도 불쾌한, 부도덕하고 불경스러운 행위로 이어진다. 그러한 행위를 언급하면서 아리스토텔레스는 부모에 대항하는 폭력적인 행위로부터 자연적인 가족 구성원 사이에서 발생할 수 있는 성적 관계로까지 생각하게 된다: 아버지와 딸의 관계, 그리고 그가 가장 참혹하고 세상 그 어떤 것보다도 비정상적인 일이라고 생각했던 형제간의 관계 등. 소크라테스의 계획에서 부여된 익명성과 그 결과 인간의 행동을 규제할 수 있는 수치심의 결핍은 결국, 자연에 반하는 이러한 행위의 가능성을 모든 사람에게 열어준 셈이다. 가까운 이러한 사람을 알고 있다는 사실로부터 오는 규제가 제거된 것이다. 이오카스테(Iocaste)가 자신의 어머니라는 것을 알았다면 오이디푸스(Oedipus)는 그녀와 혼인하지 않았을 것이다. 그녀가 자신의 어머니라는 사실을 몰랐기 때문에, 수치심이나 경건함 등 그 어떤 것도 그의 불경스러운 행위를 막을 수 없었다. 후일 그는 그의 불경스러움에 대한 대가를 치러야만 했다.

아리스토텔레스는 소크라테스의 도시가 그 자신과 그 자신이 소유한 것에 대한 자연스러운 사랑을 고려하는 데 실패했기 때문에 소크라테스의 도시가 갖는 더 많은 문제점을 발견한다. "각자가 가진 자기 스스로에 대한 사랑은 근거가 없는 것이 아니다. 이는 본성에 따른 것"이라고 그는 말한다.[29] 우리는 우리 자신들과 우리가 창조한 것을 사랑한다. 우리는 행동으로 존재하고, 우리가 우리의 존재를 사랑하기 때문에 우리는 그 존재가 가져온 것, 우리의 아이들과 일, 작품을 사랑하는 것이다. 우리는 우리 자신과 우리가 창조해낸 것에 대한 사랑에 따라 행동한다.[30] 소크라테스의 공동체는 우리 자신과 우리의 창조적 행위에 대한 자연적 사랑을 제거했다. 우리의 본성적 욕망에 대한 이러한 왜곡은 불안정성의 원인이 되고 도시의 종말로 이어질 것이라고 아리스토텔레스는 주장한다. 그는 가정에서 노예의 사례를 들어 이러한 점을 강조했다: 만약 특정 업무를 너무 많은 수의 노예가 담당하고, 누구도 그 임무의 완수가 그 혹은 그녀의 창조적 활동을 수반한다는 것을 느끼지 못한다면, 그 업무는 수행되지 않을 것이다. 그 일에 대한 특별한 애착이 없는, 그 일의 성취를 통해 그들 자신을 볼 수 없는 다수는 다른 사람에게 그 일을 미룰 것이다. "공동의 것에 대해서는 최소한의 사람들이 관심을 가지지만 사적인 것에는 대부분의 사람들이 관심을 가진다."[31]

가정과 개별적인 것에서 사적인 것의 상징으로서의 여성은, 자신의 것이며 도시에서도 대체로 그렇게 인정하는 자녀들의 존재기반으로서, 모든 인간이 그들 자신을 개별적이고 자신의 소유인 것과 연결하고자 하는 욕구의 생생한 표현이다. 여성의 공유화는 사적인 것을 파괴하고, 공적인 것과 그것의 보편적인 목적을 지나치게 강조한 것이었다; 아리스토텔레스에게 이는 도덕과 도시의 정신적 기반을 파괴하는 것과 마찬가지였다. 자연의 욕구와 매우 상반된 여성의 공유는 스스로를 완전케하기 위해 인간의 자연적 욕구로부터 발생하는 제도로서 그 도시를 지탱할 수 없었다.

소크라테스의 도시에는 또 다른 문제가 있다. 소크라테스는 가족을 없애고, 남성과 여성 사이의 차이를 무시하면서, 도시의 핵심인 다양성, 다원성, 그리고 상호 의존성을 파괴했다. 아리스토텔레스는 다양성은 도시에 필수적인 것이라고 주장한다; 우리는 의사들과 마찬가지로 구두수선공도 필요하다. 구두수선공과 의사를 똑같이 만드는 것, 그들에 대한 차이를 무시하는 것, 각각으로부터 동일한 전문적 기술을 기대하는 것은 도시를 단일체로 변모시키는 것이다. 자연적으로 우리는 다르고, 다른 능력을 가지고 있다. 돼지들의 도시 사례를 통해 도시를 건설하기 시작할 때, 소크라테스 스스로도 이 점을 강조한 바 있다.

자연적으로 남성은 여성과 같지 않다. 비록 아리스토텔레스의 생물학 저서에서 이러한 차이들이 때때로 결함으로 표현되기는 하지만, 현실적인 부분에서 그는 덕(virtue)의 차이에 초점을 맞춘다. "젊은이의 덕은 영혼의 절제(moderation)와 용기에 있다. … 소녀의 덕은 신체의 아름다움과 고귀함, 영혼의 절제, 그리고 비열하지 않은 일에 대한 사랑이다."[32] 그러한 다양성은 사적 수준에서 유지되어야 한다. 그렇지 않으면 구두수선공과 의사들, 남성과 여성들이 부족해지면서, 도시는 소멸할 것이다. 소크라테스가 사적 영역을 배제함으로써 그의 도시의 생존은 의문시 되었다. 대조적으로 정치의 영역이라는 공적인 수준에서 유사성을 통해 통합된 것들을 중심으로 평등이 있어야 한다. 모두가 시민이고, 모두가 통치하고 통치 받을 능력을 가지고 있다. 평등하다고 규정된 개인 간의 개별적 차이는 부적절해진다. 그러나 차별화를 요구하는 필연성에 직면했을 때에만 우리는 이러한 평등한 상태에 도달할 수 있다.

아리스토텔레스가 본 것처럼, 소크라테스 모델의 문제점은 소크라테스가 정치영역에서의 성 평등을 제안하는 과정에서 사적 영역에서 요구되는 다양성과, 공적인 것이 사적인 것으로부터 세워져야한다는 것을 무시하면서 비롯되었다. 『정치학』 1권에서 볼 수 있듯이, 아리스토텔레스는 삶 자체에 대한 논의가 이루어질 때까지, 좋은 삶이 무엇인지에 대해 논의할 수 없었다. 소크라테스는 『국가/정체』 5권에서 무엇이 좋은 삶인지에 대한 논의를 서두르면서, 삶(자체에 대한 논의)을 무시하고 있다. 결과적으로, 아리스토텔레스가 이해했던 것처럼, 소크라테스는 사적인 것과 공적인 것, 모두의 잠재력을 파괴했다.

아리스토텔레스: 정치체제의 가족과 여성

남성과 여성 사이에는 자연적으로 친애(friendship)가 존재했던 것처럼 보인다. 가정이 도시보다 시간적으로도 앞서 있으며 더 필요하고, 그리고 자녀의 생산은 다른 동물과 같기 때문에, 본래 인간은 도시에서 살아가기 보다는 짝지어 살아가려는 경향을 가지고 있다. 다른 동물에게 있어, 공동체는 후손 증식을 할 수 있는 만큼만 확장되지만, 인간에게 있어 같이 산다는 것은 재생산뿐만 아니라, 그들의 삶의 다양한 측면을 위한 것이다. 즉각적으로, 업무는 구분되고, 남성

> 을 위한 한 가지 일과 여성을 위한 다른 일이 존재하게 된다. 그러므로 개인적 능력을 공공의 선(common good)에 투여하면서, 그들은 서로를 돕게 된다. 이러한 것들 때문에, 거기에는 친애의 한 형태로서 기쁨과 유용함이 함께 존재하는 듯 보인다. 만약 그들이 모두 좋은 것이라면, 이러한 친애는 또한 덕(virtue)에 따라 존재한다. 각자의 덕이 존재하고, 그들이 그것으로 기뻐하기 때문에. … 자녀들이 그 연결고리가 되는 것으로 보인다. 그래서 자녀가 없는 결혼은 더 빨리 해체된다. 아이들은 그들을 위한 공동 선(common good)이고, 공동의 것이 그들을 함께 묶어준다.[33]

이 인용문은 아리스토텔레스의 유명한 "인간은 정치적 동물이다."라는 구절을 환기시키면서, 우리에게 종종 잊혀진 가족과 인간의 연관성을 보여주는 좋은 사례이다. 여기서 그는 진정한 의미에서, 인간을 경제적인 존재로 묘사한다. 우리는 이 인용문에서 가족이라는 공동체와, 남성과 여성이라는 두 구성원이 공동의 것을 위해 헌신하는 친애와 그들을 통합하는 것에 대한 주의하면서 발휘된 그들의 개인적인 능력에서 파생된 기쁨에 대한 관심을 발견한다. 여기서 가족은 종속과 지배의 암울한 사각지대가 아니라, 아리스토텔레스의 시대, 그리스의 실제 도시들이 보여주는데 실패한 통합과 친애의 많은 구성요소, 그 자체를 포함하는 전정치적 상황(prepolitical condition)이다.

스파르타의 입법자도 소크라테스도 아리스토텔레스가 가족에 부여하는 특별한 가치를 인지하지 못했다. 그 가치는 인류를 다른 동물과 연결해주는 재생산 과정을 넘어서는 것이다. 스파르타인들은 모든 시간을 전쟁에서 보내는 남성과 함께 그리고 소크라테스는 그의 공동체주의와 함께 가족과 그것의 일부분인 여성을 무시했다. 아리스토텔레스는 가족의 지위를 재평가하기를 원하고, 이상적인 국가와 현실적 체제에 대한 그의 비판이 그 재평가 작업의 중요한 부분이 된다.

소크라테스의 도시에서 아리스토텔레스는 자기 자신을 뛰어넘는 사랑을 가르치는 가족이 존재하지 않는 공동체와 불경스러운 행위가 가능하도록 개방된 공동체를 발견했다. 소크라테스의 도시에는 자유의 여지가 없었다. 누군가가 그 도시를 자신과 동일한 것으로 정의한다면, 그 도시를 위해 행동하는 것을 우리는 자유로운 행위로 부를 수 없을 것이다. 결국, 소크라테스의 도시에서 공동체주의는 모든 덕의 잠재력을 파괴했다. 스파르타의 체제는 모든 체제가 갖추어야 하는 권위에 대한 복종의 기술을 여성에게 교육하는 데 실패했다. 다른 이들의 실패는 가족을 정당화하고 소생시키려는 아리스토텔레스의 노력에 의해 드러났다. 아리스토텔레스의 관점에서 폴리스는 젊은이를 교육시키는 것과 같이, 가족이 궁극적으로 이루어낼 수 없는 것 —젊은이들을 교육시키는 일— 을 완전하게 하기 위해서 탄생한 것이다. 다른 이들의 시도에서 볼 수 있듯이, 이는 가족이 잘못되었음을 의미하는 것이 아니라 가족에서 시작된 과정을 지속하는 것을 의미한다.

소크라테스의 도시와 스파르타의 체제에 대한 총체적인 비판과정에서, 아리스토텔레스는 그의 동물학 관련 저서 내용의 일부였던 여성의 유전적 기형에 초점을 맞추고 있지 않다. 공산주의에 반대하는 그의 주장은 여성은 천성적인 노예와 같이 관리감독자가 필요하다는 여성의 불평등에 대한 논의로부터 나온 것은 아니다. 아리스토텔레스에게 가족의 가치는 종속을 초래하는 것이 아니라, 사랑과 우정의 질서 있는 공동체, 안정성이 덕의 추구를 위한 전제조건을 제공하는 자연적 위계를 제공하는 것이다. 비록 가족이 열등한 것에 대한 우월한 것의 지배 원칙에 완벽하게 들어맞는 것은 아니지만, 그것은 자체로서 자연스럽게 질서 있는 것이며, 평등하다고 생각되는 사람들로 구성된 도시만이 가질 수 있다고 생각되는 자연적 위계질서에 근거한 것으로 보인다.

이상에서 살펴본 문제점들 때문에, 도시의 맥락 내에서 누가 평등하고, 누가 통치해야 하는지 그리고 누가 종속되어야 하는지를 결정하는 것은 어려운 일이다. 공직을 분배할 때, 도시의 정의는 완전하다기 보다는 인위적이다. 그것은 안전할 수 없는 불평등에 의존한다. 모든 정체는 이러한 정의에 의존한다. 가족 내에서 작동하는 위계질서는 자연적인 방식에 보다 가까운 것이다. 가족은 자연적인 귀족사회의 모델이다. 여기서, 아리스토텔레스는 "남성의 지배가 필요한 것"들에 있어서, 남성이 자신의 가치에 따라 통치하지만, "여성에게 더 적합한 것이 있다면, 그것을 그녀에게 넘겨주는" 결사체를 의미한다.

만약 남성이 그들이 자연적으로 그의 지배가 적합하지 않은 곳을 통치하려 한다면, 그는 귀족주의적 관계를 자신의 사적 이익만으로 통치하고, 공동체의 이익은 돌보지 않는 과두적 관계로 변형시키게 될 것이다. 위에서 언급한 인용문 바로 앞에서, 아리스토텔레스는 과두정은 통치자가 자격(가치, worth)에 따라 도시의 일을 분배하지 않고, 모든 좋은 것을 그들 자신들에게만 제공하는 체제라고 설명하고 있다.[34] 잘 구성된 가족은 구성원들의 차이를 인식하고, 그들 모두가 공동선을 향해 함께 일해 나갈 때 그 차이를 고려한다. 평등과 통치과정의 공유에 기반을 둔 도시에서, 시민인 사람들 간의 차이는 무시되어야 하고, 각각은 그 밖의 모두와 같이 동등하게 일을 나눠 갖는다. 평등이라는 인위적인 기준에 따라 결정된 시민들이 있는 곳에, 자격에 따른 일 혹은 공직의 분배가 발생할 수 없다. 왜냐하면, 정치적 공동체의 활동에서 모든 것은 공유되어야 하기 때문이다.

도시가 혁명과 불안정의 위협을 받는 것은 평등의 의미 —즉, 누가 평등해야 하고 또 누가 지배를 받아야 할 것인지— 에 대해 의견이 일치되지 않기 때문이다. 『정치학』 5권에서, 아리스토텔레스는 모든 경우에 있어 "내부 갈등은 불평등으로 인해 발생한다"고 지적한다.[35] 남성들은 정의가 단지 가치에 따른 분배라는 데 동의하면서도, "그들이 하나의 속성에 따라 평등하다면, 완전히 평등하다고 어떤 이들은 주장하고, 반대로 또 다른 이들은 하나의 속성에 의해 평등하지 않다면 그들은 불평등한 대우를 받을만 하다고 주장함으로써 서로 의견을 달리한다."[36] 업무의 분배의 근거가 되는 성별과 세대 사이의 차이가 보다 쉽게 발견되는 가족 안에서, 일과 권위의 분배 또한 보다 용이하게 적용된다.

그 도시가 불평등한지 평등한지는 그렇게 명확하지 않다. 따라서 지속적으로 논쟁의 여지가 남아있고, 내부 갈등의 유인이 된다. 어떤 의미에서, 도시는 단지 가족의 자연적인 위계의 불완전한 반영이 되고, 가족의 질서는 그들끼리 자연이 어떤 명백한 지침도 제공하지 않는 장벽을 설정하려는 남성들의 시도에 의해 부적절하게 적용된 것이다. 심지어 차이들이 보다 많이 관찰되는 가부장적 가정 내부에서 조차 아이아스와 테크메사의 경우에서처럼, 오류가 발생할 수 있다. 따라서 보다 작은 단위인 가족 내부에서 조차, 차이의 기준이 항상 차별적 대우를 정당화하는 데 적절하지 않기 때문에 진정한 정의 역시 항상 작동하는 것은 아니다. 『윤리학』의 도입부에서, 아리스토텔레스는 정확성의 동일한 기준은 모든 형식의 담화에서뿐만 아니라, 질의의 모든 영역에서도 얻어지지 않는다고 의문을 제기한다. 평등에 관한 정확성은 정치적 삶 속에서 가능하지 않으며, 불평등에 관한 정확성은 가족 안에서 불가능하다. 그래도 가족에 있어서는 다소(어느 정도) 가능하다는 것이 아리스토텔레스의 생각이다.

가족 내부에 있는 여성에 대한 묘사는 사회적 영역에 있는 여성을 다루는 현대의 연구자들로부터 많은 관심을 얻어내지는 못하겠지만, 성원간의 친애가 해당 단위의 복지에 대한 공통 관심사로부터 오는 협력적 사건이라고 보았던, 아리스토텔레스의 가족에 대한 분석은 많은 학자들이 우리에게 제공해 온 고대 그리스 사회에서의 가족에 관한 시각과는 거리가 멀다. 그리스의 법 체제를 연구하는 학자들은 여성이 한 가족에서 다른 곳으로 양도 가능한 소유물이거나, 특정 가족의 종교적 의례의 수호자를 낳는 도구에 지나지 않게 되는 일련의 관계를 추적한다. 아리스토텔레스는 가족에 대한 이해는 여성의 그러한 "용도"를 넘어서고 있고, 또한 그는 가족이 일련의 결사이자 거기서 더 위대하고 중요한 폴리스가 형성되는 관계로 이해되어야 한다고 주장한다.

가족 안에서 여성의 역할 —즉 여성의 특별한 능력으로 인해 그들에게 부여된 업무— 은 획득한 것을 지키고 안정성을 제공한다는 점에서 도시에서 정치가가 하는 역할과 동일하다. 그러나 가족 안에서 여성의 역할이 아무리 중요하다 할지라도, 아리스토텔레스는 결코 여성을 도시의 공적 영역의 일부로 생각하지 않았다. 이러한 시각 또한 평등과 불평등의 개념에 관한 그의 이해에서 기인한다. 위계의 영역으로서의 가족은 평등의 영역으로서의 도시와 대조를 이루고 있다. 가족 내에서 남성은 여성에 대해, 아버지는 아들에 대해, 주인은 노예에 대해 권위를 가진다. 권위 혹은 권력의 불평등은 성별, 나이, 능력에 관한 차이에서 비롯한다.

도시와 달리 가족의 특징은 차이에 있고, 가족이 시간이 흘러도 지속되기 위해서는 이러한 차이들을 통합해야만 한다. 성적 재생산을 하고자 한다면, 남성은 여성과 달라야만 한다. 주인은 노예에게 결여된 지성을 가지고 있어야 하고, 노예는 주인이 발달시킬 필요가 없는 신체적 능력을 소유해야만 한다. 가족은 가족 내부에서의 차이의 관계들에 의해 유지된다. 폴리스 내부에는 평등에 대한 기준이 있어야 한다: 다시 말해 시민들은 그들의 소유에 있어서나 논리 정연한 연설, 그리고 정의로움과 정의롭지 못함에 대한 담론을 펼치는 데 있어 평등해야 하고, 그러한 담화에 참여하는 여가에 있어서도 평등해야 한다. 따라서 생계의 필요에 사로잡힌 노동자들은 그러한 담화에 참여하는 데 여유가 부족하기 때문에 시민의 일원이 될 수 없고, 여성 또한 그녀의 몸으로 어린 아이들을 키우고 있기 때문에 그러한 여가가 부족하게 된다.

그러므로 아리스토텔레스에게 있어, 여성의 배제는 부분적으로 가정의 유지자이자, 아이를 낳는 사람으로서의 역할에 기인한 그들의 불균등한 여가 시간에 근거하고 있다. 사적 재산을 보유한 아내들의 공유를 위한 제안에 대해, 아리스토텔레스는 "누가 가정을 지켜야 하는가?"[37] 반문하고, 더 나아가 성 평등에 관해 논의한『국가/정체』에서 사용된 비유는 "동물에게는 가정이 없기"[38] 때문에 매우 이상하다는 점을 지적한다. 그러나 아리스토텔레스가 공적 영역으로부터 여성을 배제하는 보다 중요한 이유는 여성들이 논리 정연한 담화능력을 결여하고 있다는 점이다. 폴리스가 이성(logos)의 활동영역이 되어야 하기 때문에, 이성(logos)을 주된 특징으로 가지고 있지 않는 여성이 완전하게 참여할 수 없게 된다.

이와 같이 배제된 채 존재하는 것은 여성만이 아니다. 노예들 역시 명백하게 배제되었고, 노동자들도 마찬가지이다. 이는 귀족이었던 아리스토텔레스가 낮은 계급을 거부하기 때문이 아니라, 그의 정치 개념이 논리 정연한 담화의 능력을 갖춘 완벽한 사람들의 참여를 요구하기 때문이다. 노동자들에게는 이러한 참여의 여가가 부족하다. 정치적 참여가 논리적 담화의 행위로 규정되지 않는 현대사회에서, 아리스토텔레스가 설정한 이러한 규제는 무의미하거나 명백히 정의롭지 못한 것처럼 보이지만, 공적 영역이 최고의 인간의 활동의 장으로서 역할을 한다는 그의 생각은 그러한 지적인 참여를 요구하는 방향으로 나아한다.[39]

『정치학』의 마지막 두 권 [7,8권]에서, 아리스토텔레스는 그가 꿈꿨던 도시에 관해 논의한다.[40] 당시의 체제와 더 좋은 체제를 위한 제안이 부적절하다는 점을 발견하고서, 그는 자신의 생각을 제시한다. 여기에서 여성은 그가 재생산의 문제와 아이의 초기단계를 고려할 때만 매우 간단하게 언급된다. 입법자는 사용할 수 있는 최고의 재료(요소)를 가지고 있어야 하고, 그것은 가장 건강한 사람들을 의미한다. 건강을 확보하기 위해, 그는 결혼과 재생산을 좌우하는 법에 주의해야 한다. 아리스토텔레스는 특히 재생산이 기형아(여성들을 포함한)가 태어날지 모르는 너무 이른 나이에 시작되어서는 안 된다는 점에 관심을 갖는다.

그러나 아리스토텔레스는 생물학적 고려에서 심리학적인 내용으로 빗겨나간다. 『윤리학』에서 해당 주제를 다루면서, 입법자가 가족 내에 형성된 공동체에 관심을 가져야 하고, 부부를 위한 성생활(성적 삶)의 양립가능성을 반드시 보장해야 한다고 그는 주장한다. 이는 누군가가 더 이상 성적 능력에 있어 기능을 할 수 없을 때에는, 상대방 역시 재생산 활동을 할 수 없기 때문에 남성과 여성의 연령대가 일치되어야 함을 의미한다. 따라서 그는 성적 능력이 감소하는 시기를 남성은 70세, 여성은 50세로 보았고, 따라서 결혼을 할 때는 남성이 20살이 더 많아야 한다고 주장한다.[41] 너무 어린 나이에 결혼을 하지 않는다는 것은 재생산 활동의 전성기에 있는 사람들에 의해 자녀가 수태될 수 있음을 확신케 한다; 부모가 늙었을 때, 그들의 아이들은 가족의 유지 능력을 넘겨받을 것이다.

임신이 됐을 때 여성은 정신이 아닌 몸을 단련시켜야 한다. 그녀의 몸은 땅으로부터 자라나는 어떤 것처럼 성장하고 있는 아이에게 힘을 주기 위해 강해져야 한다.[42] 만약 우리가 여성을 대지에 비유한 이 마지막 말들만 살펴본다면, 당연히 아리스토텔레스는 여성의 도구적(material) 역할만을 보았다고 비난을 받을 수 있다. 여성은 거기서 시민들이 성장해 나가는 질료(matter)에 불과하지만, 결혼 생활에서의 양립가능성을 위한 관심을 표현하는 앞선 언급을 살펴보면, 아리스토텔레스가 정체에서의 여성의 위치에 대해 보다 깊이 생각하고 있었음을 알 수 있다. 여성들이 공적 공동체의 일부가 아니기는 하지만, 사적 공동체도 남성과 여성 사이의 비 착취적이고, 공동의 관계에 의존한다.

그러나 다시, 아리스토텔레스 연구자는 최선의 도시에 대한 그의 분석에서 여성의 위치를 충분히 이해하기 위해서 보다 많은 연구가 필요했다. 특별히, 누군가는 지배권을 획득하기 위한 욕망을 가진 남성적인 전사들로 구성된 군대의 막사와 같은 도시에 대한 끈질긴 적대감에 주목한다. 아리스토텔레스가 7권의 도입부에서 말했던 것처럼, 안정성을 걱정할 필요가 없는 최선의 도시는 시민들의 개별적 행복을 증진시키는 도시이다. 아리스토텔레스의 과제는 이러한 행복을 제공하는 조건을 설명하는 것이다. 그에 의하면 다수가 범하는 실수는 그들이 행복을 외부적인 것, 즉 과도한 재산의 축적과 동일시하고 있다는 것이다. 이러한 남성들에게, 재산을 획득하는 의미로서의 전쟁은 행복의 원천이 된다. 아리스토텔레스는 도시가 많은 재산의 끊임없는 추구가 아닌, 무한한 덕의 추구가 용이하도록 구조화되어야 한다고 주장한다. 그렇다면 어떻게 덕을 추구해야 하는가? 정복을 통해서가 아니고, 교육과 예술에 대한 관심을 통해야 한다.

책 7권의 7장에서, 아리스토텔레스는 전쟁광이 지배하는 체제를 비난한다. 그는 그러한 체제를 키클롭스(Cyclops)에 의해 행해져 온 식인주의(cannibalism)와 연관 짓는다. 최선의 레짐에 대한 연구를 시작하면서, 아리스토텔레스는 가장 선택할만한 삶으로써, 한나라가 다른 나라를, 남성이 여성을, 그리고 주인이 노예를 지배하는, 근본적으로 전쟁과 불평등에 기인하는 지배의 삶이 아니라, 평등한 사람들에 대한 통치과정의 삶을 말한다.

따라서 아리스토텔레스의 최선의 체제에 대한 분석은 그가 앞서 좋은 여성에게 있어야 할 속성으로 보았던 절제에 대한 교육 과정에 초점을 맞춘다. 힘을 강조한 물질적인 부에 대한 관심에 영합하는 아리스토텔레스 시대의 도시들은 지배를 추구하는 데 필수적인 남성성을 강조했다. 아리스토텔레스가 꿈꾸는 도시는 절제라는 여성적인 덕을 찬미한다. 『정치학』의 마지막 두 권에서는 여성이 그들의 재생산적 능력으로써만 언급되지만, 남성스러운 것과 반대되는 여성스러운 덕은 인간에게 진정으로 행복한 삶을 주는 도시의 기반을 제공한다. 여성의 몸은 여성의 영혼과 같지 않다; 외적인 것에만 주의를 기울이는 사람들이 행복의 원천을 평가하는 데에 있어 실수를 범하는 것과 마찬가지로, 여성의 몸에만 관심을 갖는 사람들 역시 그렇다. 아리스토텔레스의 최선의 도시에 관한 책들은 미완성이지만, 남아있는 것 중에서 시민들의 공적 삶에 관해 실제로 말한 것은 거의 없다; 절제에 대한 교육에 초점이 맞춰져 있다. 여성은 그 교육의 일부이고 따라서 도시의 진정한 삶의 일부이다.

결론

아리스토텔레스는 고전적인 여성혐오주의자(misogynist)로서 오늘날 문헌에서 이름을 떨치고, 그의 말들은 대개 역사를 통해 여성에 대한 혐오를 지지하는 데 사용되어왔다.[43] 오늘날 여성혐오라는 비난은 저자를 규탄하고 그의 저작을 폐기처분해야 할 대상으로 전락시킬 수 있다. 아리스토텔레스의 저서에서 여성에 대한 증오는 발견되지 않는다; 오히려 남성의 도시에서의 여성의 근원과 여성의 역할을, 남성의 시각으로부터, 이해하려는 시도가 있다. 여성은 결함이 있는(불완전한) 남성이지만 아리스토텔레스가 주위에서 바라본 남성들의 대부분도 마찬가지이다. 성장의 완성에 도달해 개인의 신체적, 지적, 도덕적 우수함이 결합된 진정한 남성은 거의 발견되지 않는다.

정치적 영역에서의 여성에 대한 아리스토텔레스의 이해는 위계의 시각(위계관)을 야기하지만, 그렇다고 모든 수준에 있어서의 복종을 의미하는 것은 아니다. 그는 여성이 노예가 아니라고 변함없이 주장한다. 따라서 그는 사회에서의 그녀의 독특한 역할을 이해해야만 하고, 그는 그것을 여성이 단순히 아이를 낳는 것뿐만 아니라, 안정성을 주고, 도시의 아이들을 보호하고 교육하는 영역인 가족의 구조 내에서의 여성의 능력에서 찾았다. 그것은 여성이 여성 특유의 덕을 증명할 수 있는 영역이다.

『국가/정체』에서 소크라테스는 사적 영역을 배제했다. 모든 덕은 공적이었다. 아리스토텔레스는 사적인 것을 보유하면서, 거기에서 탁월함과 공동체의 추구를 격려한다. 남성과 여성 모두의 탁월함 없이는 도시의 어디에서도 탁월함이 있을 수 없다. 아리스토텔레스는 스파르타나 소크라테스의 도시처럼 여성과 그들의 탁월함의 잠재력을 무시한 도시들은 내분, 소멸, 혼란의 위험에 처할 수 있다고 경고한다. 우리는 결코 여성이 아리스토텔레스의 글들에서 중심적 주제라고 말할 수는 없지만, 여성은 그가 인간을 위한 충분한 정치적 삶의 제안을 완성하기에 앞서 반드시 다루어야 할 다양한 질문들과 대안적 시각을 제기한다.

제5장

로마: 제국의 정치와 여성

로마의 정치적 관점에 대한 간략한 소개

> 오, 로마시민들이여. 무력으로 국가를 지배한다는 것[제국]을 기억하라! 평화라는 관습을 부여하고, 정복당한 사람들에게 관대하고, 거만한 자들에게 승리하는 것, 그것이 당신들의 공적이 될지라.
>
> 베르길리우스(Vergil), 『아에네이드』(Aeneid) (VI. 851-53)

이와 같이 안키세스(Anchises)는 베르길리우스(Vergil)의 『아에네이드』(Vergil's Aeneid)에서 그의 아들 아에네아스(Aeneas)에게 말한다. 이 서사시는 마르쿠스 안토니우스와 클레오파트라를 정복한 아우구스투스의 승리를 축하하고 있는데, 이는 국내 분쟁의 말기인 B.C. 27년에 이루어진 것으로, 아우구스투스를 수장으로 한 원수정(Principate; 로마제국의 제정의 초기형태)이 건립된 시기이기도 했다. 로마 왕들의 혈통을 추적하기 위해 아에네아스는 정복당한 트로이에서부터 로마를 탄생시킨 이탈리아를 여행하면서 저승(underworld)을 방문하고, 이러한 말들을 그의 아버지로부터 듣는다. 베르길리우스는, 안키세스의 말을 통해, 다른 국가를 지배할 운명이었던, 그리고 그들 자신뿐만 아니라 그들이 예속시킨 나라들의 이익을 위해 고결하게 통치할 운명이었던 나라로서의 로마의 자아상을 포착한다. 제국을 이끌기 위해 로마는 건설되었고, 로마인들은 태어났다. 그리스의 폴리스가 모든 시민들이 담화를 통해 권력의 행사에 참여했던 작고 단일한 공동체였던 데에 반해, 로마의 정치적 경험은 제국의 획득과 유지에 헌신한 통치체제의 하나가 되었다. 안키세스는 운명이 로마인들을 위해 선택해준 역할을 잘 "예견했다."

로마가 다른 나라들을 지배할 운명이었다는 것, 즉, 로마 남성들만이 가진 특성으로 인해 로마제국이 이루어졌다는 생각은 도시의 정치에서 지배적이었다. 정치적 구조는 일부가 다른 사람들보다 더욱 더 잘 통치할 수 있다는 생각에 기초했다. 그 몇몇 사람들은 능력과, 그 국가 내에서의 리더십에 대한 그들의 적합성을 나타내는 어떤 지혜, 기질의 자연적 힘 혹은 보다 빈번하게는, 확실한 가족적 배경[1]을 가지고 있었다. 이러한 특성이 결여된 이들은 따르는 자가 된다. 평등한 사람들이 돌아가며 통치자, 혹은 피통치자가 되었던 아리스토텔레스의 시민들과 달리, 로마의 시민은 시민들 사이의 불평등에 대한 전제와 리더십 이론에 근거한 정치체제의 일부였다.

단지 사적 일에만 관심을 가지는 사람들을 "백치(idiot)"[2]로 간주해온 아테네에서처럼, 군복무 이외에는 그 어떤 참여도 시민들에게 요구되지 않았다. 게다가 국가를 통치하는 데 있어서의 참여는 고귀한 배경을 가진 사람들에게만 기대되었다. 국가에 대한 그러한 헌신은 로마에서 상류 계층의 구성원이 된다는 것과 같은 것을 의미한다. B.C. 1세기를 풍미했던, 그의 평민적인 배경에도 불구하고 로마제국에서 가장 높은 지위에 이르렀던 위대한 연설가이자 사상가인 키케로(Cicero)는 공직에 있는 그의 아들에게 이러한 생각을 피력한 『의무론』(De Officiis)을 편지 형식으로 기술했다. 그 편지에서 그는 그의 아들이 받았던 것과 동일한 교육을 받은, 그의 아들과 같은 젊은 남성의 지위와 임무는 정치적 리더십을 통한 인류에 대한 봉사를 의미하는 것이라고 주장한다. "개인적 일로 국가의 업무에 참여하지 않으려 하는 것은 그의 임무에 반하는 것"이라고 키케로는 그의 아들에게 충고한다.[3] "우리의 재능은 인간 사회를 인간과 연결시키는데 활용되어야 한다."[4] 키케로는 우리의 의무가 자연에서 오는 것이며, 자연은 리더십을 가진 사람들에게 그러한 참여와 인류에 대한 봉사를 요구하고 있다.

이러한 관점은 자연에 의해 그들에게 요구된 의무로써 공적 삶에 전념해야만 하는 사람과, 로마 제국의 속국(屬國)들처럼 그들의 지도자에게 지배되고, 부려져야 했던 사람들을 구별한다. 로마의 정치에서 발생한 분쟁인 "신분투쟁(Struggle of the Orders)"은 종종 지도받아야 하는 것을 "의미했던" 사람들이 지도받는 것을 원하지 않는 상황에서 발생하게 된다. 민중은 봉기했고, 귀족들로부터 국가의 일부 권력이나 그 권력에 대한 접근권을 얻어내려 하였지만, 그들에게 허용된 것은 항상 제한된 권력이거나 제한된 접근에 불과했다. 후기 로마 공화국의 도덕주의자들의 해석에 의하면, 인민의 정치권력의 증가는 로마의 수치인 타락을 불러왔다. 타고난 지배자와 피지배자 간의 위계질서에 의문이 제기되자, 공화정부(republican government)의 결집력은 흔들리게 되었다. 민중들은 소집되면 군복무를 해야 한다고 생각하면서 자신의 일에만 전념하고, 통치는 능력 있는 자들 —즉, 능력을 가진 자들에게 맡겼다.

그리스에서, 시민은 서로 경쟁적 관계에 있는 사적, 공적 세계를 가지고 있었다. 폴리스와 그의 가족의 구성원이 되는 것은 이 책의 2장에서 논의했던 비극적인 긴장을 초래한다. 공사 간의 갈등은 로마의 사상에 있어 초점이 전혀 달리 나타나는 바, [로마에서는] 모든 시민이 아닌, 몇몇 남성들이 국가를 위해서 그들의 사적 즐거움과 사랑을 희생하면서 공적 일들에 관심을 가져야 한다는 것이다. 적극적인 참여자의 정치공동체는 남성 시민 전체와 일치하지 않았으며, 새로운 시민개념(citizenship)이 출현했는데, 여기서는 그리스 연극에서 보여주었던 비극적인 긴장은 보이지 않게 된다. 시민은 반드시 행위자이자 잠재적인 통치자가 아니었으며, 특정한, 이를 테면 각각의 개인들을 로마의 판사에 의한 채찍질과 같은 어떤 조치들로부터 보호하는 권한을 소유한 사람들이었다. 로마가 팽창하면서, 시민권도 그 부수적 권리와 함께 확대되게 된다. 이는 부분적으로 과거의 적들과의 관계를 결속시키고 또한 군대의 규모를 증가시키려는 시도에 기인한다.

시민권(citizenship)은, 그것이 로마의 전쟁에 나가 싸운다는 것을 의미했을지도 모르지만, 더 이상 정치체제에 대한 참여와 연계되지 않게 되었다. 시민권의 인정이 도시 내정에 영향을 미칠 필요도 없었다. 유사하게, 시민권이 확장되어감에 따라, 잠재적 시민들의 개인적 자질은 이전보다 덜 중요하게 되었는데. 이는 참여에 대한 기대가 없어졌기 때문이다.[5] 시민권의 확장이 정치 과정에서 보다 많은 사람들의 참여를 의미하는 것은 아니었다. 로마시민이 될 수 있기는 하지만, 결코 정치적 지위를 갖지 않으며, 의회에 참여하지도 않고, 투표권을 갖지도 않는 사람들이 있었다.[6] 따라서 공적 활동에 참여하고, 그러한 활동을 삶의 주된 관심으로 보는 사람들이 있을 수 있으며, 이에 따라 도시의 정치적 지도자로서 적극적이지 않지만 그 혜택(저렴한 곡식, 교역권, 공영지나 공공의 경기에 대한 접근권 등)은 향유하는 시민으로 살아갈 수도 있었다.

당시의 지도자는(그가 실제로는 거의 그렇게 한 것 같지는 않지만) 그의 국가에 대한 헌신에 전념하거나 해야만 했고, 다른 국가들을 지배할 운명인 나라에 대한 경건한 책임감을 가지고 있거나 가져야만 했다. 아들에게 주는 키케로의 편지는 국가를 위한 헌신의 중요성을 지속적으로 반복한다. 그러한 개인의 목표는 일반적인 시민의 목표와는 다른 것이다. 로마의 국가적 영웅은 사심없이 공공선에 헌신한 사람들로서, 에투리아인(Etruscans)들의 공격을 지연시키기 위해서 로마의 군인들이 그의 뒤에서 그 다리를 파괴하는 동안 티베르(Tiber)강에 놓인 다리에 서있었던 호라티우스 코에클레스(Horatius Coecles)와 같은 남성이었다. 극단적인 상황에서도, 그는 굴복하지 않았다.[7] 그리고 그 영웅들은 로마 공화정 최초의 집정관(consul)이었고, 새롭게 수립된 질서에 감히 반기를 들자 자신의 아들마저 처형했던 브루투스(Brutus)와 같은 남성이었다. 또한 그들은 호라티우스(Horatio triplet: 호라티우스 세쌍둥이)과 같은 남성이었다. 그는 그녀의 여동생이 로마의 적으로서 죽임을 당한 그녀의 약혼자의 죽음에 눈물을 흘리자, 그녀를 살해한다: "적을 애도하는 모든 로마의 여성은 죽어야 한다."[8] 사람들이 그러한 행동에 움찔했지만, 그의 아버지는 그의 딸이 처벌을 받아 마땅하다고 주장했고, 그의 아들은 잘못이 없음을 분명히 했다. 그들의 국가를 매우 우직하게 방어하는 그러한 남성은 로마 귀족의 모델이었다. 개별적이고 사적인 만족감에 우선해 국가를 가치 있게 생각하는 남성들이 로마의 부흥과 위대함을 책임지고 있었다.

그렇지만 그러한 모델은 모든 남성, 귀족계급조차도 기꺼이 감수 하려하지 않았던 자기희생을 요구했다. 공화정이 몰락하고 아우구스투스(Augustus) 지배하에 원수정(Principate)이 등장한 이후, 국가에 대한 개인적인 헌신의 이러한 본보기들은 정치적 참여를 평가 절하한 정치체제에 더 이상 적합하지 않았다. 따라서 우리는 몇몇 사상가들에게서 이 시기부터 정치의 혹독한 요구를 회피하는 삶과 키케로가 요구했던 금욕으로부터의 퇴조(이는 종종 여성에 대한 사랑으로 이어지기도 한다)를 강조하는 품격 있는 사랑의 시가와 목가적 시가 발달했음을 발견한다. 여성은 그러한 경박함 —남성에게 부여했던 다른 이들을 통치할 운명이 지워졌다는 정치공동체의 요구로부터의 탈출구— 을 의미하게 되었다. 여성들에 대한 사랑에 헌신하는 삶은 국가에 대한 봉사에 헌신하는 삶에 대한 즐거운 대체물이 되었다. 여성은 이러한 역할에 있어 정치적 영역으로 진입할 수는 없었지만, 남성을 거기서 기쁘게 끌어내렸다.[9]

우리가 앞선 장들에서 논의했었던 몇몇 사상가들에서 볼 수 있는 것처럼 다양하지만, 그리스 정치사상에서 여성관련 논의는 결코 고유의 개별적 성격을 가졌다거나 자신만의 내력을 가진 [구체적] 여성에 초점을 맞춘 것은 아니었다. 플라톤의 사상에서 철학이 정치와 대척점에 서 있었듯이, 여성도 남성과 대척점에 서 있었던 것이다. 그리스 세계에서 여성은 전체적인 것과 특수한 것, 죽음과 삶 사이의 비극적 긴장관계를 상징했고, 플라톤의 철학적 기법의 창조물로서, 여성은 플라톤의 사상체계에서 당시의 정치적 가치를 공격하기 위한 추상적 도구로 사용되었다. 우리가 디오티마(Diotima)가 존재했는지, 혹은 아스파시아(Aspasia)가 소크라테스에게 수사법을 가르쳤는지 알 수는 없다. 사실 두 경우 모두 회의적이다.

반면 로마의 사상에서, 여성은 대부분 추상적인 창조물이 아니다. 그들은 실재하는 여성들이었고, 사랑을 노래하는 시가의 대상이었다. 그리고 도덕적 삶에 대한 편지의 수취인 혹은 로마 역사에 등장하는 인물이었다. 후자에서, 여성은 자주, 때로는 보다 나은 쪽으로, 또 때로는 보다 자주 나쁜 쪽으로 로마 역사의 방향에 영향을 미치지만, 그럼에도 불구하고 특수한 개성들과 도덕적 특징에 의존하는 각자 개인의 역할들을 수행하며, 그들은 거기에 있었다. 이 로마 여성들은 시적 혹은 철학적 상상력에 존재할 뿐만 아니라, 로마의 운명에 참여했고, 로마 사회의 역사가들도 그들의 활동을 인정했다.

베르길리우스를 제외한 로마의 사상가들은 여성에 대해 논의할 때, 그리스 사상가들처럼 추상적인 방식으로 하지 않았다. 우리는 베르길리우스의 시에서만 여성이 정치적 노력(시도)과 로마의 "운명"에 대해 문제를 제기한 "플라톤적 관점(Platonic perspective)"을 발견한다. 로마라는 기업을 위한 베르길리우스의 문제의식은 그 시대의 시에서 발견되는 것처럼 특정 여성을 향한 그의 기쁜 사랑과 어울리지 않지만, 그것은 정치공동체가 정치적 이상에 대한 경건한 헌신을 위해 보다 미숙한 감정을 키우거나 파괴할 때 그 선택에 대한 생각의 일부이다. 베르길리우스에게 있어, 여성은 알려진 세계를 통치할 운명인 정치체제에 대해 의문을 제기하는 존재이다.

로마 사상을 논의할 때 우리는 언제나 우리가 로마로 간주하는 광범위한 시간적 간격과 정치 형태, 그리고 로마가 작은 규모였던 지방 공화국에서 군주가 지배하는 거대한 제국으로 성장했었던 것과 같은 규모의 급격한 변화들 때문에 특수한 문제에 부딪힌다. 이 장에서 논의하고 있는 문헌은 B.C. 100년에서 A.D. 100년에 이르기까지의 약 200년의 기간으로 한정한다.[10] 이 시기는 로마가 귀족 계급인 원로원이 통치한 공화국에서 아첨하며 종속적인 원로원 계급과 함께 일인에 의해 통치되는 아우구스투스 치하의 원수정으로의 중대한 변화를 포함한다. 원로원 계급은 아첨하는 복종의 위치로 전락하고, 로마는 단 한명의 남성에 의한 지배하에 있었다. 정치사상에 있어, 이러한 변화는 특히 로마의 운명에 대한 직접적 참여자로서 여성의 역할에 영향을 미친다. 우리는 공화주의 시대의 가장 저명한 사상가인 키케로, 즉 사실상의 여성에 대한 배제에서부터 시작한다. 만약 우리가 그의 사상의 원칙들이 원수정 동안 세네카(Seneca)가 쓴 금욕주의 철학(Stoic philosophy)에 접목됐을 때 얼마나 확실히 변화되었는지를 생각해 본다면 이러한 배제의 이유는 보다 명확해진다.

서양문학과 수사학적 기법에 대한 키케로의 영향력 때문에 그리고 그의 글들이 "로마의 방식"의 전형이기 때문에, 로마의 정치사상에서 이러한 의무에 대한 엄격한 헌신과 그의 정치적 저술에 나타난 정치제도의 눈가림 속임수를 찾아보는 것은 그리 어려운 일이 아니다. 따라서 우리는 정치적 삶과 타락한 정치체제에 대해 헌신하는 삶에 대한 의구심 간의 근본적인 긴장관계를 보다 명확하게 분석하기 위해 다른 곳을 살펴보아야 한다. 그러한 분석을 위해 우리가 키케로의 정치적 저서에서 나타나지 않는 여성을 찾아 볼 수 있는 역사가와 시인에게로 우리의 관심을 옮겨야 한다. 이러한 다른 글에서 드러나는 정치적 영역에 대한 분석의 깊이는 특정 공동체의 삶에 있어서의 여성의 역할에 대한 자각과 근접해 있다.

키케로: 여성이 없는 정치사상

가장 유명하고 영향력 있는 로마의 사상가, 마르쿠스 툴리우스 키케로(Marcus Tullius Cicero)의 저서에서는 로마의 정치사상 속에 나타난 여성을 찾을 수가 없다; 그러나 그의 사상을 생각해볼 때, 우리는 여성들이 왜 거기에 존재하지 않는지 이해하려는 노력을 해보아야 한다. 키케로는 B.C. 1세기 동안 지속된 로마의 시민 투쟁과 전쟁 기간 내내, 처음에는 철저하게 그리고는 심각하게 그가 돌아다니면서 행한 연설로 유명하다. 그러나 이외에도 상당량의 편지글과 에세이, 그리고 대화편도 있다. 두 편의 대화편에 우리는 관심을 가진다. 그것은 의식적으로 플라톤의 『국가/정체』와 『법률』을 따라 작성된 것이다; 심지어 키케로는 그의 저작에도 동일한 제목을 차용한다. "그러나 그들 모두 중에서 가장 학문의 조예가 깊고 진지한 철학자,

플라톤이 먼저 공화정에 대해 집필하고 나서 별도로 법률에 관해 집필했던 것처럼, 나도 동일한 작업을 할 필요가 있다고 믿는다."[11] 그의 『국가론』과 『법률』에서, 키케로는 역시 최선의 정치적 사회에 대해 토론한다. 그러나 그는 플라톤의 담론으로부터 로마의 정치적 경험에서 명백히 도출된 정치세계에 대한 자신의 이해로 토론을 이끌어낸다. 두 편의 대화편 어디에서도, 그는 소크라테스나 아테네 이방인의 여성의 역할에 관한 처방을 언급조차 하지 않는다.[12]

키케로는 그의 『국가론』(Republic)에서, 분쟁의 1세기 이전의 로마사의 초기에 등장한 몇몇의 지성인과 정치적 지도자들이 최고의 헌법이 갖는 본질과 그 헌법 안에서 최고의 남성이 갖는 역할에 대해 토론하는 대화를 설정한다. 그러한 토론을 시작하면서, 키케로는 그의 대화 상대자로 하여금 로마인들이 그들의 국가를 설명하기 위해 사용했던 용어인, 레스 푸블리카(res publica)의 의미에 동의하도록 했다. 말 그대로, 레스 푸블리카는 "공적인 것(public thing)"을 의미한다. 그리고 키케로는 한니발(Hannibal)의 침략으로부터 로마를 구한 군대의 영웅이었던 스키피오(Scipio)라는 인물을 통해, 우리가 국가의 개념을 레스 푸블리카에서 사람들에게 속한 것이라는 의미의 레스 포풀리(res populi)로 확장해야 한다고 주장한다. "소유"하는 것으로서, "그것(thing)"은 대상화된다. 소유한다는 것은 누군가가 어떤 것을 유지하거나 보존하기 위해 반드시 참여한다는 것을 의미하지는 않는다. 우리는 우리의 집 또는 고양이를 돌보기 위해 누군가를 고용할 수도 있고, 다른 사람이 그렇게 해주기를 기대할 수도 있다. 로마의 정치인가나 지도자의 임무는 인민에게 속한 것들을 돌보는 일이었다. 폴리스와 대조적으로 레스 푸블리카는 삶의 방식이 아니었다. 그리스인들은 그들이 속한 공동체를 언급할 때, 아테네나 스파르타를 이야기하지 않는다. 아테네와 스파르타는 단지 장소일 뿐이다. 도시로서 아테네는 "아테네인들"을 의미했다. 참여하는 시민들과 분리된 도시는 존재하지 않았다.

공적인 것과 사적인 것 간의 긴장이 그리스의 경험에서 중요한 위치를 차지했지만, 그 둘은 결코 분리되지 않았다. 아리스토텔레스가 강조했던 것처럼, 가정(Oikos) 내에서의 교육은 정치 공동체의 안정성을 위해서는 결정적인 것이었다; 플라톤은 그가 생각했던 최상의 도시와 차선의 도시를 가족의 파괴 또는 보전을 통해 세웠다. 로마에서는 그 두 영역은 명백히 구별되었다. 가정은 사적인 것일 뿐만 아니라, 그 안에서 진행되는 일은 놀라운 통제력을 가진 아버지의 권한 아래 있었다.

오랜 기간이 지났음에도 현재 남아있는 키케로의 『국가론』 일부에 있는 여성에 대한 간략한 언급에서, 여성에 대한 모든 정치적 고려는 포기되었다고 키케로는 언급한다: "실제로 그리스에서는 관례적으로 여성을 담당하는 감독관은 존재하지 않았지만, 남편들에게 그들의 아내를 지배하는 것을 가르치는 검열관은 존재했다."[13] 플라톤의 대화편을 통해 드러난 바와 같이, 여성의 활동을 공적으로 통제하면서, 혹은 가정의 내부적 방향을 정치체제에 적합하도록 만들면서 여성을 공적 영역에 끌어들이는 대신에, 키케로는 여성을 남편의 통제 아래에 남겨두었다. 공동체와 가정 간의 관계에서 드러난 긴장은 한 영역의 것(res)이 다른 영역의 것(res)으로부터 분리되면서 극복되게 된다.

『국가/정체』에서 플라톤은 소크라테스가 정의에 기초하여 최선의 도시를 찾았다고 한다; 그리고 소크라테스는 그것을 성 평등과 공산주의가 결합한 —가정을 파괴하고, 그 결과 개인을 공적 영역의 통합에 대한 관심으로부터 멀어지게 한— 공동체에서 찾았다. 키케로도 그의 『국가론』에서 최선의 도시를 찾지만, 말로 만들어진 소크라테스의 추상적 도시와 달리, 그는 현실의 행위에서 최선의 도시를 찾는다. 그는 그 도시를 로마 —농업혁명과 인민의 요구가 원로원의 통제를 제한하고, 그가 보았던 것처럼 그들의 요구가 당시의 정치 세계의 특징이 되어버린 내부적 불안을 야기하기 전 B.C. 2세기경 초기 로마— 에서 발견한다. 키케로의 『법률』은 차선의 도시에서 적절한 법을 해석하기 보다는 자신이 『국가론』에서 묘사한 로마의 법을 다루고 있다. 분명히 과거 로마에서는 어떠한 성 평등과 공동체주의도 없었고, 아테네 이방인이 말한 체제에서 도시의 남성과 함께 군대에 참여한 여성조차도 거기에는 존재하지 않았다.[14] 따라서 키케로의 저서에 나타난 실제적인 최선의 도시에는 여성의 보이지 않는다.

플라톤의 『국가/정체』와 『법률』은 소크라테스와 이방인이 그들의 도시를 위해 꾸며낸 역사적 배경을 중심으로 한 허구의 역사적 관점으로 구성되어 있다는 특징을 가진다. 소크라테스는 천부적 능력이 갖는 원초적 다양성과 결과적으로 전문화 그리고 상호의존성의 필요를 중요시한다. 이방인은 홍수와 유목민에 대해서 이야기한다. 키케로는 자신의 『국가론』에서 역사로 되돌아가야 한다고 느낄 때마다 플라톤의 모델을 모사한다. 그러나 그가 포함시킨 역사는 실제 존재하는 도시, 로마의 역사이다. 그는 로마의 역사를 회상하면서, (우리가 다음에 보게 될) 리비우스(Livy)가 강조한 역사와 대조적으로, 사실상 여성을 배제한다. 왕정의 전복을 촉진시켰다고 많은 사람들이 평가하는 루크레티아(Lucretia)는 키케로의 역사에서 겨우 두 줄로 기술되고 있다. 또한, 사비니의 여인들(Sabine women), 버지니아(Verginia), 그리고 용감한 클로일리아(Cloelia)도 무시되었다.

『의무론』(De Officiis)의 논의를 통해 이미 언급한 바와 같이, 덕있는 개인은 로마의 정치적 삶에 용기와 열정을 가지고 전적으로 참여하는 사람이다. 키케로의 생각에, 그렇게 행동 하는데 실패한 사람은 "여성화된(effeminate)" 것이다. 여기서 "여성화"의 의미는 고귀한 행동에 높은 자질을 더하는 위대한 영혼과 정신이 부족함을 의미한다. 국가에 대한 봉사로 주어지는 공적 영역에서의 행동만이 위대한 것으로 평가받을 수 있다. 그러한 영역으로부터 배제된 여성은 입법자에게 어떠한 관심도 받지 못한다. 가정의 존엄성은 정치 공동체의 관심 밖에 있는 다른 질서였다. 로마는 하나의 체제나 삶의 방식이 아닌 제국이었다.

플라톤의 저서에서 여성들은 단지 가정에서의 역할 때문이 아니라, 칩거한 철학자적 삶의 모델로 등장했다. 키케로는 그의 『국가론』에서 이 모두를 부정했다. 실제로 그렇게 시작되는 문장은 없지만, 남아있는 부분에서 공적인 삶과 애국심을 권장하는 내용이 전개된다. 극적인 행동이 곧바로 전개되는 플라톤의 대화편과는 다르게, 키케로의 『국가론』은 저자의 말과 함께 시작된다. 첫 페이지에서 그는 정치적 삶으로부터 쾌락주의적(Epicurean) 칩거를 추종하는 사람에게 분명히 말한다. 쾌락주의는 로마에서 즐거움이라는 사적 세계를 위해 공공에 대한 봉사의 중요성을 거부하는 유명한 지적 양식을 대표한다. 키케로는 쾌락주의자들에게 공적의무에 대한 자각으로 충만했던 로마 역사의 모든 영웅들에 대해 회고해보기를 요청한다.

> 그것이 없었다면, 두 명의 스키피오가 2차 포에니 전쟁으로 타오르는 불을 그들의 피로 진압하지 않았을 것이다; 그리고 그 불꽃에 새로운 연료가 추가되었을 때, 퀸투스 막시무스(Quintus Maximus)도 그 폭력을 견뎌내지는 못했을 것이다. … 그와 마찬가지로 정치에 이익이 걸려있는 우리 모두의 적극적이고 덕스러운 삶의 모델로 알려진 마르쿠스 카토(Marcus Cato)의 경우를 이제 살펴보자. 공적 서비스에 대한 전통이 계승되지 않고, 잘 알려지지 않았다면, 그는 분명히 건강에 좋고, 편안한 장소인 투스쿨룸(Tusculum)의 조용한 휴양지에서 자신을 즐기면서 시간을 보냈을 것이다. 그러나 여러분의 철학적 친구들이 믿었던 것처럼, 그는 바보였다. 왜냐하면 투스쿨룸에서 조용하고 평온한 가운데 편안한 삶을 살기 보다는 나이가 들 때까지 공적인 삶의 폭풍우에 휘말리는 것을 선택했기 때문이다.[15]

키케로는 그의 저작에서 자연은 남성에게 고귀한 행동을 추구하는 필요성을 주었고 이러한 요구는 너무나 강력해서 "그들이 즐겁고 편안한 것에 대한 모든 유혹을 극복해낼 수 있었다"고 말하면서 서론을 계속해 나간다. 키케로가 남성들에게 추구하도록 권장했던 덕목(virtue)은 행위에 기반을 둔 것이고, 그가 이해한 바에 따르면 그 행위는 국가에 대한 봉사를 통해 수행되어야 하는 것이었다. 이것이 우리가 태어난 이유이고, 이것이 우리가 국가에 진 의무인 것이다.

그러나 우리는 국가가 위험에 처했을 때, 이를 알아차리자마자 이러한 기능을 수행할 수는 없다. 우리는 국가에 대해 봉사하고, 국가를 보호하도록 우리 자신을 훈련해야 한다; 이는 진정한 남성의 평생 직업인 것이다. 이는 아마도 세기 초 영웅들 사이에 이루어졌던 토론을 키케로가 정리 발표하면서 시작된 내용이라고 생각된다.

처음 그들의 대화는 정치보다는 과학적 분석의 가치에 대한 것이었다. 이는 최근 하늘에 두 개의 태양이 출현했고, 어떤 환경에서 이러한 이상한 현상이 발생하는지에 대해 사람들이 의문을 품고 있다는 기록이 있다. 그러나 또 다른 사람들은 국가에 두 개의 원로원이 존재해야 하는 것인지에 대한 이슈가 해결되기 전까지는 이러한 질문들이 무의미하다고 주장했다. 이러한 논쟁은 당시의 정치적 사건과 직접적 관계가 없는 과학적 질문을 의미 없게 만들었다. 키케로의 주요한 대화상대자가 그러한 질문을 폄하했다는 것은 아니다; 오히려 그들은 그들과 같은 사람들이 국가에 지는 공적 의무로서 필요한 "군사적 지휘권과 시민 행정관직"의 추구를 권장했다.[16] 키케로에게 두 개의 태양이 있거나 혹은 있을 수 있는지에 대한 질문은 인민과 원로원 계급 간의 적대감으로 분열된 국가를 어떻게 통합할 것인지에 대한 질문 앞에서는 중요성이 퇴색된다. 달리 말하자면, 공적 의무의 정치적 영역에 대한 관심은 여가와 칩거가 필요한 철학적 시각을 배제하게 되는 것이다. 이러한 철학적 사색의 장소를 빼앗아버린 정치세계는 사적인 영역이 아닌 레스 푸블리카에 대한 주의를 수반한다. 그것이 카토, 퀸투스 막시무스 그리고 다른 로마의 영웅들이 그들의 공적 의무를 위해 스스로 헌신할 때, 포기해야만 했던 세계였다.

일단 이러한 경계선이 설정되자, 최선의 정부형태에 대한 논의에 논쟁의 초점이 맞추어지게 된다. 아리스토텔레스 이래 형성된 정치체제의 전통적 형식 —군주정, 귀족정, 민주정— 이 제시되지만, 대화 참여자들이 로마라는 이 세 가지 형태를 모두 통합하는 국가에 관심을 가지면서 또한 거부되기도 한다. 플라톤의 작품에서 철학자는 아마도 그의 희생으로 정치세계에 몰입되어 있는 반면에, 여기서 철학자는 뒤에 앉아서 태양이 한 개인지 두 개인지를 명상하고, 인류에게 봉사하라는 자연의 요구에 대답도 하지 않아 아무에게도 도움이 되지 않은 채 멀찌감치 떨어져 있는 것이다.

키케로의 사상에서, 철학적 사색과 정치 사이의 통합은 존재하지 않는다. 그가 플라톤의『국가/정체』를 신뢰했음에도 불구하고, 그는 그의 저작에서 최선의 체제를 설정하면서, 이러한 통합을 배제했다. 그리고 그러한 배제와 함께 그는 소크라테스의 도시에서 (비록 상대적이긴 하지만) 중요한 역할을 담당했던 여성을 또한 배제한다. 소크라테스가 그의 도시에서 여성을 철학자와 함께 그려냈다면, 키케로는 둘 다 추방한다. 거대한 크기의 제국을 아우르는 정치를 생각하면서, 그는 사적인 것과의 분리, 나아가서는 사적인 것의 포기를 요구함으로써 공적인 것을 구상한다. 키케로가 자유주의적 정치사상의 발전 과정에서 후일 다시 채택될 유산으로서 남겨놓은 것은 바로 이러한 분리였다.[17]

금욕주의(Stoicism)와 세네카의 여성에 대한 위로

도덕적이고 좋은 삶의 기준으로서 공적 서비스의 중요성을 키케로가 강조한 것은 로마 사상에서 지속되어온 쾌락주의와 금욕주의 사이의 갈등에 대한 반작용의 일부로 이해할 수 있다. 많은 종류의 고통으로 가득 찬 세상의 고통을 피하는 것에 관심을 가졌던 쾌락주의자들은 고립된 고요를 지키기 위해 정치 참여를 거부했다. 키케로와 동시대 즈음인 B.C. 1세기에 활동한, 시인 루크레티우스(Lucretius)는 소란스러운 시민의 삶으로부터 떨어져 있는 기쁨을 지적하면서 쾌락주의자의 관점으로 표현한다. 그는 해안가에서 누군가 난파하고 있는 배를 관망하고 있다는 상상적 표현을 한다.

광활한 바다에 바람이 거칠게 일 때,
육지에서 네 이웃의 엄청난 고생을 바라보는 것은 달콤하다.
인간의 불행이 우리에게 달콤한 기쁨을 주는 것이 아니라,
우리가 겪어왔던 재난을 보는 것이 달콤하다;
더 이상 네가 위험을 공유할 필요가 없을 때 그 전장을 다니면서,
전쟁의 잔인한 경쟁을 보는 것도 또한 달콤하다.
잘 지어진 지혜의 사원에서 높이 살면서,
그러나 평화 속에 사는 것보다 더 달콤한 것은 없다.
그 더미의 꼭대기에 오르기 위해
밤낮으로 경쟁하고, 투쟁하고, 긴장하는 것을
우리가 다른 사람들을 내려다 볼 수 있을 때.[18]

고통의 회피는 정치적 야심의 회피와 함께 간다. 키케로는 정치권력의 추구에 따르는 고통의 인내를 권장했다.

금욕주의는 신성한 속성을 가진 자연이 요구하는 것으로서의 정치적 삶을 권장하면서, 쾌락주의의 도전에 답변했다. 금욕주의 사상가에 의하면, 자연은 세계를 지배하는 신성한 로고스(logos) 또는 이성을 수반한다. 우리는 각기 이 로고스를 가지고 있으며, 이는 또한 우리에게 신성의 불꽃을 부여한다. 우리는 보편적 로고스 또는 정신과 연결시켜주는 이러한 신성이 바로 우리의 이성이다; 그리고 우리의 이성은 우리의 이익과 공포를 향한 이기적 경향보다 오히려 우리 모두 인간의 공동체를 위해 헌신해야 하는 의무를 인지한다. 모든 일은 신성한 이성에 따라 발생하고, 따라서 최선의 것을 향한다. 비록 그것이 개인적인 고통과 슬픔을 유발하게 될지라도, 이러한 신성한 계획을 수용하는 것을 배워야 한다.

금욕주의는 그것이 키케로의 사상이나 다른 로마인들의 생각의 일부가 되기 이전에 많은 변화를 겪었다.[19] 우리의 목적에 있어 가장 중요한 변화는 이성의 불꽃을 가진 사람들이 인류의 대다수에서 로마의 몇몇 리더들에게 제한되어 그 범위가 좁아졌다는 점이다. 초기에 금욕주의는 보편 철학이었다. 여성을 포함하여, 모두가 신성한 이성을 가지고 있었다. 이는 인간의 평등과 자연의 단일성을 시사한다. 세계는 정치적 경계로 인해 분열되었지만, 인류 종족의 단일성은 이러한 경계를 초월했다.

알렉산더대왕의 정복 이후 도시국가의 쇠퇴와 함께, 정치 세계에서 개인의 중요성도 쇠퇴하게 되었다. 정부는 일종의 관료제와 같았다. 따라서 그곳은 초정치적(suprapolitical) 힘으로 결합되어 있었던 인민의 통합을 위한 여지가 있었다.[20] 스토아학파(Stoics)에 따르면, 이러한 신성한 이성이 부여된 인간 가운데에는 다른 사람들보다 그것의 영향에 좀 더 적절히 대응하는 사람들도 있었다. 이들이 바로 스토아학파의 현자들로서, 남자건 여자건 바로 이들이 자연(Nature)이 맡긴 모든 것을 인내하고, 모든 경험의 단일성을 이해하며, 그들의 수용과 지혜에 있어 인류의 최고임을 대표하는 사람들인 것이다.

초기 스토아적 평등과 단일성은 B.C. 2세기부터 스토아 사상을 받아들이면서 신성한 이성을 따르는 것은 공적 헌신을 통해 로마를 도와주는 것이라고 생각한 로마의 스토아 사상으로 변화되었다. 신성함에 의해 요구된 도덕적인 덕은 도시의 일에 있어서의 적극적 참여를 요구했다. 이것은 동료 인간들을 돕는 방법이었다. 로마의 광장은 최소한 공적 수준에서 여성에게 개방되어 있지 않았기 때문에, 여성은 스토아적 덕의 영역에서 배제되었다. 덕이 정치적 행동과 함께 엮이게 되면서, 키케로와 같은 사람들은 여성에게서 덕을 빼앗아 갔다.

그러나 이것이 로마 시대 모든 스토아 사상에 들어맞는 것은 아니었다. 후기 공화정 시대 스토아 사상가들은 우리로 하여금 스토아 사상의 기본으로서 본래의 평등 개념으로 돌아가게 한다. 칼리굴라(Caligula)와 네로(Nero)가 로마의 권력을 잡고 있었던 A.D. 1세기 중반의 퇴폐적인 시기를 살아가는 동안, 루키우스 안나이우스 세네카(Lucius Annaeus Seneca)가 항상 도덕적으로 청렴하고 금욕적인 삶을 산 것은 아니었지만, 그의 저작은 원수정 하에서 발전해 온 본질적인 스토아 주제들을 잘 표현하고 있다. 여성에게 쓴 위로의 편지에서 그는 그들(여성)에게 남성의 스토아적 인내를 가지라고 촉구하고, 고통스런 처지에 그들이 대응하는데 있어 더 약한 성(sex)이라는 것이 여성에게 변명이 될 수는 없다고 역설한다.

칼리굴라의 여동생과 관계를 가졌다는 이유로 로마에서 추방된 이후에, 세네카는 그의 추방으로 인한 어머니의 비통함을 줄여주기 위해 그녀에게 편지를 썼다. 그는 자신의 어머니를 여성이라는 성이 무절제한(immoderate) 눈물을 위한 이유로 사용되기도 하는 당시의 다른 여성들과 대비한다. 그리고 그는 여성들에게 "수박 겉핥기에서 그치지 않고 철학적 원칙으로 철저한 기초지식을 습득하도록 하지 않고" 그저 "당시 어른들의 관행만 따르도록 하게 한" 데 대해서 그녀의 남편이자 자신의 아버지를 질책한다. 만약 그녀가 이러한 가르침을 받을 수 있게 된다면, 그때 "당신은 운명의 여신에 대항하여 싸우려고 할 것이 아니라, 그저 그렇게 하도록 내버려 두어야 할 것이다."[21] 그는 스토아적 불굴의 용기를 보여준 여성의 한 사례로서 고통스런 순간에 직면한 그의 이모의 용감한 행위를 회상하면서 이 편지의 끝을 맺는다.

세네카는 그녀의 아들을 잃은 마르시아(Marcia)에게 쓴 또 다른 편지에서, 그녀가 여성의 정신(sprit) 혹은 영혼(soul, anima)의 유약함과 동떨어져 있었다는 것을 알지 못했다면, 그는 결코 그녀에게 편지를 쓰지 않았을 것임을 역설하면서 시작한다.[22] 사실, 그녀가 갖고 있는『아니마』(anima)의 위대함은 "나로 하여금 당신의 성(Sex)을 알 수 없게 한다."[23] 그 편지의 한 부분에서, 그는 "당신이 여성에 대해 위로하고 있다는 것을 잊고서, 남성의 모델을 만든다"는 마르시아의 발언을 책망한다. 거기에 세네카는 다음과 같이 답변한다: "그러나 자연이 여성의 기질에 마지못해 행동을 취한 것이라고 말했는가? … 날 믿으시오. 그들에게도 당신이 말하는 위대한 행위를 위한 동등한 힘과 능력이 있다."[24] 그리고 그가 인용한 행위는 루크레티아의 자살 ―"우리의 자유는 브루투스(Brutus) 덕분이고, 브루투스는 루크레티아 덕분이다"― 그리고 로마 소녀들을 이끌고 분노의 강을 가로질러 과감한 탈출을 감행한 소녀 클로일리아(Cloelia)의 그것이었다.

여성의 불굴의 용기에 대한 세네카의 사례는 일련의 행동, 특히, 정치 공동체의 이익에 봉사하는 행동이다. 그러나 그의 위로 편지에서, 그는 키케로가 한 것처럼 그 행동을 고무하지는 않는다; 그는 인내를 격려한다. 몇몇의 개별 여성이 로마 영웅의 역사에서 우뚝 서게 될 수도 있지만, 그 시기의 여성은 자연(Nature)이 그들에게 안겨준 시련을 감내해야만 했다.

행위를 강조하는 키케로식 금욕주의와 달리, 인내를 강조하는 세네카식 금욕주의는 정치참여가 특권계급의 행위라고 생각되었던 공화주의 시대부터 나이든 원로원 계층의 임무가 생존과 인내가 되었던 원수정으로 움직인 로마의 정치상황의 변화에 주목한다. 여성이 공화국의 정치에 참여하지 않았고, 결과적으로 공적 헌신에 대한 키케로의 금욕주의에서 사라지게 되면서, 참여가 아니라 인내가 정치적 덕목이 되었던 시기에 여성은 남성을 따라 그들의 고통을 인내하는 방법을 배울 수 있었다. 고귀한(virtuous) 삶을 위한 투쟁은 공적 영역의 외부적인 행동에서 오는 것이 아니라 영혼의 내적질서에서 오는 것이기 때문에, 세네카는 여성을 남성과 동등한 덕을 가질 수 있는 존재로 보았다. 정치참여의 쇠퇴와 함께 덕은 내면화되었고, 정치 체제는 이익의 영역으로 후퇴하게 된다. 초기 스토아 사상에서처럼 여성은 잠재적으로 남성과 동등하게 되었다.

역사가들이 본 여성: 로마의 흥망 속에서 본 도덕적이고 비도덕인 참여자들

이 책의 두 번째 장에서 그리스 극작가들의 희극과 비극을 살펴보면서, 정치사상이란 전통적으로 "철학자"로 분류되는 사람들의 저작에 제한되지 않을 필요가 있음을 우리는 알게 되었다. 고대 아테네의 연극들은 인간의 존재에 있어서의 정치의 역할과 거기에서의 여성의 역할에 대한 중요한 생각을 드러낸다. 이것은 그리스와 로마 역사가들의 저서에서도 마찬가지이다. 사태가 어떻게 되었고, 어떻게 변화하는지에 대한 기록은 관련된 역사적 사료에 대한 단순한 회상만은 아니다. 어떤 "사실(facts)"이 기술할 가치가 있는지에 대한 판단이 필요하다; 세부적 내용을 정리하는데, 그러한 세부 내용을 묘사하는 문제에서, 그 세부내용 중에서 어떤 것을 강조해야 하는지 등도 판단해야 하는 것이다. 이러한 모든 판단은 역사가들이 그의 독자들에게 제공하길 바라는 선과 악에 대한 시각뿐만 아니라 무엇이 중요한 것인가에 대한 생각도 반영한다. 고대 극작가들이 그들의 비극에서 다루었던 신화와 마찬가지로 고대 역사가들이 다루었던 역사적 "사실"도 제한적이지 않았다.

역사는 B.C. 5세기 “탐구(investigation)”로 시작된 역사는 헤로도투스(Herodotus)의 작품이었지만, 정치발전에 보다 직접적으로 초점이 맞추어진 것은 헤로도투스의 한 세대 후예인 투키디데스(Thucydides)의 작품에서였다. 투키디데스의 역사는 아테네와 스파르타의 갈등과 그리스와 시칠리아 도시국가 내에서의 이러한 갈등에 대한 영향을 추적하고 있다. 투키디데스의 역사에서 여성은 유일하게 장례식 추도연설에서 나타나는데, 여기서 여성은 그들의 남편과 자녀의 죽음을 참아내고, 도시를 위해 보다 많은 아이를 낳고, 그리고 결코 좋은 일에서나 나쁜 일에서나 남들이 말하는 대상이 되어서는 안된다고 언급되고 있다.

비록 로마 역사가들이 투키디데스의 덕을 많이 보고는 있지만, 그들은 자신들의 역사 저술에서 여성을 제외하지 않았다는 점에서 그와는 완전히 달랐다. 키케로가 설명한 것과 달리, 로마 역사가들에게 있어 여성은 공적 삶의 일부였고, 로마인들이 공적 도덕성과 사적 도덕성을 분리하지 않았기 때문에 여성이 정확하게 드러나게 되었다. 가족의 구조와는 달리, 가족 내에서 도덕성은 국가의 도덕적 삶에 결정적인 것으로 인식되었다. 키케로와 그 당시 스토아학파들이 공적인 일들이 사적인 일들을 지배하고 공적영역에 대한 헌신이 특유의 도덕적 태도가 되는 세계를 구상했던 반면에, 올바른 태도는 이 두 영역 모두에게 필요한 것이었다.

만약 우리가 장례식 추도연설과 아테네 시민에 대한 페리클레스의 간곡한 권고를 다시 보게 된다면, 우리는 그곳에서 공적 도덕성과 사적 도덕성 사이의 분명한 구분을 볼 수 있을 것이다: “조국을 위한 전쟁에서 남성다움이 다른 약함보다 더 중요하다는 것은 옳다. 올바른 행동은 나쁜 행위를 사라지게 만들고, 그는 그러한 행동을 통해, 사적인 개인으로서 끼치는 해보다 더 많은 이익을 공동체에 준다."[25] 만약 남자가 자신의 아내를 구타하고, 물건을 훔치고, 아버지에게 무례하게 군다 할지라도, 페리클레스 구조에서 만약 그가 도시를 방어하는 용감한 전사일 경우에 이러한 것들은 아무런 의미가 없는 것이다. 이러한 개인적 결점은 단 한 가지 중요한 덕목 앞에 모두 무시되고 만다. 페리클레스의 추도연설의 한 구절에서 너무나 확연히 드러나는 이러한 명확한 구분은 공적 헌신과 사적영역에 대한 구별에도 불구하고 로마 정치 개념의 일부가 아니다. 로마 사상가들에게 남성의 도덕적 덕목(virtue)은 그의 공적 행위를 보아서 무시될 수 있는 것이 아니었다.

그 사적 삶의 도덕적 위상은 종종 그 자체로 남성과 함께 살고 있는 여성에게 반영되어 있음이 드러난다. 때때로 여성은 그들이 연관되어 있는 남성을 잘 반영하고 있고, 그들은 모두가 따라할 수 있는 덕의 모델로서 나타났다; 다른 경우에 그들(여성)의 화려한 야심은 남성들이 그들의 삶에서 혼자서는 결코 하지 않았을 일을 저지르게도 한다. 로마의 역사에는 선한 남성도 있고, 악한 남성도 있다; 마찬가지로 선한 여성도 있고, 악한 여성도 있다. 로마의 정치 기록에 있어, 이들 여성은, 선하거나 악하거나, 무시될 수 없었고, 따라서 그들은 로마 역사가들의 정치사상 속으로 들어가게 되었다.

한편으로, 로마 역사가들은 정치적, 사회적 도덕성을 강화시키는데 관심을 갖는다. 그들은 국가에 거주하는 사람들의 개인적인 덕에서 안정적인 정치적 삶의 토대를 보았다. 여기서 여성은 종종 이러한 안정성을 위해 필요한 덕의 본보기로 표현되고 제시되었다. 여성의 덕이 흔들렸을 때 국가도 흔들렸고, 여성이 강해졌을 때 국가는 번영했다. 다른 한편으로는 그리스에서와 마찬가지로 누가 권력을 행사할 수 있는 능력(capax imperii)을 가지고 있는지에 대한 질문이 있었다. 여성이 종종 정치체제가 생존하는데 필요한 도덕성을 보여주면서, 지도자의 위치를 침탈하거나 배후에서 권력에 간섭하게 되면 대체로 비극적인 결말을 맺는다는 것을 우리는 역사가들에게서 찾아 볼 수 있다. 국가가 아무리 그들의 사적 덕에 의존한다 할지라도, 그들은 권력을 행사할 수 있는 능력이 없다. 그럼에도 불구하고 이 두 경우에 있어 로마 역사가들의 생각은 정치적이고 개인적인 도덕성에 기초하고 있다. 그들이 이해했던 바와 같이, 도덕적 기준의 쇠퇴가 정치적 쇠퇴의 특징이었고, 시민의 타락은 제국의 위엄마저 위협하게 되었던 것이다.[26]

리비우스(Livy): 사적 도덕성(morality)과 공적 덕(virtue)

티투스 리비우스(Titus Livy) 저작의 방대한 분량, 전제 142권(모두 전해지고 있지는 않지만)은 건국초기부터 아우구스투스의 원수정 초기까지 총 744년 동안의 로마 역사를 전해준다. 리비우스는 역사에 대한 서문에서 그가 이러한 작업에 착수하게 된 동기를 설명한다.

여기에 모든 독자가 세심한 주의를 기울여주기를 바라는 질문들이

> 있다. ―삶과 도덕은 어떤 것인가; 평화와 전쟁에서 어떤 남성을 통해서, 어떤 정책에 의해서, 제국이 설립되고 확장되는 것인가; 그 다음 기강의 점진적인 해이와 함께 어떻게 도덕이 먼저 무너져 내리고, 점점 더 아래로 가라앉게 되었는지; 그래서 우리가 우리의 악덕이나 그 치료도 견딜 수 없을 때 결과적으로 어떻게 현재에 이르게 되었는지를 그에게 알려주고 싶다. 주로 역사 연구를 유익하고 유리하게 만드는 것은 바로 이런 것이다. 당신이 당신 스스로나 당신의 국가에서 무엇을 모방해야할지를 선택하는 것에서, 그리고 신념에 있어 수치스러운 것과 결과적으로 수치스러운 것을 피하기 위한 징표로부터 오는 각종 경험의 교훈을 찾아보는 것이다.[27]

그가 살았던 시기의 로마에서 공적인 것과 사적인 것 모두에서 발생한 부패가 그의 마음을 흔들었다. 이러한 부패에 대응하여, 역사가들의 임무는 찾아볼 가치가 있는 행위의 모델인 모범사례(exempla)를 제공하는 것이었다. 그는 세계 권력으로 부상하는 로마 역사에서 이러한 모범사례를 찾았고, 이러한 행위를 상세히 설명하면서 그는 그의 독자들과 동료 시민의 도덕성을 증진시킬 수 있다고 기대한다.

리비우스의 역사가 700여년 이상을 다루고, 작은 촌락 공동체에서 알려져 있는 거의 모든 세계를 지배한 제국적 권력으로의 로마의 성장을 추적하고 있지만, 그것은 도덕적 정직함과 그것의 타락에 관련된 중심 주제를 드러내는 구체적 사례로 가득차 있다. 대다수는 로마 전설에 기원을 둔 유명한 이야기이고, 일부는 로마에서의 여성의 역할을 중심으로 하고 있다.

이들 중 가장 유명한 것은 루크레티아(Lucretia)의 이야기일 것이다. 이 이야기는 전통적 전설이 가지는 모든 매력과 힘을 가지고 있다. 로마 외곽 지역에서 자리 잡고 앉아 로마 지도층 가족의 젊은 남성들이 자신의 아내의 덕에 대해 논쟁하면서 이 이야기는 시작된다. 로마에서 멀리 떨어진 곳에 있지 않았기 때문에, 그들은 아내들의 행동을 감시하기 위해 예고 없이 도시로 되돌아가기로 한다. 저녁 만찬에서 루크레티아를 제외한 모두는 화려한 만찬을 즐기고 있었다. 반면, 루크레티아는 진정 고결한 아내였다: "늦은 밤이었지만, 등불 아래 하녀들이 그녀 곁에서 일을 하고 있는 동안, 그녀는 바쁘게 양털을 손질하고 있었다."[28] 그러나 이것은 이야기의 시작일 뿐이다. 그녀의 아름다움은 한 젊은 왕자의 욕정에 불을 질렀다. 그는 군주이기보다는 참주였던 자의 아들이었다. 그 젊은 왕자는 다음날 저녁 되돌아왔고, 그는 그녀가 저항한다면 그녀를 죽이고 그녀의 벌거벗은 몸을 노예 옆에 놓아두겠다고 위협하면서 그녀를 강간했다. 그녀의 순결은 더렵혀졌다. 그녀는 남편을 불렀고, 그의 믿을만한 친구 몇몇이 그들의 숙소에서 돌아오자, 그녀는 그들에게 자신의 복수를 부탁하고는 자살했다. 그것은 그녀의 잘못이 아니며, 육체가 정복당한 것이지 정신은 정복당한 것이 아니라는 남편과 친구들의 호소에 루크레티아는 다음과 같은 유명한 답변으로 화답한다: "루크레티아의 사례를 통해, 순결을 잃은 여성은 결코 살 수 없을 것이다."[29] 그녀의 죽음은 폭압적인 통치자에 대한 반란의 자극제가 되었고, 이렇게 하여 로마 공화정이 건설되었다고 리비우스는 말한다; 한 여성의 순결한 덕으로 인해 두 번 다시 군주가 로마 인민을 지배하지 못하게 된 것이다.

우리는 이 이야기에서 사적, 공적 영역의 혼재를 찾아볼 수 있다. 루크레티아의 순결과 아내로서의 덕, 그리고 "여성적 덕목"에 대한 그녀의 헌신이 정치적 행위의 원천으로 드러날 뿐만 아니라 로마 정치를 획기적으로 개선하는 방향으로 움직이게 하는데서 그것을 알 수 있게 된다. 여성의 사적 덕목은 남성의 공적 덕목의 근거였던 것이다. 그들은 스스로 로마에서 참주를 제거할 수 있는 준비가 되어있지 않았다; 그들은 루크레티아의 고결한 행동과 같은 자극제를 필요로 했다. 여기에서 여성은 독자적인 공적 행위자가 아닌, 사적 도덕성의 수준에 있는 여성이 가져야 하는 덕에 걸맞은 고결한 정치적 행위에 고무된 행동으로 정치적 삶에 진입하게 된다.

리비우스의 이야기에서 수년 후에, 순결은 다시 한 번 전제적 통치에 대항하는 반란의 추진력을 제공한다. 이번에는 잠시 동안의 혼란을 처리하기 위해 임용된 임시 참주였던 10인 위원회(decemvirs) 중 한 명의 탐욕스러운 계획의 대상이 된 버지니아(Verginia)라고 불리우는 한 아름다운 어린 소녀의 이야기이다. 다시 한 번 그 소녀는 모든 요구와 간청, 그리고 선물들에 저항하면서 그녀의 순결함을 드러낸다. 그 10인회 위원은 그의 권위 아래 그 소녀를 가정의 노예로 만들기 위해 합법적인 계략을 꾸민다. 이번에 그녀를 유혹으로부터 보호하기 위해 칼로 자신의 딸의 가슴을 찌른 이는 바로 그 소녀의 아버지다. 그러한 행동은 현존하는 비상사태의 필요성을 뛰어넘는 그 10인회의 전제적 통치권의 확대에 항의하여 들고 일어나도록 로마 인민들을 불러내는 나팔소리가 되었다. 왕정이 여성의 순결을 침해

함으로 인해 맞닥뜨렸던 상황과 같이, 그와 그의 동료 10인회 위원들은 타도되었다. 리비우스는 일반 시민에 대해 말한다. 그가 버지니아의 이야기를 소개했을 때, 그는 다음과 같이 언급한다: "그것의 기원은 탐욕이었다. 그리고 그것의 결과는 타르퀴니우스(Tarquinius)의 축출을 야기한 루크레티아에 대한 강간과 살인 못지않게 두려운 것이었다."[30]

역사적 원인과 정치적 변화는 사적 덕 혹은 악덕의 결과로 이해된다. 지배자의 삶은 그의 사적 열정으로부터 벗어나 있지 않고, 종종 이러한 열정은 여성들의 순결에 반하여 움직인다. 리비우스가 B.C. 1세기 말에 로마에서 보았던 여성들과는 달리 옛날의 정숙한 여성들은 그들의 사적 도덕성을 유념하면서 공적 도덕성을 지켰다. 버지니아가 그녀의 순결한 본성을 지킨 것은 로마 정치사에 영향을 미쳤는데, 이는 그녀가 욕정에 가득 찬 그 10인회 위원에 굴복했다면 불가능했을 것이다. 리비우스가 제시한 바와 같이, 로마 여성들의 도덕적인 삶의 타락은 국가를 통치하는 남성들의 도덕적 삶의 타락을 두드러지게 하는 효과를 보인다. 루크레티아와 버지니아는 모범 사례로서, 남성이든 여성이든, 정치적 단위(unit)의 복지에 관해 관심을 갖는 그러한 사람들이 "모델로서 본받아야 할 좋은 사례"인 것이다.

여자다운 덕의 이러한 전형과는 대조적으로, 리비우스는 남편의 낮은 지위에 불만을 가지고 있었던 진취적인 여성들을 소개한다. 타나퀼(Tananquil)은 이러한 여성의 유형의 첫 번째 사례이다; 그녀는 남편으로 하여금 그가 태어난 에트루리아를 떠나, 규모는 작았지만 성장하고 있는 로마의 공동체에서 위대함을 추구할 것을 권고한다. 그녀의 바람은 이루어졌고, 그녀의 남편은 로마의 왕 타르퀴니우스가 되었다. 그의 등극은 로마의 왕권이 쇠퇴한다는 전조였다. 그가 죽임을 당한 이후, 타나퀼은 궁전의 높은 곳으로 서둘러 올라가, 그녀의 남편이 가벼운 부상을 입었을 뿐이라고 주장하며 사람들로 하여금 평정을 유지할 것을 요구한다. 그녀는 시간을 벌었고, 이렇게 하여 그녀의 후계자(protege)가 왕위를 인계받을 수 있는 준비를 갖추게 된다. 정치 행위자의 역할에 대한 그녀의 자신감, 즉 야망을 통한 그녀의 공적 삶으로의 침투로 인해 그녀는 사적 도덕성을 통해 공적 일에 영향을 미쳤던 그러한 여성들과는 다르게 된다. 정치적 삶에 대한 그녀의 영향은 부정적인 것이다. 그녀가 훌륭한 왕들 중의 한명인 세르비우스 툴리우스(Servius Tullius)의 통치로 인도한 것은 사실이지만, 그녀는 왕정의 정통성을 약화시키고 궁극적으로 체제의 몰락으로 이어지는 그 이상의 음모와 살인의 화근을 남기게 된다.

타나퀼도 공격적이고 책략가 이기는 했으나, 그녀의 며느리인 튤리아(Tullia)와는 대적이 안되었다. 튤리아는 유약한 타르퀴니우스의 아들과 결혼하게 되면서 그가 야심이 없다는 사실에 분노하면서, 자신의 아버지이기도 한 자신의 남편과 왕을 죽이기 위해 타르퀴니우스의 다른 아들과 음모를 꾀한다. 튤리아와 역시 타르퀴니우스라는 이름을 가진 그녀의 새로운 남편은 왕위에 올랐다; 그가 바로 루크레티아의 겁탈과 죽음에 한을 품은 사람들에 의해 물러난 사람이자, 로마의 마지막 왕이 되는 타르퀴니우스이다.

우리는 리비우스가 말하듯이 타나퀼과 튤리아가 단독으로 행동하지 않았고, 또 할 수도 없었음을 주목해야 한다; 각각의 사례에서 여성의 야망은 남성의 야망과 결합될 필요가 있다. 여성은 그들 스스로 자신들이 계획한 악행을 실행할 수 없었지만, 권력의 추구에 대한 책임을 지는 것도 그들만이 아니었다. 각각의 경우에 자발적인 남성 공범자가 있었다. 우리는 리비우스에서 사적 덕에 대한 사적 헌신이 공적 권력을 향한 욕망에 대항하여 작동하던 로마 초기 여성의 역할에 대해 두 가지 매우 다른 사례를 발견하는데, 하나는 긍정적인 것이고, 하나는 부정적인 것이다.

다른 차원에서, 로마가 위기에 처한 시기에 용기라는 공적 덕을 보여주는 여성의 역사에 대한 이야기도 리비우스의 역사에는 존재한다. 그리스 표현에 의하면, 여성이 용감하다는 것은 언어학적으로 불가능했다; 용기라는 용어는 "남성임"을 의미하는 말에서 파생되었다. 라틴 세계에는, 아테네의 역사 속에서 여성들이 하지 못했던, 공적 영역에서 용기를 보여주는 여성상이 있다.[31] 리비우스의 이야기 중 하나에서, 클로일리아(Cloelia)라는 젊은 여성은 다른 소녀들과 함께 에트루리아인(Etruscans)들에게 사로잡혔다. 그녀는 무키우스 스카이볼라(Mucius Scaevola)의 영웅적 행동에 감명 받았는데, 포로로서 그 로마인은 "그들이 자신들의 눈이 높은 곳을 지향하면서 육체를 얼마나 값싸게 여기는지"[32] 적들에게 보여주기 위해 그의 손을 불속으로 넣었다. 그의 용기에 감명 받은 클로일리아는 포로로 잡힌 소녀들을 이끌고 에트루리아인들의 빗발치는 화살을 피하면서 티베르 강을 건너 탈출을 감행한다. 에트루리아인들은 그녀의 용기에 깊은 인상을 받았고, 그들은 로마에 대한 적대행위를 중단했다. 여성의 용기도 더

하지는 못해도 남성의 용기만큼이나 가치가 있는 것이고, 이러한 사례에서 보듯이 도시에 도움이 될 수도 있는 것이다.

용기의 다소 다른 유형은 사비니 여성들에게서 발견된다. 최근에 건설된 도시로서 여성이 부족했던 로마의 청년들이 축제기간 동안에 그들[사비니 여성들]을 사로잡았다. 일단 붙잡히게 되자, 사비니의 여성들은 로마의 아내, 그리고 이후에는 로마의 어머니가 되었다. 얼마 후 그들의 딸이 겁탈당한데 화가 나 있었던 아버지들이 그들을 데리고 돌아가려고 오게 되었다. 남편과 아버지 사이의 싸움이 발생하게 되었다; "자신들의 잘못으로 전쟁이 발생하게 되자 사비니 여성들은 자신들의 불행함 속에서 여성의 수줍음을 상실하고 머리를 풀어헤치고 옷을 찢은 채, 적대성을 중지키시고 그들의 분노를 제어하기 위해 날아오는 포탄 사이를 지나 이리저리로 돌진한다."[33] 리비우스가 말한 바에 따르면, 그들의 용기는 클로일리아의 용기가 에트루리아와의 분쟁을 끝낸 것과 같이 로마와 사비니 사이의 평화를 가져왔다. 인과관계를 다른 의미로 보는 입장에서 우리가 그러한 여성의 용기를 평화의 원인으로 보는 리비우스의 설명에 전적으로 동의하지는 못할지라도, 리비우스에게 있어 도덕적 모범사례의 제시와 관련하여, 가장 중심이 되는 것은 역사적 인과관계에 대한 이러한 이해인 것이다.

리비우스가 그의 독자들에게 제공한 정치적 삶에 대한 묘사는 제도나 통치 조직에 관련된 것이 아니다. 정치 체제의 좋음(goodness)과 나쁨(badness)은 남성이든 여성이든 지도자와 인민의 도덕적 자질에 의해 좌우된다. 아리스토텔레스의 시각에서, 정치적 삶은 생각이 비슷한 남성들 간의 이성적 담론의 영역이었다. 여성이 이성적 담론의 능력을 결여하고 있다는 가정과 함께, 그들은 대부분 정치적 삶의 모델(model)에서 배제되었고, 도시의 기초가 되는 사적 영역 속에 갇혔다. 이와는 반대로 위에서 언급한 것처럼, 로마인에 있어 시민됨(citizenship)은 참여를 필요로 하지 않았다; 시민(citizen)은 단지 의회에서 토론했던 사람들만 의미하는 것은 아니었다. 좋은 시민은 개인적 덕과 사적 도덕성과의 조화를 통해 표출될 수 있는 공공 영역에 대한 헌신으로 좋은 시민의 자질(citizenship)을 증명할 수 있는 사람이 될 수 있었다. 여성들이 남성이 참여하는 군사적 의무에 참여하지 않고 의회에 참여하지 않았음에도 불구하고, 그들은 사적 도덕성의 보존과 위기에 직면했을 때 특별한 용기를 통해 로마에 대한 헌신을 보일 수 있었다. 사적 덕은 남성들의 독점적 특권이 아니었다. 그러한 덕이 로마의 남성과 여성 모두에게서 사라지게 되자, 전체 국가가 위태로워졌던 것이다.

본받아야 할 행위와 피해야할 행위를 구분하면서 리비우스가 자신의 역사를 기술한 것은 로마의 생존에 대한 그러한 위협에 대처하기 위해서였다. 그의 글이 가진 매력은 건국시기로부터 고대 로마의 상세한 이야기는 공적, 사적 삶에서 남성과 여성의 행위에 영향을 미칠 것이라는 기대에 있다. 우리가 다음으로 검토해 볼 타키투스(Tacitus)는 이러한 변화를 야기할 수 있는 역사의 효과 또는 최소한 로마 여성들의 잠재적인 적극적 역할에 대해 그리 낙관적이 아니었다.

타키투스: 여성과 참주정체

타키투스는 아우구스투스가 로마의 국가권력을 장악한 이후의 약 100년을 기술했다. 아우구스투스는 내전을 종결시켰지만, 원수정의 수립은 로마가 약 500년 동안 누려왔던 공화제의 종식을 의미했다. 타키투스의 주장에 따르면, 처음에 인민들은 내전으로부터 해방된 것을 환영했지만, 군주 지배체제의 구축은 법을 통해 도덕성을 강제시행하려는 아우구스투스의 시도에도 불구하고, 도덕과 정치적 수준 모두에서 사회의 퇴보를 야기했다. 타키투스는 그의 『연대기』(Annals)의 도입부에서 재위 13년 이후 아우구스투스의 죽음에 대해 다음과 같이 언급한다: "공화정을 경험했던 사람들은 이제 거의 남지 않았다. 국가의 대변혁이 이루어졌고, 오래된 건전한 도덕성의 흔적도 남아있지 않다."[34]

타키투스의 역사들은 이러한 쇠퇴의 기원을 탐색하고, 이들을 쇠퇴로 이끌었던 원수정의 로마에서 발생한 특수한 정치 형태가 무엇인지 이해하기 위한 시도이다. 따라서 그것은 세습적인 독재국가의 정치 체제에 대한 깊이 있는 분석이 되었다. 리비우스의 아우구스투스가 나타날 때까지의 로마 공화정에 대한 역사에서, 여성들이 때로 정의로움과 정직한 행위의 본보기, 즉 남성과 여성 모두의 모범이 되었던 것과 달리, 타키투스의 글에서 여성은 로마 왕정이 몰락하는 시기에 남편을 위해 정치적 권력을 획책하는 그러한 여성에 보다 가깝다. 타키투스의 분석에서 로마의 정치에 대한 여성의 참여는 원수정의 병폐 중 하나이다.

타키투스의 글들은 두 가지 광범위한 역사를 포함하는 데, 하나는 『역사』(Histories)라는 제목으로 A.D. 69년 네 명의 황제의 시기에서 부터 A.D. 96년 도미티아누스의 죽음에 이르기까지를 묘사한 것이고, 다른 하나는 2세기 초반 무렵에 씌여진 것으로 『연대기』라고 불리우는데, B.C. 14년 아우구스투스의 죽음부터 A.D. 69년 네로의 통치기간 전체를 상세하게 다루고 있다. 타키투스는 또한 몇몇 논문을 집필했다; 우리의 목적에 가장 적합한 것은 로마 제국의 국경에 맞닿아있고, 또한 그들이 정복하고자 했던 게르만 종족을 묘사하고 있는 『게르마니아』(Germania)이다. 『게르마니아』는 아마도 그리스 이외의 지역에 사는 사람들의 삶에 대한 구체적인 내용들을 제공하는 비교정부 또는 비교 인류학에 관한 일종의 에세이로, 헤로도투스의 역사들에 대한 정신에 가장 가까울 것이다. 『역사』(Histories)와 『연대기』가 아우구스투스에 의해 건설된 정치 체제의 점진적인 퇴보를 추적하는 데 반해, 『게르마니아』는 공적이거나 사적이거나 그러한 타락이 없는 사회에 대한 (아마도 유토피아적) 비전을 제공한다. 그러나 이러한 두 장르에서 모두, 여성의 지위는 전체로써 사회의 순수성이나 타락에 상응하는 것으로서 드러난다.

『게르마니아』를 처음 보면, 우리는 공동체에서 여성의 적절한 위치를 이해하는 타키투스의 관점을 알 수 있고, 로마에서 그랬던 것처럼, 그들이 공동체를 파괴하는 것보다 어떻게 그것을 보존하는데 도움을 주려고 했었는지에 대해서도 알 수 있다. 그가 그들을 묘사한 것에 따르면, 게르만인들은 다른 민족들과 결혼을 하지 않는, 즉 은과 금이 사랑할 염려가 없는 "순수한 혈통(pure race)"이다. 그들은 용감하게 싸웠고 결코 방패를 버리지 않음으로써, 그들의 덕을 증명한다. 왕은 타고나지만, 장군은 그의 능력에 의해 결정된다. 그들의 왕은 무제한적이거나 자의적 권력을 갖지 않고, 장군들은 권위에 의한 것보다 앞서서 행동한다. 모든 형벌은 왕이나 장군들이 아닌 사제(priest)들에 의해 행사된다. 그러나 "그들의 용기를 가장 고무시킨 것"은 그들의 부대가 우연히 형성되는 것이 아니라, 가족과 씨족으로 이루어지는 것인데, 그래서 "그들이 여성들의 비명소리와 아이의 울음소리를 듣는다는 것이다. 그들은 모든 남성에게 있어 그의 용기에 대한 가장 신성한 증인이 된다. —즉, 그들은 그의 가장 아낌없는 지지자가 되는 것이다. 군인은 자신의 상처를 자신의 어머니와 아내에게 드러내는데, 이들은 그들에 대한 지지나 심지어 부담도 회피하지 않고 전투원에게 필요한 음식과 용기를 공급한다."[35] 따라서 여성들은, 그들이 포로됨의 공포를 생생하게 묘사함으로써 그리고 그 남성에게 탄원하게 되면서, 남성 전사들의 군대를 결집시키는 책임을 가지고 있다.

타키투스에 의하면, 게르만인들은 로마에서 그랬던 것처럼 가정과 전쟁터를 분리하기보다는 그것들을 더 가깝게 만들기 위해서 노력했다. 그것들이 혼합됨으로써 게르만인들에게 전쟁터는 거의 가정처럼 되어갔다. 앞서 설명했던 그리스의 모델에서 전쟁의 원인은 도시의 뒤가 아닌 그들 앞에 계속해서 남아있었다.

이러한 게르만인의 관습과 대조적으로, 타키투스는 『연대기』에서 로마인들이 군대의 지휘관으로 식민지에 파견되었을 때, 전쟁이 아니라 관리가 그 목적인 경우에 조차, 아내를 동반하는 문제에 대한 논쟁을 기록하고 있다. 그 토론에 참여했던 세베루스 카에키나(Severus Caecina)는 "여성 참여자의 훈련은 평화로운 시대에는 사치로, 전시에는 공포로 지연된다. 그리고 행군중인 로마의 군인을 야만족의 진영과 유사하게 만든다"[36]고 주장했다. 카에키나는, 부하 군사들의 애정과 관심을 잡아둘 수 있는 능력을 가진 경쟁적 존재로서 남편 옆에 여성이 나타날 때를 상정하면서, 여성이 군대의 질서에 끼치는 해로움에 대해 기록을 계속한다. 그는 여성들의 사치스러운 본능이 사치 규제법에 의해 제한되었던, 과거의 엄격성으로 되돌아 갈 것을 촉구한다. 이에 반하여, 바렐리우스 메살리누스(Valerius Messalinus)는 고대 금욕주의의 완화를 환영하면서 다음과 같이 말한다; 전쟁이란 남성에게 부담이 되어서는 안되는 것이기에, "그들이 돌아갈 때, 어려운 시기를 지난 그들에게 아내의 존재보다 더 값진 위로가 무엇이겠는가?"[37]

비록 카에키나와 메살리누스가 여성에 대한 문제에 대해 반대의 입장을 보이고 있지만, 둘 다 전쟁터와 가정 사이의 통합의 강도를 논의하지는 않는다. 게르만인들에게 아내, 어머니, 그리고 아이의 존재는 매우 중요한 것이었다; 그들의 복지에 대한 헌신은 남성 전사들의 용기를 북돋아주었다. 그들은 잘 싸웠고 여성들의 지지라는 이득을 얻어냈다. 로마의 타락해가는 도덕적 속성의 기준에서 타락하지 않았던 아내들은 전시에 남성들의 행동을 방해하기 보다는 오히려 지지했다. 남성의 측면에서 용기는 국가가 인정하는 개인의 영광을 위한 것도 아니고, 전쟁에서 승리한 로마의 군인들에게 주어지는 것과 같은 전리품, 명예, 땅에 대한 권리를 위한 것도 아니었다; 오히려 그들은 직접적으로 가족을 지키기 위해서 싸웠다. 그리고 병사의 용기를 영예롭게 한 것은 여성, 즉 아내와 어머니였다.

게르만인들의 관습과 행동에 대한 타키투스의 칭송은 언제나 로마사회에 대한 비난의 이면으로 이해되어야 한다. 로마에서 아내와 어머니는 더 이상 전쟁터에서 덕(virtue)을 칭송하지 않았다. 그리고 여성들은 전쟁에서 돌아온 남편들에게 위안이 될 수 있었던 만큼 그들은 또한 메살리누스가 로마의 외곽에 여성이 있어야 한다는데 지지를 보낼 때조차도 남편의 감시가 필요하다고 주장할 정도로 탐욕스럽고 퇴폐적인 여성이기도 했다. 로마에 있는 집에 그들을 남겨놓아야 그들은 전혀 유익하지 않은 열정을 그나마 만족시킬 수가 있을 것이라고 그는 주장한다. 로마인들의 의문은 어떻게 여성들이 공동체에 긍정적인 도움이 될 수 있을 것인가가 아니라, 그녀들이 야기할 수 있는 해로움을 어떻게 통제할 것인가였다 대조적으로 게르만의 전사들 가운데 있는 여성의 존재는 여성에게 부여된 어떤 신성함과 그들의 혜안에 대한 존경의 상징이었다. 여성들의 조언은 신중하게 취급된다; 타키투스의 기록의 의미는 여성들의 능력에 대한 인식이 가치가 있다는 것이다. 적절한 사회적 질서 안에서 여성은 공동체의 자산이 될 수 있었다. 원수정 로마에서는 그녀들은 단지 하나의 문제로 존재했다.

게르만인의 결혼 양식에 대한 논의에서도 또 다른 차이점이 드러난다. 타키투스가 "그들의 매너에는 감탄할 만한 어떤 부분도 없다. 그들은 대체로 아내가 한명이고 그들이 서로 주고받는 선물로 사치스럽지 않은 것들을 즐긴다. 남편들은 보석이나 여성들의 환상과 약함을 야기하는 것들이 아닌, 황소, 방패, 창, 그리고 칼을 선물하고, 부인들은 남편에게 한 세트의 무기를 선물한다"고 이야기하면서 "엄격하다"[38]고 묘사했다. 결혼은 이와 같이 일과 보호를 위한 공동체이자, 타키투스가 로마에서 보았던 천박한 관계를 피하고 있다. 결혼에 의해 연결된 게르만인들에게는 덕(virtue)을 추구하는 상호성, 그 혹은 그녀가 개인으로 존재했을 때보다 서로를 더 강하게 만드는 상호의존성이 있었다. 게르만 여성에 대한 묘사와 극히 대조적으로, 타키투스의 로마사는 자기 자신 혹은 자기 후손의 이익만을 추구하는 여성의 이야기로 가득 차 있었다. 이는 공포와 원한의 이야기로 로마 인민에게는 재앙이 되는 것들이었다. 타키투스는 게르만 종족의 여성에 대한 부분을 그들이 "비굴한 아첨이나 가식적 신격화"[39]가 아니라 진정으로 그들의 남성을 존경하고 있다는 내용으로 마무리 한다. 비굴한 아첨과 가시적 신격화는 위선적인 로마 여성들과 그들과 어울리는 남성들에게 맞는 것이었다.

타키투스의 시각으로 1세기 로마의 몇몇 여성을 한번 살펴보자. 『연대기』는 A.D. 14년, 아우구스투스의 죽음으로 시작한다. 그러나 원로원, 행정관, 법률의 모든 기능을 독차지했던 아우구스투스는 그의 후계자를 선택하는 입장에 놓이게 된다. 타키투스가 이야기했던 것처럼, 아우구스투스가 잠재적인 후계자로 보았던 모든 젊은이들은 의문스런 죽음을 맞이했고, 결국 그의 아들(아우구스투스의 양자로, 아우구스투스는 그를 좋아하지 않았다)이 왕위를 물려받을 유일한 사람이 될 때까지, 항상 아우구스투스의 부인이었던 리비아(Livia)가 언제나 혐의자로 지목되게 되었다. 타키투스는 심지어 아들의 승계가 보장되자마자 아우구스투스의 죽음을 초래했다고 주장하기까지 한다. 그에게 권력을 가져다 준 것은 티베리우스(Tiberius)의 통치 능력, 즉 그의 카팍스 임페리(capax imperii, 통치 능력)가 아니라 여성의 조작 능력이었다.

타키투스는 티베리우스를 거만하고, 잔인하고, 부패하고, 위선적인, 그리고 특히 정치보다는 도덕에서 보다 더 로마의 신성을 모독한 통치자 계보의 시작으로 묘사한다. 타키투스는 티베리우스의 인간성을 소개하는 부분에서 티베리우스에게 적대적이었던 당시의 소문들과 그의 통치 하에서 인민들이 "변덕스러운 그의 어머니가 함께 있다. 한 여성에게 모두가 복종해야 할 것 같다"[40]라며 속삭였던 내용을 기록하고 있다. 티베리우스의 치세를 묘사하면서, 타키투스는 계속해서 그의 모든 결함을 강조한다. 야심이 있는 그 여성은, 티베리우스를 통해서, 공적이거나 사적이거나 모든 덕목을 그들의 정치와 개인적 삶에서 부끄럽게 만드는 지도자를 로마에 도입했다는 비난을 받게 된다.

『연대기』는 리비아와 같은 여성의 다른 사례도 보여준다. 그중에는 게르마니쿠스(Germanicus)의 부인이자, 티베리우스의 조카였던 대(大) 아그리피나(the elder Agrippina)가 있다. 타키투스가 묘사한 것에 의하면, 게르마니쿠스는 티베리우스를 타도하고 공화국을 재건하기 위한 로마의 기회를 의미하지만, 타키투스의 지적은 로마가 실제로 되돌아갈 수 있을 것인지, 공화국 정부가 개건되면 혼란이 없을 것인지에 대한 의문을 제기한다. 결과적으로, 공화국의 자유에 대한 게르마니쿠스의 호소는 자신의 권력 장악과 자신을 위한 대중적 인기를 추구한 것으로 그려진다. 이러한 모든 것의 한 가운데에 아그리피나가 있다. 그녀는 사람들의 비위를 맞추며, 그녀의 남편을 —그의 죽음(살해?) 후에는 그녀 자신을— 지지하도록 호소한다. 또한 그녀는 남편의 죽음에 티베리우스를 연관시키면서 그의 권위를 약화시킨다. 그녀는 계속해서 티베리우스를 괴롭히지만, 아그리피나가 탁월한 능력을 발휘하는 이러한 역할이 어쨌든 로마에 이익이 될 것이라는 타키투스의 언급은 찾아볼 수 없다; 오히려, 이는 티베리우스의 의심과 거친 본성을 이끌어내어, 그의 폭정(despotism)을 악화시킨다. 아그리피나는 로마에 대한 헌신이 아니라 자신과 가족의 출세를 위해 행동한 것이다.

아그리피나가 때로 사악한 왕의 잔인한 권력의 위협에서 고통받는 여성으로 존재하기도 하지만, 타키투스는 독자가 반드시 그녀의 자손의 행태를 기억해야 한다는 점을 확실히 한다. 그녀는 칼리굴라의 어머니이자 네로의 할머니였다. 그녀가 티베리우스의 압제에 반대해 아무리 강력하게 투쟁했을지라도, 그녀의 젊은 자손이 로마의 권력을 잡게 되었을 때, 그들의 통치에 비해 오히려 티베리우스의 지배가 온화하게 보일 정도였다. 타키투스가 티베리우스에 반대하는 그녀의 투쟁에 대해 설명하면서, 그는 독자들이 미래에 무슨 일이 올 것인가에 대해 생각할 수 있도록 그녀의 자녀들의 사례를 지속적으로 언급한다. 그녀의 죽음을 기록하는 사망기사에서 타키투스는 이렇게 논평한다; "그러나, 평등함을 참을 수 없었고, 권세 부리는 것을 좋아했던 아그리피나는 여성의 유약함과는 거리가 먼 남성적 포부를 갖고 있었다."[41] 이러한 논평은 칭찬의 말이 아니었다; 오히려 그녀의 지배욕은 원수정의 잔인하고 비도덕적인 정치 세계에 대한 그녀의 참여를 의미했다.

타키투스의 저서에서 칼리굴라를 다룬 부분은 소실되었다. 로마의 쇠락에 대한 그의 기록은 칼리굴라의 치세와 함께 시작하는데, 그의 아내는 1세기 로마의 정치에서 타락한 여성의 또 다른 모델로 제시된다. 그러나 리비아와 아그리피나가 권력을 얻고 지키고자 그들의 남성과 대중을 조종했다면, 메살리나(Messalina)는 자신의 사적 유흥을 추구하기 위해 클라우디우스(Claudius)의 아내로서 가지는 권력을 사용한다. 그녀는 어떤 남성의 정원을 갈망했고, 그것들을 취한다. 그녀는 귀족 여성의 남편을 원하고 그를 취한다. 그녀는 여전히 클라우디우스의 아내였고, 클라우디우스는 여전히 왕이었음에도 연인과 결혼하면서 도를 넘을 때까지, 원하는 모든 것을 얻었다. 곧 강요된 자살이 이어진다. 타키투스는 최고의 지배 수준에서의 공적 그리고 사적 영역에서 원수정이 어떻게 전반적으로 통제하기 어려운 상태가 되었는지를 묘사하면서 이러한 사건을 기록한다. 왕이 그의 부인을 통제하기 어려웠다는 점은 일반적으로 제국을 적절하게 통치하는 것에 실패했다는 것을 의미한다.

메살리나의 죽음 이후 클라우디우스는 새 부인이 필요했다. 새 부인으로 대 아그리피나와 게르마니쿠스의 딸인 소(小) 아그리피나[younger Agripina] —그녀는 클라우디우스의 조카딸이었기 때문에 그들은 엄밀히 따지면 근친상간의 죄가 성립됨에도 불구하고— 가 선택되었다. 그녀는 이전 결혼을 통해 아들이 있었는데, 그 이름이 네로였다. 티베리우스를 권력의 계승자로 만든 리비아의 음모만큼이나. 메살리나의 방탕만큼이나, 그리고 대 아그리피나의 권력에 대한 열망만큼이나, 어쩌면 그 이상으로 소 아그리피나도 사악했다. 클라우디우스가 그의 아내로 아그리피나를 선택했던 것조차도 그녀의 조종에 의한 결과로 보여 진다. "조카딸이라는 그녀의 관계를 핑계로, 그녀는 자주 그녀의 삼촌을 방문했고, 그의 사랑을 얻었다."[42] 결혼이 일단 이루어지게 되었을 때, 타키투스는 다음과 같이 논평한다; "그때, 국가에는 혁명이 발생했다. 그리고 모든 것이 여성의 통제 하에 놓여졌다."[43] 제일 먼저 그녀는 네로가 클라우디우스의 딸과 결혼할 수 있도록 클라우디우스의 양자를 죽음으로 몰아넣었다. 그 후, 그녀는 클라우디우스가 그의 아들인 브리타니쿠스(Britannicus)를 제쳐놓고 네로를 입양하도록 계획했다. 타키투스가 제시한 바와 같이 그녀는 클라우디우스를 독살하면서 네로가 그의 왕위를 물려받을 때까지 가장 잔인하게 움직였다. 그녀는 클라우디우스를 위해 장엄한 장례식을 준비했다. 그러나 "아들보다 양자를 우선한다는 것이 대중들의 마음[44] —즉, 네로의 왕위 계승을 위요한 사건을 타키투스의 시각으로 읽고 있는 사람들의 마음— 속에 부당함과 분노를 야기할 수 있기 때문에, 그의 의지는 공개되지 않았다."

결국, 어머니의 영향의 결과로, 17살의 네로는 로마의 황제가 되었다. 시간이 지남에 따라 어머니의 영향력은 약해졌고, "네로는 노예에서 자유의 몸이 된 여성과 사랑에 빠졌다. 이는 어머니의 지시를 받지 않는 첫 번째 행동이었고, 어머니의 반대에도 불구하고 그의 사랑은 이루어졌다."[45] 아그리피나는 그녀가 "젊은이와 최고위층이 요구하는 유흥과 방탕을 은폐하기 위한 은밀한 공간을 제공하였음에도 불구하고"[46] 네로를 통제할 수 없었다. 결국 그녀는 영향력을 완전히 상실하였고 어린 왕은 그녀의 죽음을 선포하였다.

타키투스의 역사와 짧은 글은 정치 공동체의 쇠퇴, 정치적 참여의 무효과성, 정치도덕의 타락, 로마 통치자의 부패, 그리고 로마 시민의 아첨과 관련되어 있다. 그는 이러한 쇠퇴에 대해 공적 그리고 사적인 표현을 드러내면서, 기울어가는 정치 체제에 대한 설득력 있는 설명을 제시한다. 로마의 여성은 사라진 것이 아니었다; 그들은, 비록 그 쇠퇴의 원인은 아니지만, 그 일부였다. 그들은 체제의 타락을 드러내고 악화시켰다. 타키투스는 잔인한 여성들이 수행한 역할을 자세히 묘사하면서 원수정의 부적절성을 강조한다. 그러나 분명한 것은 그의 쇠퇴에 대한 정치적 분석은 여성을 비난하는 것에 있지 않다는 점이다. 거기서 그들[여성]의 역할은 최소한에 그친다. 오히려 이러한 쇠퇴를 설명하는 것은 정치적 참여를 소수에게 제한하고, 그 소수 권력으로 하여금 다른 이들의 삶과 죽음, 그리고 의견을 통제하는 체제의 제도적 구조인 것이다.

여성은 부적절한 정치 체제의 일부였다. 원수정의 정치에 대한 이해는 그러한 체제에서 여성에게 가능했던 역할에 대한 이해를 통해 이루어진다. 리비우스가 우리에게 어떻게 도덕적인 여성이 공화국의 이익이 될 수 있을 지에 대한 모범사례를 보여준 것에 비해, 타키투스는 단지 도시의 남성만이 아니라 여성도 파괴하는 체제 속에서 그 누구도 발견할 수 없었다는 것을 보여준다. 게르만인의 순수성은 다른 곳에서 여성들이 할 수 있는 것, 어떻게 그녀들이 공동체를 지원할 수 있는지에 대한 모델을 보여준다. 로마에서 타키투스는 여성에게서 그 어떤 가능성도 찾아내지 못하고, 단지 참주에 의해 지배되는 체제에서 남성과 여성이 가지는 자기중심적 야망과 비도덕적 특성만을 발견하다.

베르길리우스의 『아에네이드』(Aeneid): 국가의 탄생과 여성의 역할

앞부분에서 우리는 두 명의 로마의 역사가가 동시대의 환경에 직면하여 역사를 어떻게 다루었는지를 살펴보았다. 과거는 현재에 대한 주석이다; 리비우스가 말한 고결한 루크레티아는 당시 로마 여성들의 퇴폐성에 대한 비평이고; 타키투스의 리비아도 마찬가지로 원수정에서의 여성의 위협에 대해 언급하고 있다. 베르길리우스는 역사가가 아니었다; 그는 아우구스투스의 치세 초기에 새 왕의 후원하에서 로마의 건국에 대해 작품을 썼던 시인이었다. 역사가들과 같이 베르길리우스의 이야기도 현재에 대한 주석으로 인식되고 있다. 트로이를 떠나는 아에네아스(Aeneas)의 출발 이야기, 그의 여행, 카르타고의 여왕인 디도(Dido)와 그의 애정관계, 이탈리아 땅에 도착한 것과 이탈리아 사람들과 결혼은 통한 동맹 등이 민족적 서사시로 쓰여 졌고 그렇게 인식되었다. 아에네아스는 국가의 미래세대와 국가의 신에게 헌신한 국가적 영웅이었고, 운명에 의해 명령된 것을 수행하는 그의 헌신은 경건했다. 피에타스(*Pietas;* 헌신)는 트로이에서 이탈리아까지 이러한 로마의 건국자에게 따라다니는 덕목이다; 피에타스(*Pietas*)는 그 자신보다 더 중요하고 더 높은 것에 대한 헌신이다; 이는 또한 그들의 부모, 신, 그리고 국가에 대한 헌신이다.

베르길리우스(Vergil)는 대제국의 건국에 있어 그들의 역할을 개발하듯이, 여성을 다양한 역할 속에 등장시킨다. 국가의 건설은 인격성이 결여된 라틴의 공주가 있어야 가능했다. 서사시 전체에서 다른 여성들도 우리의 관심을 끌지만, 그들은 곧 탄생하게 될 국가를 위해 거부되어야 한다. 그러나 이 여성들의 운명은 남성의 운명과 다르지 않다. 아에네아스가 종국에는 로마인의 국가를 형성하기 위해 그가 취해야 하는 신부만큼이나 무색무취하고 인격성이 결여되어 있어야 하기 때문이다. 이 시에서 여성 특히, 디도는 세계를 지배할 국가를 건국하기 위해 무엇이 희생되어야만 하는지를 우리에게 상기시킨다.

『아에네이드』의 시작 문장은 유명한데, 이 서사시의 주제를 말해준다; *Arma Virumque Cano* (무기와 남자에 대해 나는 노래하다). 그것은 남성의 이야기이고, 곧 전쟁의 이야기라는 것을 의미한다. 그러나 서사시 전반을 통하여, 여성은 우리에게 무기와 남성 이상의 것이 있다는 것과 인간의 삶은 남성의 전쟁, 도시의 건국, 제국의 건설을 넘어서는 것임을 우리로 하여금 생각하게 한다. 베르길리우스의 시에 나타나는 여성은 인간 존재의 다른 측면을 이끌어낸다; 리비우스 작품에서 그들이 했던 것처럼 정체의 요구에 적응하는 것보다, 플라톤의 작품 속에서처럼 그들은 정치적 삶에 대해 의문을 제기하고, 남성의 존재와 반대편에 선다.

아에네아스는 신에 의해 그에게 부여된 운명을 따르지만, 많은 사람들이 알고 있는 것처럼 이러한 신성한 임무에 관여하는 동안 그는 결코 미소 짓거나 웃지 않는다. 그는 키케로가 그의 아들에게 이러한 남자가 되라고 충고했던 바와 같은, 그의 국가를 위해 헌신하는 위엄 있는 남자다. 그가 표현하는 감정은 그를 끊임없이 이탈리아 해변으로 이끌고 가는 운명의 피곤함이다. 시인이 보여주는 아에네아스에 대한 첫 번째 장면은 바다의 거친 폭풍우에 잔뜩 겁을 먹은 남자의 모습이다. "즉시 아에네아스의 사지는 놀라서 약해진다; 그는 신음하며, 별들을 향해 그의 두 손을 뻗고 이런 말을 한다: '오! 트로이의 높은 성벽 아래 그들의 아버지 눈앞에서 무너져갔던 사람들이 서너 배나 행복했다!'"[47] 운명은 그의 어깨에 무겁게 걸린다.

여왕 디도가 지배하는 땅인 카르타고의 변두리로 아에네아스를 데려다 준 것은 이러한 폭풍이었다. 종종 그가 분노하는 운명에 휘둘려 안달하는 아에네아스와는 대조적으로, 디도는 활기찬 카르타고 도시를 건설한다. 그녀는 왕이었던 그녀의 오빠에 의해 남편이 학살당했던 티루스 왕국(Kindom of Tyre)에서 도망쳐 나왔다. 그녀의 죽은 남편의 유령이 그녀 앞에 나타나 티루스에서 도망치라고 했다. "이러한 말에 움직인 그녀는 동료들과 함께 탈출을 준비했다. 그들은 참주에게 잔인한 혐오감이나 깊은 두려움을 가지고 있었던 사람들과 함께 하게 된다; 마침 우연히 준비된 배를 취해서 금을 싣는다. … 한 여성이 이러한 모든 행위를 이루어냈다."[48] 여기서 여성은 지도자이고, 국가의 건국자이다; 그녀는 그녀에게 허용된 자산과 함께 티루스로부터의 탈출을 감행한다.

아에네아스가 높은 성벽에서 도시를 내려다보면서, "그는 한번은 군대 막사의 거대한 구조에 놀라고, 성문에, 부산스러움에, 그리고 포장된 도로에 경탄한다." 베르길리우스는 계속한다; "티루스인들은 열심히 일을 한다. 일부는 성채를 건축하기 위해 벽을 세우고, 손으로 돌을 뒤집고, 일부는 집을 지을 장소를 선택하고 주변에 고랑을 만든다. 그들은 법과 행정관과 신성한 의회를 선택한다. 여기에 몇몇은 항구를 만들기 위해 땅을 파고, 또 다른 몇몇은 극장을 만들기 위해, 깊은 기초 작업을 했다."[49] 이 모든 광경을 목격한 아에네아스는 이렇게 외쳤다. "오! 행복한 사람들이여! 성벽이 이미 세워졌다."[50]

성공한 여왕은 그의 성벽을 쌓기 위해서 아직 많은 날을 기다려야 하는 남성에게 부러움의 대상이었다. 신에 의해 여기까지 오게 된, 수동적인 아에네아스는 정력적인 여왕의 상대가 되지 못했다. 아름다운 디도가 어깨에 화살통을 메고 노동자들과 함께 행복하게 움직이면서 "국가 건설 작업을 진행"했던 것과는 너무나 뚜렷하게 대조를 이루며, 아에네아스는 트로이의 멸망이라는 상황에 "놀라고 그저 서 있고", "경악하고," 과거를 그리워하기만 한다.[51]

그러나, 국가 건설에 있어서의 디도의 정치적 기술과 에너지, 그리고 그녀의 의욕은 그녀의 정열적인 본성에 의해 모두 약화되고, 그녀의 치세의 성공은 아에네아스를 향한 그녀의 사랑에 굴복하게 되자 흔들리게 된다. 모든 의무와 책임이 그녀를 떠난다: 이방인에 대한 그녀의 사랑에 분노한 그녀의 적들이 카르타고의 국경에 모여들게 되자, 모든 정치적 감각도 사라진다. 그녀는 결국 그녀를 떠날 이 남성에게 모든 것을 희생한다. 한때는 자신이 건설한 국가에서 일꾼들을 거침없이 지휘하던 그녀가 지금은 "마치 화살에 맞은 사슴처럼, 미친 듯이 온 도시를 방황 한다."[52] 성장하던 그녀의 도시는 이제 성장을 멈춘다. "한 때 높게 올라가기 시작했던 탑도, 무기를 가지고 연습하던 젊은이들도, 전쟁에 대비한 안전한 출입문과 성벽도 더 이상 없다. 건설 작업들은 중간에 멈추었고, 그 상태로 방치된 채 남아있다."[53]

디도로 하여금 그녀의 도시를 외면하게 한 열정은 또한 아에네아스도 로마에서 떼어 놓는다. 상당히 최근까지, 많은 사람들은 디도를 악의 여왕, 아에네아스의 운명을 방해했던 과거의 클레오파트라로 보았다. 그녀는 발전을 방해했다; 그녀는 비이성적이고, 욕정적이며, 위험했다. 그러나 디도에 대한 이러한 시각은 시적 묘사의 공감과 감탄을 무시한다. 로마의 성장에 장애물인 디도는 또한 특정한 남자를 향한 그녀의 사랑에서 사랑스러운 인간적인 감정을 보여주는 개인이기도 하다. 로마가 성장함에 따라 그 특정한 남자도 보다 거대한 정치단위체를 위해 제거된다. 결국 신은 여왕과의 사랑에 빠져 행복한 그가 로마가 아니라 카르타고의 탑을 건설하는데 열중하게 되자, "보다 큰 명예를 잊어버린 사랑"[54]을 한 아에네아스를 징계한다.

디도와 아에네아스의 이야기는 이 서사시의 전반부이고, B.C. 2세기 전쟁이 일어날지도 모르는 도시의 건국자들 간의 차이는 그들의 애정문제에 대한 각기 다른 반응에 따라 강조되었다. 디도는 도시를 잘 지배하고 건국했던 여왕이었다. 그러나 그녀의 공적 삶에 가장 사적인 열정이 개입되자, 도시는 흔들린다. 사적인 욕정에 움직이지 않고 도시의 요구에 순응한 아에네아스는 로마 도시를 건설하고 시의 후반부로 이어진다. 여기서 전쟁과 무기, 정치적 이슈가 그가 카르타고에서 즐겼던 사랑과 즐거움을 압도한다. 베르길리우스의 관점에서, 여성은 잘 통치하는 능력이 없는 존재가 아니다. 그는 그녀를 클리템네스트라나 리비아와 같은 사악한 괴물로 보지 않는다. 오히려, 그녀는 그녀의 온갖 역경에 대항하여 도시를 건국하는데 있어 보여 준 본래의 인내에서 우리의 존경을, 그리고 아에네아스가 카르타고의 해변을 떠나 그의 운명을 따를 때 그녀가 받은 고통에서 우리의 동정심을 불러일으킨다.

그는 떠나라는 신의 명령을 침착하게 받아들인다. 디도를 향한 아에네아스의 차가운 태도는 디도의 욕정과는 놀랍도록 대조적인 것이었다. 그가 느낀 괴로움은 그의 의무를 위하여 그의 사랑을 희생해야하는지에 대한 것이 아니었다; 운명을 향한 그의 의무는 분명하다. 오히려, 그는 어떻게 여왕에게 말을 해야 할지 고뇌했다; 궁극적으로 그는 그녀가 그와의 이별을 알게 되어 그 앞에 나타날 때까지 그렇게 그 앞에 들이닥친 것들을 회피했다. 심지어 그는 그녀를 위로한 것이 아니라, 이탈리아로 그를 이끈 의무에 대해 설명했다. 디도는 그가 자신을 버렸다며 비난하고, 자신을 동정하지 않는 그에게 야유를 퍼붓는다. 정열적인 디도는 아에네아스가 아니기는 하지만 독자들의 동정심을 유발한다. 그러나 국가는 이러한 격정으로 세워질 수 없고, 신은 알려진 세계를 지배할 국가인 로마를 세워야만 하는 남자가 사랑에 흔들리게 되는 것을 허락하지 않는다.

아에네아스와 디도의 격정적인 사랑이야기는 일찍이 이탈리아 영토에 살았고, 그들 속으로 들어간 이 이방인과 그의 사람들을 즉각적으로 기꺼이 받아줄 수 없었던 라틴 부족들을 진압하는 어려움에 대한 이야기로 대체된다. 이탈리아에는 이미 자신의 왕과 왕비,

자신만의 관습과 전통을 가진 민족이 자리 잡고 있었다. 트로이인들이 직면한 문제는 이 사람들을 어떻게 정복하고 동화시키느냐 하는 것이다; 정답은 바로 결혼을 통한 통합이다. 여기서 인격성도, 열정도, 능력도 없이 단지 서사시에서 이름만으로 존재하는 여성, 라비니아(Lavinia)가 등장하게 된다. 유일하게 관련된 특징은 라틴족 왕의 딸이라는 그녀의 지위뿐이다. 열정적인 디도와는 반대로, 이 허울뿐인 공주의 모습은 로마가 건국되기 위해서 여성이 있어야만 하는 모습의 예로 등장한다.

그러나 라비니아 공주는 투르누스(Turnus)와 약혼하게 된다. 그는 로마 건국을 위협하는 디도를 대신하는 캐릭터다. 이때, 문제가 되는 것은 신부를 잃은 남성의 분노이다. 그러나 디도의 경우와 마찬가지로 로마의 성장은 그런 가치와 용기를 보이는 사람, 즉 기백 있는 개인을 분쇄해야 가능한 일이었다. 남성이거나 여성이거나 간에 그 훌륭한 개인은 운명이 다른 모든 나라를 지배할 나라로 건설하고 있는 것에 굴복해야 한다. 이 차원에서, 여성 디도와 남성 투르누스의 정체성은 뛰어난 개인성에 대한 국가의 억압이라는 보편성을 드러낸다. 디도의 분노는 아에네아스가 카르타고를 떠난 것으로 해결되었지만 투르누스는 유일하게 그의 죽음으로 끝이 나게 된다. 결국 서사시는 아에네아스가 투르누스의 가슴을 찌르는 순간, 갑자기 결말에 이르게 된다. "그의 사지는 늘어지고 싸늘하게 식어가며 그의 화난 영혼은, 신음소리와 함께 아래 어두운 곳으로 날아간다."[55] 투르누스의 죽음으로 신부는 아에네아스의 신부가 될 것이다; 그리고 로마 건국의 마지막 장애물이 제거되면서, 서사시는 끝을 낼 수 있게 된다.

이러한 모든 갈등을 통해 라비니아는 사실상 거의 보이지 않는 존재로 남겨지게 된다. 그러나 그녀의 어머니인 아마타(Amata)는 다르다. 악마의 조종으로 그녀는 이방인과 자신의 딸의 결혼을 격정적으로 반대한다. 그녀는 딸이 투르누스와 결혼하기를 원하고, 남편이 허락한 결혼에 반대해줄 것을 라틴족과 다른 민족에게 요청한다. 그녀는 결연의 협약과정에서 잊혀진 어머니로서의 권리로 말한다. 그들이 (다시 디도와 같이) 이탈리아의 위대한 미래를 예언하는 예언자의 견해를 좋아하지 않았기 때문에, 라틴족의 어머니들은 결연에 반대한다. 그들은 위대함에 대한 과시적 욕구가 없는 목가적인, 현재의 상태 그대로의 국가를 원하고 있었다. 결국 로마 건국을 위해서는 아미타와 같은 그들의 지도자로서의 여성은 마찬가지로 정복되어야 했다. 이는 그들이 지지했던 투루누스의 죽음으로 이루어진다. 그가 죽자, 그들은 왕의 소망에 굴복해야만 했고 라비니아는 이방인인 아에네아스와 결혼해야 했다.

특징이 없는 서사시의 등장인물인 라비니아(Lavinia)는 국가를 세울 때의 연약한 아에네아스의 모습과 유사하다. 디도, 아마타, 투르누스의 강한 개인성은 극복되어져야 하는 것이다. 여성들은 순종적이고, 결연과 아이들을 위한 공동체의 요구에 부응하도록 쉽게 조정될 수 있어야 한다. 그러나 신 앞에서는 남성들도 역시 굴복하며 순종적이어야 한다는 점을 우리는 주목해야 한다. 디도는 반드시 죽어야 하고, 투르누스도 그래야 한다. 운명을 받아들이려 하지 않는 사람들은 성장하는 로마의 일부가 될 수 없다. 우리가 서사시를 읽어나

갈수록 라비니아의 역할은 무의미한 것처럼 보이고, 우리는 국가의 어머니로서 그러한 여성의 존재에 의문을 가지게 된다. 하지만 아에네아스의 역할 역시 무의미하다. 베르길리우스가 로마를 찬양하는 국가적인 서사시를 쓰면서, 그는 또한 정치적 위대함이라는 인간적 의미에서의 비용과 저항이 종속되어야 할 필요성을 그의 독자들에게 지적한다. 로마 국가의 위대함을 위해서는, 남성이나 여성이나 모두 비어있는 인물들이 되어야 한다. 베르길리우스가 남성이든 여성이든 강력하고 힘있는 개성을 제시할 수는 있지만, 이들이 로마의 건국을 나타내는 것은 아니다. 정말로 뛰어난 사람은, 남성이든 여성이든, 미래의 위대함을 약화시키며, 운명의 행진에 굴복해야만 한다. 로마와 내전으로부터 국가를 구한 왕들을 찬미할 의도로 씌여진 이 서사시의 또 다른 내용은 도시가 성장할 때 거부된 강력한 여성과 남성에 초점을 맞추고 있다.[56]

결론

로마의 사상가들이 세련된 철학적 관점으로 알려져 있는 것은 아니다. 플라톤과 아리스토텔레스가 제안하는 그 포괄적이고 복잡한 통찰력은 보이지 않는다. 그럼에도 불구하고, 라틴 사상가들은 공화적이든 원수정이든 통치할 운명을 가진 국가 자체의 정치와 직접적 대면하고 있음을 드러낸다. 그리고 제국의 정치적인 경험과의 이런 직접적인 대립 속에서, 그들은, 키케로만 예외로 둔다면, 여성들의 존재를 무시하지 않는다. 그러나 우리가 그리스 사상에서 보아 왔던 것처럼 여성들은 사적 가정(oikos)의 상징으로써, 한 가정의 대표일 뿐만 아니라, 정치 과정에서 개별 참여자로 나타난다. 그들은 가정의 경계에서 나와 모습을 드러내거나 정치적 활동에 직접적으로 영향을 미칠 수 있을 때 중요해진다.

만약 누군가 로마 여성이나 로마 남성들의 인물 조각품들을 연구하려고 한다면, 전자의 근엄함과 후자의 부드러움과 같은 얼굴 표정에 나타난 개별성에 주목하게 될 것이다; 이러한 조각가들이 그려낸 여성은 그들 자신만의 개성과 정체성을 가진 존재들이다. 로마의 정치 사상가는 특정 개인들이 거주하고 특정 법률의 지배를 받는 특정 국가 로마에 초점을 맞추고 있다. 정치 세계에 대한 그들의 이해는 대체로 그러한 특정한 것들에 제한되어지면서, 그들의 전임자 그리스인들이 가진 보다 넓은 관점에 도달하는 데에는 실패했다. 그러나 그들이 지향하는 바는 독자들의 관심을 개인으로 돌려놓았다 —그리고 그 개인은 여성과 남성 모두를 포함한다. 『아에네이드』는 로마 국가에 내재되어있는 개인성에 대한 위협을 시사했다. 그런 의미에서 본다면, 로마적 플라톤에 진정으로 가까운 자는 키케로가 아니라 베르길리우스이다.

제6장

초기 기독교와 중세 정치사상: 순결, 평등, 그리고 공동체의 의미

서문(들어가는 글)

예수 그리스도(Jesus Christ)가 당시 로마 제국에서 멀리 떨어진 곳에서 십자가에 못 박혀 죽음을 당한 시기는 티베리우스(Tiberius)의 치세 동안이었다. 그리스도의 신성과 그의 가르침과 기적의 의미를 자세히 설명하면서 그의 제자들은 유대와 그리스의 논제와 전통 그리고 그들이 자라난 로마의 유산을 기독교 신학의 발전을 위해 통합했다. 그러나 기독교가 성장해 온 이러한 전통과 대조적으로, 이 새로운 종교에서 처음으로 여성들을 수용하는 특이한 일이 발생한다. 사도의 이야기에서 기록된 것과 같이 처음부터 그리스도는 남성에게 말하는 것처럼 여성에게도 말했고, 남성의 복지를 위해 행동했던 것과 같이 여성의 복지를 위해서도 행동했다. 그를 따르는 사람들 가운데에는 남성과 함께 여성도 있었고, 그가 부활하는 결정적인 순간에, 그는 두 여성 —자신의 어머니와 막달라 여자 마리아(Mary Magdelene)— 에게 처음으로 나타났다. 이들은 그리스도의 남성 제자들에게 그의 부활의 기적을 알린 사람들이기도 했다.

우리는 예수 그리스도의 기적적인 치유의 힘이 그의 생애 동안 여성과 남성 모두에게 작용했다는 것을 사도들로부터 배운다. 그리스도는 중풍에 걸린 남성을 치료한 후에, 그의 옷자락을 만진 여성도 혈루증(untoward bleeding)에서 치유되었다. 특히 누가복음에서, 그리스도의 가르침은 우화로 표현되는데, 이러한 우화들은 어떤 이가 남성의 경험을 호소하면, 또 다른 이는 여성의 경험을 호소하는 그러한 방식으로 대구를 이루고 있다; 남성은 하나님 나라를 거대한 나무로 성장하는 겨자씨에 비유하면서 이해한다; 여성의 경우는 효모가 빵을 부풀어 오르게 하는 누룩에 비유한다. 한 죄인을 구하는 기쁨에 대한 이해를 돕기 위해, 그리스도는 무리에서 벗어난 양 한 마리를 찾는 남성의 기쁨과 청소할 때 잃어버렸던 열 개의 동전 중 하나를 찾는 여성의 기쁨을 언급한다.[1] 복음에서 나온 이야기, 우화, 그리고 역사 모두는 그리스도의 가르침을 따르는 사도들이 그리스도의 신성이 여성과 그의 연대와 여성에 대한 그의 관심으로 결코 약화될 수 없다는 것을 남성과 여성에게 평등하게 이야기 하고 있다.[2]

여성과 남성 모두에게 호소하면서, 기독교는 그 추종자들의 관심을 현세에서 떠나게 하고 다가올 세계 —초기 기독교인들이 예수 재림을 임박한 것으로 보았던 종말(Eschaton)— 에 대한 그들의 관심에 초점이 맞추어졌다. 그 날이 오면, 구원을 받지 못한 사람들이 지옥으로 보내져 영원히 그곳에서 살게 되는 것에 반해, 구원을 받을 만한 사람들은 그들의 덕과 신에 대한 헌신을 보상받게 될 것이다. 그 순간의 최후의 심판과 죽음 이후의 삶이 정치 세계와 그와 관련된 사소한 일에 우선하게 되었다. 사람들은 가족, 시장, 정치의 일상에 발생하는 모든 일을 초월하게 되었다. 구원은 키케로(Cicero)가 그랬던 것처럼,

도시의 참여로부터 이루어지는 것이 아니라, 경험의 즉각적 영역을 초월한, 신에 대한 헌신을 통해 이루어진다. 구원은 다른 사람들이 결코 알 수도 이해할 수도 없는 —자신만이 알 수 있는 (비록 종종 기독교 공동체에서 양육되기도 하지만)— 내적 사랑에 따라 결정되는 것이다. 육체와 행동, 전쟁과 왕이라는 보이는 세계로부터, 기독교는 영혼과 사후의 삶이라는 보이지 않는 세계로 귀의했다.

로마인들에게 실재하는 것은 로마, 도시 그 자체였다. 로마의 정치사상은 그 도시의 가치를 중심에 두었다. 타키투스(Tacitus)가 로마 제정의 레짐에 대해 엄청난 비판을 해왔던 것은 분명하지만, 그는 로마를 소중하게 생각했고, 개선을 위한 잠재력에 관심을 갖고 있었기 때문에 역사를 기록했다. 키케로에게 로마는 그가 상상한 허구(소크라테스의 도시는 그에게 이렇게 생각되었다)가 아닌, 실제로 존재하는 최상의 레짐이었다. 그러나 기독교는 로마 혹은 어떤 도시의 가치, 끊임없이 변화하는 다양한 세계에 대해 의문을 제기했다. 경험이 가능한 현실의 도시를 외면하면서, 기독교는 또한 각각의 도시의 개별성 또한 외면했다.

유대교와 로마, 그리스의 신과 달리, 기독교의 신은 모든 사람을 위한 하나님이었다. 고대의 신들은 정치적 또는 가정과 같은 특수한 단위와 밀접한 관계를 가지고, 그 단위에 응집력과 적을 물리칠 수 있는 힘을 제공했다. 기독교인들은 보편적인 하나님을 위해 그러한 개별적 신들을 포기했다. 결국 종교적 삶은, 최소한 처음으로, 공동체의 정치적 삶과 연결되지 않게 되었다. 로마제국이라는 정치적 공동체가 지속되는 대신에 통치자는 이에 순종하게 되었다. 초점은 개별

체제가 아니라, 정치적이고 사회적인 끈으로 결코 연결될 수 없었던, 남성과 여성이 함께 연결된 체제를 지향하고 있었다. 이와 같이 기독교는 고대인들이 헌신해왔던 정치 공동체의 생존가능성을 위협했다.

로마사회의 전통적 제도에 끼친 기독교의 충격은 4세기 로마 상류층의 부유한 여성들에게 그리스도의 사랑과 기독교인의 삶의 방식을 가르쳤던 성 히에로니무스(St. Jerome)의 활동에 의해 잘 드러난다. 그는 그녀들이 현재 살고 있는 로마의 세속성과 부도덕성으로부터 멀어지게 했고 신의 사랑을 추구하도록 했다. 그러나 그렇게 함으로써 그는 또한 그녀들을 가족과, 로마에서의 정치 행정의 지도적 역할로부터 떼어 놓았다. 그에게 교육을 받은 여성들의 일부는 그를 따라 베들레헴으로 가서 초기 수도원과 수녀원을 설립하는 데 참여했다.

그의 글들 가운데에는 유명한 바울라(Paula)와 같은 여성을 칭송하는 내용이 발견된다. 그녀는 "그녀의 집, 자녀, 하인과 재산을 뒤로 하고 … 어린 아들인 톡소티우스(Toxotius)가 그녀를 향해 손을 뻗고 딸 루피나(Rufina)가 부두에서 흐느껴 울었지만, '신에 대한 사랑으로 그녀의 자녀들에 대한 사랑을 극복하고' 그녀의 눈은 천국을 향해 옮겨졌고, 끝내 그녀는 과거를 돌아보지 않은 채 바다로 나아가 항해의 길에 오른다."[3] 도시와 가정의 중심부와 연결되었던 신성(divinity)은 도시와 가정을 초월하여 더 높은 세계로 올려졌다. 신이 더 이상 개별적 가정의 일부로 존재하지 않으면서, 종교를 믿는 여성은 신성으로 헌신했던 가족과 멀어졌다. 그리고 나서 남성과 여성 모두, 기독교의 선교사가 그들에게 알려준 새로운 하나님을 찾기 위해 도시와 가정의 옛 신들을 떠났다.

그리스인들은 개별 도시와 초월적 현실에 대한 헌신 간의 갈등을 너무 잘 인식하고 있었다. 플라톤의 저서는 도시를 넘어 보편성을 추구하는 철학자의 요구와 도시의 요구 간의 갈등으로 가득 채워졌다. 플라톤이 언급한 철학자는 도시보다 위에 있는 진리에 대해 알고 있었다. 동시에 그들은 인간이 생존을 위해 도시를 필요로 한다는 것도 알고 있었다. 아리스토텔레스는 도시에서 인간의 목적을 보았지만, 더 나은 삶은 명상하는 삶 속에 존재한다고 생각했다. 그러나 플라톤과 아리스토텔레스 모두에게 이러한 명상의 삶은 극히 소수에게만 열려 있는 것이었다. 플라톤의 철학자는 결코 다수의 대중이 될 수 없었다.

대조적으로 기독교는 그러한 삶을 모든 사람에게 열어놓았다. 노예 또는 주인이거나, 여성 혹은 남성이거나, 누구라도 이 보편적인 하나님을 사랑할 수 있었다. 그리스 사상에서 소크라테스와 같이 특별한 개인을 제외하고는 그렇게 필요했던 도시는 그 중요성이 약화되었다. 인간이 그들의 구원과 삶의 의미를 도시의 한계를 넘어 밖에서 찾게 되면서 도시는 더 이상 필요치 않았다. 도시는 이러한 삶의 모든 시련과 고난을 경험하게 되었다. 도시는 좋거나, 더 좋게 만들 수 있는 제도가 아니라 원죄의 필연적 결과였다. 결국, 그것은 더 이상 남성적 자기표현의 완성으로 존재할 수 없었다. 그러므로 고대 도시 또는 제국에 의해 요구되었던 남성과 여성의 분리는 도시와 가정을 초월한 초기 기독교의 관점에 의해서는 불필요한 것이었다.

보이는 세계와 보이는 것 너머에 있는 영역의 이분법은 플라톤철학의 분명한 뿌리였고, 그 뿌리는 나아가 초기와 후반 금욕주의(Stoicism)에서도 잘 드러난다. 플라톤주의(Platonism)와 금욕주의는 모두 보이지 않는 이성과 영혼을 높게 평가한 반면에 신체를 폄하한다. 인식되는 육체의 세계와 보이지 않는 영혼을 인식하는 세계의 이분법과 함께, 여성은 보여지는 그녀의 신체와 묶일 필요가 없었을 뿐 아니라, 스스로 육체적 측면을 거의 초월할 수 있었다. 플라톤철학과 금욕주의를 쫒는 사람들 가운데 일부는 엄밀히 잠재적인 성 평등주의자였다. 왜냐하면 여성을 남성과 분리시켰던 신체를 폄하했기 때문이다. 플라톤의 『국가/정체』에서 신체의 폄하는 수호자 계급에 여성이 포함되는 것을 가능케 했다. 세네카(Seneca)의 금욕주의에서 유한한 세계(ephemeral world)의 폄하는 여성의 덕과 원기(stamina)에 대한 기대와 연결되어 있었다.

신체가 보다 덜 중요하게 생각되면서, 이러한 시각은 초기 기독교의 표현의 일부에 퍼지게 되었다. 후에 중세 시대에 종말이 더 이상 임박한 것으로 보여 지지 않고, 역사가 좀처럼 끝날 것 같지 않게 되고, 그리고 아리스토텔레스가 아랍의 학자들을 통해 서양 사상으로 다시 소개되게 되자, 이러한 폄하는 진정되었다. 우리의 감각에 의해 경험된 세계인 정치적 세계의 중요성이 다시 부상하게 되었는데, 이는 초기 기독교 학자들에게서 발견되는 단순한 인내를 넘어선 가치와 함께 신적 질서의 중요하고 가치 있는 부분으로서 재인식되게 되었다. 그러나 정치적 세계의 중요성이 다시 강조되면서 공적 영역에의 접근이 거부되었던 여성의 저하된 지위 또한 되살아났다. 정치 공동체의 중요성이 커지면서, 여성은 종속되고 열등한 위치에 있는 자신을 발견하게 된 것이다.

신이 창조했기 때문에 분명한 가치를 가져야만 하는 영역 또는 신에 대한 헌신으로부터 멀어졌기 때문에 모두 나쁜 것으로서의, 물리적 세계에 대한 기독교의 대응에 나타나는 긴장은 여성뿐만 아니라 정치 세계를 향한 태도에도 직접적으로 영향을 주었다. 우리가 다음에 보겠지만, 물리적 세계에 대한 폄하는 여성이 그 지위에서 영혼으로 상승할 수 있도록 허용한다. 반면에 물리적 세계의 가치 수용은 여성의 지위를 육체로 격하시키게 되는 것이다. 이어서 우리는 이 시기의 뛰어난 신학자 3인의 생각을 살펴볼 것이다. 그들은 어떻게 여성이 하나님의 우주와 지구상에서 그들의 시간을 보내면서 남성들이 만들어내고 향유하는 사회체제의 일부가 될 수 있는지에 대해 고심했던 사람들이다.

초기 기독교: 사도 바울(St. Paul), 성 아우구스티누스(St, Augustine), 그리고 정치로부터의 은둔

4세기에, 기독교는 로마의 황제 콘스탄티누스(Constantine)에 의해 로마의 공식적인 종교로 승인되고 채택되었다. 1세기 초, 소규모의 불법적 신비 종교집단으로부터 300년 후 공식 종교로의 종교의 확산은 교리를 정리하고 교회 조식을 정비하기 위한 초기의 투쟁으로 특징지워진다. 사도와 교부들은(Church Fathers) 초기 자기규정의 시기에 적극적으로 활동한 사람들이었다. 그들 중에도 다른 사람들이 있었다. 여성을 "지옥으로 가는 관문"이라고 평가한 테르툴리아누스(Tertullian)와 여성의 교육에 대한 참여를 심각하게 고려하고, 어린 소녀를 교육시킬 필요성에 대해 방대하고 자세한 글을 쓴, 성 히에로니무스(St. Jerome)가 그 사례이다. 이러한 필자들의 목적은 종교가 존재했던 초기 4세기 동안 기독교인의 삶을 산다는 것이 어떤 의미인지를 명확하게 하는 것이었다. 그들이 글을 썼던 시기는 새로운 종교가 광대한 로마제국의 주민들에게 정서적으로, 그리고 경쟁적 권위의 기원 —그들이 로마의 제도적 구조인지 아니면 다른 종교적 분파인지—에 대항하여 정치적으로 파고들기 위해 투쟁하던 시기였다.

동시에, 계속해서 몇몇 국가들에서는 두 가지 새로운 현상이 일어나고 있었다: 한 가지는, 기독교 원리에 근거한 단성 공동체(single-sex community)였고, 다른 하나는 신에 대한 그녀의 헌신에 의존하여 힘과 영향력이 강력한 여성지도자였다. 먼저, 우리는 이전의 정치적이고 사회적 경험들을 거스르는 이러한 새로운 양상의 몇 가지 정치적 의미를 생각해 볼 것이다. 그 후 이 시기에 가장 중요한 두 사상가를 다룰 것이다: 하나는 신약성서에서 그가 쓴 편지를 통해 기독교 공동체의 지침을 형성하는데 도움을 주었던 1세기의 사도 바울이고, 다른 하나는 기독교가 이미 잘 정립되어 있었던 때 북방민족의 침입으로 로마를 지켜내지 못하게 되자 기독교가 공격받고 있는 상황인 5세기 초에 저서를 집필한 성 아우구스티누스이다. 바울의 편지는 초기 기독교인들에게 매우 유명한 여성혐오적 내용을 포함하고 있는데, 이는 글의 맥락에 따라 재평가될 필요가 있다. 아우구스티누스는 신학적, 도덕적, 정치적 질문에 대한 기독교적 접근으로부터 발생하는 질문과 8세기 후에나 성 토마스 아퀴나스에 의해서 그것도 선별적인 방법으로 도전받게 되는 접근으로부터 발생하는 질문에 대해 모든 초기 저작 중에서 가장 포괄적인 시각을 제시한다. 사도 바울과 성 아우구스티누스는 그들 각자의 방법으로 기독교의 성장과 변화하는 정치적 시각 속에서 여성의 위치에 수반하는 정치사상의 급진적 변형을 반영한다.

사도 바울: 새로운 자유, 새로운 평등

기독교의 독특한 특징과 종교 조직화의 과정은 예수가 십자가에 못 박힌 이후 한 세기 동안 기독교 사도들의 설교와 저술에 잘 드러나 있다; 사도 바울의 글은 이 새로운 종교의 정치적 역할에 가장 중요한 영향을 끼쳤는데, 이는 새로운 기독교 공동체가 그들을 파괴할 수 있는 공공성과 분리되지 않고 있다는 점과 관련하여, 바울은 그리스도의 추종자들에게 그들을 지배하도록 되어 있는 자들의 권위를 수용하라고 말한다: "모든 사람으로 하여금 통치 권력에 복종하게 하라. 하나님으로부터 나오지 않는 권위는 없으며, 존재하는 모든 것은 하나님이 제정하신 것이기 때문이다."[4]

그러나, 정치적 권위와 그 법에 대한 복종이 필수적이지만, 이러한 복종은 바울에 의해 전통적인 정치적 덕목인 정의로부터 분리되었다. 그에게 정의는 더 이상 정치공동체의 일부가 아니다; 오히려, 정의(Justice)와 진정한 법은 정치적 세계의 외부에 존재하는 것이다. 법에 대한 복종은 정치권력에 의해 규정되지 않는다. 대신에, "그의 이웃을 사랑한 그는 법을 이행한 것이다. … 사랑은 이웃에 나쁜 일을 행하지 않는다; 그러므로 사랑은 법의 실현이다."[5] 최고의 덕은 정치적 삶에서 오는 것도, 정치적 권위에 의해 규정되는 것도 아니다. 누가 지배해야하고, 누가 제국을 지배할 능력(capax imperii)이 있는가라는 고전적인 질문은 이제 더 이상 정치사상을 통제하지 않는다. 이러한 질문들은 인간 능력 저 너머에 있는 것이다. 왜냐하면, 누가 지배해야 할 것인가를 결정하는 것은 유한한 우리가 아닌 하나님이기 때문이다. 제한된 시각을 가진 사람들에게, 하나님의 선택이 항상 이해 가능한 것도 아니지만, 반드시 그래야 할 필요도 없다.

정치세계를 덕이 아닌 권위의 영역만으로 폄하하는 것은 바울의 사상에서 여성의 위치와 연관되어 있다. 사도 바울은 노골적인 여성 혐오자로 나타나는 사람들 중에서도 악명이 높다. 예를 들어, 우리는 코린트 사람들에게 하는 다음과 같은 바울의 말을 발견한다. "모든 남성의 머리는 그리스도이고, 모든 여성의 머리는 그녀의 남편이기 때문에"[6] 여성은 교회에서 침묵해야하고, 하나님을 화나게 하지 않기 위해 그들의 머리는 가려야 한다. 그는 또한 결혼 상태를 별로 중요하지 않게 생각한다: "남성이 여성과 가까이 하지 않는 것이 좋다. … 나는 모든 남성이 나와 같기를 원하기 때문이다."[7] 비록 그가 그 후에, 결혼하는 것이 [성욕 때문에] 불타는 것 보다는 낫다고 권고했을지라도, 결혼은 허약한 사람에게만 적절한 것이었다. 그러나 우리는 여성과 결혼의 지위에 관한 이러한 인용구의 맥락을 고려해야하고, 이 새로운 종교와 그 추종자를 둘러싼 정치세계와의 관계에 대한 그 의미를 해결해야 한다.

교회에서 침묵을 지키라는 여성에 대한 충고는, 바울이 이러한 말을 한 코린트 사람들 중에서 여성들이 침묵하지 않고 있었음을 시사한다. 사도 바울이 자라났던 시기에 여성이 예배시간에 남성과 물리적으로 떨어져 있어야 했던, 유대교와 같은 당시의 다른 종교에서는 결코 할 수 없었던 상황에서, 그들은 교회의 활동에는 적극적으로 참여했다. 그러나 여기서 더욱 중요한 것은, 하나님의 집에서 여성이 말을 잘할 수 있는 지적능력이나 영성(spirituality)이 부족했기 때문이 아니라, 그들의 말이 교회에서 신에게 헌신하는 남성의 주의를 산만하게 하기 때문에 그들의 침묵이 필요했다는 점이다. 여성의 말은 남성들이 신을 경배하고, 신에 대한 그들의 사랑에 전념해야 할 때 그에게 부적절한 성적 욕망을 불러일으켰다. 바울은 정말 중요한 세계에서 남성을 끌어내는 성(sexuality)의 힘을 인정했고, 따라서 교회에서 말하는 여성은 거기서 예배를 드리는 남성의 구원에 위협이 되는 것이었다. 바울의 글은 또한 그들의 육체의 모습이 신의 모습을 더럽히지 않도록 교회에서 그들을 가리라는 권고도 포함한다. 그들이 열등하기 때문이 아니라 그들이 가진 힘 때문에 여성은 교회에서 침묵해야 했던 것이다.[8]

유사한 방식으로 우리는 결혼에 반대하는 바울의 주문을 이해해야한다. 결혼은 난교라는 보다 큰 비도덕성에서 벗어나기 위해 받아들여진 것이지만, 그것은 성관계에 대한 욕망에서 벗어날 수 있는 최고의 방법이다. 다시, 그것은 남성을 성적인 것에 얽매이게 한 여성에 대한 폄하 때문이 아니라, 결혼이 인간으로 하여금 신에 대한 온전하게 헌실할 수 있게 하는 대신에 세상의 번잡스런 일에 엮이도록

하기 때문이다:

> 결혼하지 않은 남성은 어떻게 주님을 기쁘게 할지에 관한 주님의 일들을 걱정하지만; 결혼한 남성은 어떻게 그의 아내를 기쁘게 할지에 관한 세속적인 일들을 걱정하고, 그의 관심은 나누어진다. 그리고 결혼하지 않은 여성이나 소녀는 어떻게 몸과 마음을 성스럽게 할지에 관한 주님의 일들을 걱정하지만, 결혼한 여성은 어떻게 그녀의 남편을 기쁘게 할지에 관한 세속적인 일들을 걱정한다.[9]

결혼한 남성과 여성은 모두 멸망할 육체의 세계에 얽매어 있다. 오직, 순결한 삶을 통해서만 그들은 자유로워질 수 있고 신에 대한 그들의 사랑과 경배에 전심을 다할 수 있다. 이러한 순결한 삶을 통해서만 여성은 그 때까지 여성의 존재를 규정하고 있던 가족으로부터 정당하게 벗어날 수 있다.[10]

우리는 그리스 사상가들의 논의를 통해서 가족과 폴리스간의 긴장을 보았고, 거기서 후자[폴리스]는 자신의 자발적인 희생을 요구하면서 생명을 주는 가정과 대립하고 있었다: 이것은 폴리스가 거부되었다는 것을 의미하지도 않지만, 또한 가족이 초월적으로 존재하는 것을 의미하는 것도 아니다. 각각은 인류의 지속적 존재와 완성을 위해 필요한 것이었다. 그러나 그리스인들은 대체로 도시의 우월성을 견지하고 있었다. 그리스인이나 기독교인 모두가 전적으로 결혼을 회피한 것은 아니지만, 결혼과 결혼으로 형성된 가족은 몇 가지 점에서 인간의 삶에서 진실로 중요한 것에 반하는 것임을 인식하고 있었다. 그 한 가지는 하나님과 신의 세계이고; 다른 하나는 정치세계와 공적 영역이다. 우리의 신체적 존재를 고려하면서 기독교에서도 많은 사람들이 필요하다고 하지만, 남성,, 여성, 아이의 공동체인 가족은 그럼에도 불구하고 열등한 공동체라는 것이다.

바울이 결혼을 보잘 것 없는 사람들이 하는 것으로 생각한 것은 마치 아리스토텔레스가 정치체제를 철학자가 될 수 없는 사람들에게 열린 영역으로 본 것과 같다. 결혼에 대한 이전의 생각과는 다르게, 바울은 결혼관계 안에서 배우자간의 상호적 의무를 권고했다. 비록 남성이 그의 아내를 지배하는 권한을 여전히 가지고 있기는 하지만, 그녀에 대한 그의 책임이 새롭게 강조되는 것이다. 어느 면에서 생각해보면, 결혼에 있어서의 남성과 여성의 관계는 우리가 이미 살펴보았던 이전 사상가들이 주장한 상호적 정치관계를 다시 등장시키는 것이다. "남편은 그의 아내에게 부부의 권리(conjugal rights)를 주어야 했고, 아내 역시 그녀의 남편에서 그러해야 했다. 아내는 자신의 신체를 지배할 권리를 가지고 있지 않았고, 남편이 가지고 있었다; 마찬가지로 남편도 자신의 신체를 지배할 권리를 가지고 있지 않았고, 아내가 가지고 있었다."[11] 결혼에서 필요한 것은 협동과 성실성의 원칙이다. 남성도 여성 못지않게 순결을 지켜야 하는 의무를 지고 있었다.

의무의 상호성은 바울 사상의 기본에 있는 보편적 평등을 반영한다. 갈라디아서(Galatians)에서 그는 독자들에게 다음과 같이 상기시킨다: "유대인도 그리스인도 없으며, 노예도 자유인도 없고, 남성도 여성도 없다: 예수 그리스도 안에서 당신들은 모두 하나이기 때문이다."[12] 결혼 관계에 대한 아내의 기대는 남성의 기대 못지않게 필요하다. 그러나 결혼 관계 내에서의 상호 의무와 성실성에 대한 강조와 함께, 남성과 여성의 관계는 여전히 남성이나 여성 —그들이 성적 욕망을 절제할 수 있다할지라도— 이 하나님과 가지는 잠재적 관계보다 낮은 상태에 있다. 따라서 결혼이 난잡한 성생활을 막는 보루 역할을 한다고 해도, 남성과 여성 모두에게 순결의 문제는 가장 칭송받는 상태로 남게 된다.

어떤 의미에서 가족이 상호 의무의 영역으로서 도시의 기능을 대체하고 있지만, 바울의 글에서 가족과 도시를 대체하는 새로운 개념의 공동체가 드러난다. 그것은 고대에 알려진 것과 같은 정치 공동체가 아니라 각 구성원이 그리스도의 몸 안에서 형성되는 공동체였다.

> 몸은 하나인데, 많은 지체가 있고 몸의 지체가 많으나 한 몸임과 같이, 그리스도가 그러하다. … 우리가 생각하기에 덜 귀하다고 생각되는 몸의 지체가 더욱 귀하게 되며; 우리의 아름답지 못한 지체는 더욱 아름다움을 얻는다. … 몸 가운데 분쟁이 없고; 여러 지체가 서로 같이 돌보게 하였다. … 이제 너희는 그리스도의 몸이요 지체의 각 부분이다.[13]

공동체에 대한 이러한 새로운 이해 속에는 남성과 여성 사이의 표현된 상호의존성이 있는 바, 이는 육체적 영역을 초월하는 것이다. 더 이상 그리스와 로마에서와 같이, 공동체의 구성원이 되기 위해 가족(*oikos* 혹은 *familia*)의 구성원이 될 필요가 없어졌다. 아우구스티누스에게 로마에 공헌하지 않는다는 이유로 벌금을 부과했던 독신주의자나 자녀가 없는 이들은 이제 새로운 공동체에서 가장 가치 있는 사람들이 되었다.

그리스도의 몸과 통합된 공동체는 육체적인 것이 아니기 때문에, 그러한 공동체에의 참여라는 외부적 기준은 더 이상 의미를 가지지 않게 되었다. 유대인 공동체에서의 멤버십은 할례의식에 부분적으로 의존해 왔다. 그러나 새로운 기독교 공동체에서 할례의식은 더 이상 요구되지 않을 뿐만 아니라, 이러한 공동체에서는 더 이상 신체적 특징이 공동체의 멤버십과의 연관성이 없기 때문에 심지어 경멸의 대상이 되기도 한다. 유사하게, 어떤 공통의 신체적 혹은 지적 특성 보다는 공통의 경배에 의존하는 공동체에서는 개인의 성이 멤버십을 결정하지 않기 때문에, 여성 혹은 남성의 몸은 아무런 관련성이 없다. 따라서 매일 행해지는 경험의 세계로부터 정신의 세계로 공동체의 개념이 대체되고, 그러한 대체로 인해 정치와, 남성과 여성의 역할의 차이는 그 중요성이 감소된다.[14]

공동체 개념의 이러한 변화와 함께, 여성들은 참여의 조건이 전쟁에서의 강력함 혹은 남성들 사이의 달변의 능력에 근거해 있었을 때, 그들에게 거부되었던 방식으로 공동체의 잠재적 참여자가 되었다. 그러나 이러한 잠재적인 참여는 고대세계를 지배해왔던 다른 형태의 공동체에 참여하지 않음으로써 가장 잘 실현될 수 있었다.[15] 이것은 남녀 모두에게 있어 결혼과 아이를 낳는 성적 관계를 절제한다는 것을 의미했다. 이전에 여성의 유일한 기능으로써 보였던 것이 이제 거부되고, 다른 선택인 순결성(virginity)이 여성에게 가능해졌고, 더 이상 그들의 몸이 가지는 육체적 특성에 제한되지 않게 되었다.

여성들은 그들의 성(sexuality)을 거부할 수 있었고, 그들 몸의 성적 순수함을 보존했었던 남성과 동등하게 그리스도의 몸의 일부인 공동체의 구성원이 되었다. 순결을 유지하는 것에 의해, 남성과 여성 모두 그들의 속세의 번뇌를 회피함으로써 신에게 헌신할 수 있는 자유를 얻었다. 절제(abstention)에 있어서 동등한 것처럼, 그들의 신성과의 관계에 있어서도 남성과 여성은 평등했다. 따라서 그들은 "천상의 정신상태"[16]에 도달했다. 그렇게 하나님과 함께하기 위해 노력하고 순결을 지키면서, 여성은 원죄에 대한 형벌인 출산의 고통과 고난을 피할 수 있게 되었다.[17]

공동체에 대한 새로운 이해와 그리스도 몸의 일부가 되어야만 했던 사람들의 순결에 대한 강조에서 중요한 것은 그리스도의 재림, 곧 닥쳐올 종말(*eschaton*)에 대한 기대였다. 순결과 그것의 고귀한 상태에 관한 논쟁 중에, 바울은 다음과 같이 언급한다; "이 세상의 것들은 지나갈 것이다."[18] 바울은 기독교인들에게 그들의 인생에서 그들이 알고 있는 세상은 곧 멈출 것이라고 단언한다. 바울보다 한 세기 후, 테르툴리아누스의 말은 더욱 강력하다: "세상은 가득차 있다, … 거의 우리의 필요를 만족시키지 못하는 것들로 … 우리의 욕구가 밀어붙인다. … 인류에 대한 치료와 처리방식으로 페스트와 같은 역병, 기근, 전쟁 그리고 도시의 멸망이 예정되어 있다."[19]

이러한 세상이 곧 지나갈 것이기 때문에, 그리고 그리스도가 다시 나타나 최후 심판의 날을 드러낼 것이기 때문에, 자녀의 생산에 관심을 가질 필요가 없다. 세상에 새로운 영혼이 거주할 필요가 없는 것이다; 가족과 가족 내부에서의 여성의 역할에 대한 과거 기준 —도시를 유지하기 위한 세대의 번식— 은 사라진다. 장례식 추도연설에서 아테네인들에게 말하면서, 페리클레스는 전사한 군인의 부모에게 다음과 같이 말했다; "도시를 방어하기 위해 더 아들을 낳아라."[20] 그러나 정신의 공동체는 그것을 방위할 아들을 요구하지 않기 때문에, 여성은 공동체를 위해 결혼할 필요가 없다. 새로운 시민을 낳고 키우는 것이 아닌, 하나님에 대한 사랑에 헌신하는 삶이 실행 가능한 선택이 된 것이다.

바울의 기독교관에 내재하는 평등은 사회적 평등이 아니며, 육체가 아니라 영혼을 인정하는 새로운 형태의 평등이다. 육체는 더 이상 재생산할 필요가 없기 때문에, 이러한 새로운 형태의 평등은 고대의 남성과 여성 간의 위계적 관계에 대한 의미 있는 대안이 된다. 새로운 종교에서의 여성의 위치와 정치사상의 변화의 의미에 대한 바울의 급진적 제안은 발전하는 교회 제도에서 언제나 즉시 받아들여지지는 않았다. 교회제도는 그것을 둘러 싼 사회에서 설립된 조직의 형태에 따라 스스로 구조화된 것이기 때문이다. 바울이 지적한 몇 가지는 그 안에 내포된 변화로 이어지는 대신에, 상황 속에서 보수적 목적에 이용되기도 한다. 그렇다고 해서, 기독교가 새롭게 세워진 공동체의 구성원으로서 여성에 대한 새로운 관점을 순수하게 생각할 수 있는 능력이 결여됐다는 것을 의미하지는 않는다.

성 아우구스티누스: 하나님의 도성(City of God)과 여성

바울 이후 300년만에, 기독교가 로마에서 제도와 조직을 갖춘 공식 종교가 된 지 100년 만에, 성 아우구스티누스는 북 아프리카 히포(Hippo)의 주교가 되었다. 주교로서 재임 전후 기간 동안, 그는 총 117권이라는 방대한 양의 저서를 집필했다.[21] 이러한 글과 강론은 기독교 신학의 형태를 갖추게 하고, 다음 세기의 방향을 제시했다. 정치 사상의 전개에 관심 있는 사람들에게 가장 중요한 자료인 『하나님의 도성』(City of God)에서, 아우구스티누스는 인간들은 두 개의 공동체로 나누고 있는데, 그 중 하나는 인간에, 다른 하나는 하나님에 초점을 맞추고 있다. 아우구스티누스는 그의 분석을 위해 로마의 정치적 용어를 차용하면서, 남성 집단이 권리(ius)의 의미에 대해 합의했던 것처럼 키비타스(civitas; 도시)에 대한 키케로의 정의를 받아들인다. 키케로에게 있어, 이러한 권리의 표현은 로마의 공적인 것(res publica)에 의해 포착된다. 아우구스티누스에게 있어, 각각의 공동체를 통합하는 것은 신의 도시(the civitas dei)를 위한 하나님에 대한 사랑이거나, 인간의 도시(the civitas hominum)를 위한 자신에 대한 사랑이다.

명백히 정치적 용어를 사용하여, 아우구스투스는 시민들(cives)이 거주하는 이 두 도시(civitates)에 대해 설명한다; 동시에 그는 이러한 용어에서 그 어떠한 정치적 의미도 제거해 버린다. 정치적 경계나 제도, 그리고 출생, 재산, 군역 혹은 성별과 같은 멤버십의 기준은 거기에 존재하지 않는다. 오히려, 두 도시의 차이는, 하나님에 대한 사랑(하나님의 도시에서 시민권의 자격)을 지향하거나 또는 탐욕과 욕망(인간의 도시의 시민권을 의미하는)을 지향하는, 그 시민들의 영혼의 성향에 의존한다. 이전에 정치적 단위와 그 구성원들을 설명하기 위해 사용된 언어는 아우구스티누스의 작품에서 영적 관계를 위한 언어가 된다.

정치적 용어의 이러한 변화와 함께, 아우구스티누스는 비정치적 세계가 우선한다는 점을 확고히 한다. 우리가 알고 있는 것처럼, 정치적 영역은 은혜로부터 인간이 타락한 결과이다; 그것은 타인을 지배하려는 인간의 성향에서 필연적으로 발생하는 필연적 결과이다. 인간이 다른 사람을 해치지 못하도록 만들어진 정치제도는 언제나 우리가 우리의 육체에 대한 통제력을 잃어버린 이 세상의 삶이 가지는 결함의 일부로 존재할 것이다. 최선의 상황에서조차, 우리가 알다시피 정치적 영역은 참된 덕과 참된 정의가 가장 약하게 드러나는 영역일 수 있다는 것이다. 예를 들어, 아무리 판사가 정직할지라도, 정의는 하나님과 함께 했을 때에만 발견될 수 있다. 개인들의 공동체가 이 세상일만 생각하는 인간의 도시(City of Men)는 속임수와 야심의 도시이고, 노예상태, 위계질서, 그리고 억압의 도시이다. 따라서 인류(mankind)가 지향해야할 목표는 우리의 성(sexuality)에서 비롯되는 것들과 같은 헛된 쾌락만 추구하는 육체의 나약함을 인식하는 것이고, 또한 신성한 것으로 돌이켜야 하는 것이다.

모든 시민들이 그들의 신체가 그들을 관장하는 통제를 극복하는 보편적인 공동체, 즉 하나님의 도시(City of God)에서, 인간들은 영혼을 통해 하나님을 알게 되면서 완전한 행복을 위해 노력할 때 하나님에 대한 그들의 사랑 안에서 통합되는 것이다. 이러한 공동체를 창조하고, 보존하기 위해서 어떠한 정치적 조직도 필요치 않다; 어떤 불평등도 인간관계를 지배하지 못하고; 어떤 위계질서도 이 도시에서 개인의 지위를 결정하지 못한다. 이러한 시각이 갖는 정치적 함의는 분명하다. 전통적인 정치적 삶은 단지 잘못되고 불완전한 행복으로 이어질 수밖에 없다; 그것은 그 자체로서 추구할 만한 가치가 있는 것이 아니다.

정신보다 육체가 지배적인 인간의 도시에서, 여성은 그녀의 열등한 신체와 약함으로 인해 열등한 존재이다. 하나님의 나라에서 여성은 하나님을 사랑하는 사람들의 집단이라는 새로운 개념의 도시(civitas)의 일부로서 자신이 육체의 한계를 넘어선다. 시민(cives)과 도시(civitas) 라는 용어에서 직접적인 정치적 의미가 제거되었기 때문에, 여성은 로마의 시민권에 대한 규정에 따라 거부되었던 공동체의 일부가 될 수 있게 된다. 여기서 아우구스티누스의 분석은 창세기에 있는 여성의 창조에 대한 두 종류의 이야기에 대한 그의 해석과 관련되어 있다. 창세기 1장 27절에 있는 첫 번째 이야기에서, 성서는 이렇게 기록한다; "하나님이 자기형상으로 인간(man)을 창조했다. 즉, 하나님의 형상으로, 그는 인간을 창조했다; 그(하나님)는 그들을 남성과 여성으로 창조했다."[22] 두 번째 이야기는 깊이 잠든 아담(Adam)과 하나님[의 다음과 같은 행동]을 묘사한다.

> … [하나님이] 그의 갈빗대 하나를 취하여, 살로 대신 채웠다. 하나님이 남자에게서 취하신 그 갈빗대로 여자를 만들어, 여자를 남자에게

데리고 오셨다. 그리고 남자가 말했다. 이는 내 뼈 중의 뼈요, 살 중의 살이라; 여자가 남자에게서 나왔으므로 그 [이름]을 여자(Woman)라 할 것이다. 그러므로 남자가 부모를 떠나 그 아내와 연합하여 둘이 한 몸을 이룰 것이다.[23]

성서의 첫 번째 이야기에서 성서는 동시적 창조를 묘사한다; 거기서 아우구스티누스는 남성과 여성의 영혼은 동일하다고 주장한다. 이브(Eve)의 영혼은 하나님으로부터 온 것이지, 아담의 영혼에서 나온 것이 아니다.[24] 그녀는 아담과 동시에 존재하게 되었다. 영적 관계에서 이브는 아담보다 열등할 필요가 없고, 여성 또한 남성보다 열등할 필요가 없다. 하나님의 나라에서는 모두가 평등하다. 세속성은 어떤 성에게도 우선권을 주지 않는다. 그들의 평등은 하나님과의 직접적인 관계에 의해 비롯된다. 여기서 이브는 하나의 인간(homo)이다. 이와 대조적으로, 두 번째 이야기는 신체에 주목하여, 이브가 아담의 뼈라는 육체로부터 창조되었음을 강조한다. 여기서 그녀는 죄를 끊임없이 상기시키는 존재일 뿐만 아니라 남성의 필요를 충족시키기 위해 창조된, 여성(femina)이 된다.

모든 인간 경험의 특징인 이중성은 여성의 애매모호한 지위를 평등하고도 열등하다고 규정한다. 육체로 규정되는 여성은 육욕(肉慾), 그리고 결국 죄를 상징한다. 다른 한편으로는, 하나님을 향한 인간의 행로는 육체적이고 인간을 주인과 노예, 즉 우월한 자와 열등한 자의 세계에 묶어두는 것을 넘어선다. 여성의 영혼이 하나님을 향해 있을 때, 그녀는 남성과 평등한 존재일 수 있다. 그녀가 하나님의 나라의 구성원일 때, 여성은 남성과 같은 시민(civis)이 된다.[25] 구원이 가까워지는 최후의 심판의 순간에, 여성은 남성을 따라 올라갈 것이다; 그때에, 하나님의 왕국이 다가올 때 육신의 욕망이 끝나게 되기에, 육체가 더 이상 죄에 대한 기억으로 구속되지 않을 것이다.[26] 그때 여성의 육체 또한 불평등하게 되지 않을 것이다.

이룰 수 없는 평화를 추구하고, 잘못된 행복을 제공하기 때문에 정치 세계가 열등함을 인식하라는 아우구스티누스의 권고는 결혼이나 성적 쾌락의 표현으로부터 발생하는 자녀의 세계, 즉 성(sexuality)의 세계를 극복하라는 그의 권고와 연계된다. 아우구스티누스의 시각은 바울의 저작에서 제시된 주제를 다듬은 것이지만, 그의 글이 부분적으로 마니교(Manichaeans)에 대한 답변이기도 하여 초점이 보다 선명하다. 바울과 아우구스티누스 시대 사이에, 다양한 기독교 종파가 등장했다. 이러한 것들 중 하나가 마니교로, 그들은 세계를 선과 악으로 이분하였고, 영혼은 선한 것으로 육체는 악한 것으로 간주했다. 세상은 이러한 두 세력 간의 갈등의 영역이었고, 악에 대항한 하나님의 최종적인 승리를 위한 전투에서 육체는 억제될 필요가 있었다. 악의 기원에 대한 문제로 혼란에 빠진 아우구스티누스는 한동안 그에 대한 답변을 위해 마니교에 관심을 가졌다. 그들은 육체와 영혼이 궁극적 분리[27]와 육체가 일단 벗어날 수 있게 되었을 때 자신의 악한 부분으로부터의 자유함을 주장하면서 육욕에 대한 죄를 진정시켰다.

아우구스티누스가 마니교 신학을 거부하게 된 이유는 부분적으로 그들의 과도한 단순화에 기인할 뿐만 아니라, 육체적 세계는 악마가 아니라 하나님이 창조했다는 사실을 그가 궁극적으로 수용하게 된 데 기인한다. 그러므로 육체적 세계가 전적인 악으로 간단히 처리되지 않게 되었다. 오히려 악은 인간의 죄와 자신의 육체에 대한 통제에 대한 인간의 결과적 실패에서 오는 것이다. 특히 성성(sexuality)은 우리 힘의 한계를 드러낸다. "신체의 음란한 부분을 흥분시키는 육욕은 … 외부로부터 뿐만 아니라 내부적으로도 전 육체를 넘어서는 힘으로 추정된다; 내적인 감정이 발현하여 육체적 욕망과 섞일 때, 그것은 모든 사람을 혼란스럽게 한다."[28] 육욕에 의해 영향을 받으면, 정신은 제대로 기능을 할 수 없고, 이러한 육욕의 표현조차 통제할 수 없게 된다. 원죄에 대한 형벌의 속성을 묘사하기 위해 사용된 언어는 명백하다; "때때로 충동은 원치 않는 침입자이고, 때로는 그것은 간절한 연인을 버린다. 그리고 욕망은 정신 속에서 끓어오르는 동안에 육체에서는 차가워지기도 한다."[29] 마니교에서 말하는 신체와 영혼의 분리는 성에 의한 그렇게 생생하게 제시된 긴장을 다루는데 부적절했다. 성 행위 동안에 "정신적인 각성도가 거의 전적으로 소멸"되어 있는 점도 마니교는 적절하게 설명하지 못했다.[30]

성욕의 강한 힘에 대한 아우구스티누스의 대책은 순결과 정숙을 강조하는 것이었다. 순결은 삶에서 최고의 가치였다; 결혼하게 되면 언제나 하나님에 대한 사랑으로부터 떨어지게 되어 있으며 영혼과 정신이 약해지게 되어 있기 때문에, 미망인은 재혼해서는 안 되는 것이었다. 구약성서에서 유대인들에게 생산성과 풍요는 권장사항이었다; 이는 신의 축복이었다. 그러나 아우구스티누스에게 이러한 권유는 구세주(Messiah)가 태어날 수 있게 하기 위해 필요한 것이었다. 그리스도가 태어난 이후인 지금 그러한 풍요로움은 더 이상 필요치 않았다; 그러므로 결혼은 더 이상 고상한 지위를 유지하지 못했다. 그것은 인간의 욕정 ―그들의 죄악성과 의지에 대한 통제를 하지 못하는 무능력함의 징후― 을 채우는 열등한 상태로 비하되었다. 기독교는 육체의 물리적 풍요로 인도하는 대신에, 정신적 풍요로 인도하게 되었다.[31]

결혼에 대한 태도에서의 이러한 변화는 정치적 상황에도 마찬가지로 반영되었다. 구약성서가 정치적 레짐, 왕과 유대인들의 지배자를 중요하게 여겼던 반면에, 그리스도가 태어난 이후, 그의 탄생을 준비할 정치적 세계는 더 이상 필요치 않았다. 세계가 그리스도의 탄생을 고대할 때 그렇게 중요했던 정치세계는 이제 하나님의 나라라는 영적 세계에 양보해야 했다. 이제 풍요로움은 더 이상 육체적 용어가 아니고, 결혼은 하나님의 나라와 같은 것이 되었으며, 이는 결혼에서 성이 매우 중요했던 육체적 관계보다 배우자의 성이 그렇게 중요하지 않았던 영적 관계의 정립을 의미한다. 그래서 아우구스티누스는 결혼에서 절제의 중요성을 강조한다.[32] 다른 사람을 향한 배우자의 사랑은 부인을 향한 남편이나, 남편을 향한 부인으로서가 아니라, 하나님의 피조물로서 존재하는 것이어야 했다. 하나님의 나라가 육체적 세계의 수렁에 빠진 전통적 정치 공동체를 대체하게 되자, 영적 결혼이라는 새로운 개념이 이전에 후손을 보는 것과 관련되었던 관계를 대체하게 된다.[33]

이와 같이 성(sexuality)이 분리된 결과는 바울과 관련하여 지적되었던 것들과 유사하다. 남편과 아내 사이의 공식적 관계인 결혼은 정치 세계와의 근본적 연계점을 상실했다. 이전에 결혼은 국가의 미래 시민이 가정에서 태어날 것이기 때문에 정치적 공동체의 관심사였던 반면, 이제 자녀가 문제되지 않는 무성(asexual, 無性)적 결혼은 정치적 구조와 직접적인 연결고리를 갖지 않게 되었다. 그리스에서 도시 구성원의 자격은 가정의 구성원의 자격에 의존했다; 로마에서 결혼에 실패한 남성은 벌금을 내야했고, 아이를 생산하면 보너스를 받았다. 그리스와 로마 모두 인간의 공동체가 일시적이라는 것을 알고 있었다. 그러므로 그들은 유한한 도시를 불멸의 공동체로 만들기 위해 자손에 의지했다. 국가는 새로운 육체의 지속적인 흐름 없이는 생존할 수 없었다. 국가의 가치가 쇠퇴하면서, 새로운 육체는 필요치 않았다. 결혼 관계는 육체적 상태에 대한 관계를 무시할 수 있었다. 영혼의 정신적 지향성으로서의 하나님의 나라는 신체의 생산, 남성과 여성의 육체적 결합에 의존하지 않았다. 하나님의 나라는 가족의 관계 속에서 수행하는 여성의 필요성을 없애버렸고, 따라서 결혼관계는 정치 세계를 위한 그 초기의 의미를 상실했다.

리더십과 새로운 여성 공동체: 수녀원과 여성 성인의 등장이 갖는 신학적 의미

고대 그리스에서는 남성 없이 살아가는 여성, 아마존(Amazon)에 대한 이야기가 전해져 왔다. 아테네의 사원에는 헤라클레스(Heracles)와 테세우스(Theseus)와 같은 문명사회의 남성 세력과 싸우고 있는 여성 전사들이 그려져 있는 도자기가 있다. 말을 타고 있는 그 여성들은 활과 화살통을 들고 있다; 그녀들의 오른쪽 가슴은 잘려있어,

그들은 자신들의 무기를 보다 쉽게 사용하였을 것이다. 그러므로 그녀들의 이름 아마존(a-mazon)은 가슴이 없다는 것을 의미한다. 의식적으로 그리고 강제로 남성을 배제한 여성 공동체가 아시아 대륙 어딘가에 존재했다는 것은 그리스인들에게는 반공동체적으로 여겨졌다. 아마존은 단지 전쟁터에서 싸웠을 뿐만 아니라, 자신들만의 조직을 형성했고, 지도자와 여전사를 가지고, 다른 도시를 정복하기도 하였다. 아마존의 단성 공동체(single-sex communities)는 그리스 세계를 혼란스럽게 만들었다. 왜냐하면 그리스는 전사가 아닌 가족의 부와 공동체의 존재가 지속될 수 있는 수단으로 인식되고 있는 아이 낳는 여성에 의존하고 있었기 때문이다.

아마존이 실재했는지는 사실상 의심스럽다. 여성 전사들의 고립된 공동체는 반대되는 것에 대한 고려를 통해 자기를 정의하는 그리스 세계 신화 시리즈의 일부였다. 기독교 시대 초기에 단성 공동체에 대한 생각은 이제 더 이상 "현실 세계"를 혼란스럽게 하는 신화 또는 환상의 세계로 표현되지 않았다; 이제 실제 조직에서, 기독교를 받아들인 사람들 사이에 정치세계가 그렇게 거꾸로 뒤집어졌었다는 점이 확인되었다. 그들의 생성과 생존은 자신들의 보존과 정통성 확보를 위해서 가족의 존재를 필요로 했던 그리스와 로마의 정치조직에 대한 완전한 거부에서 시작한다. 새롭게 나타난 수도원과 수녀원이 이론적으로 반 공동체주의는 아니었지만, 새로운 사회관계의 형태는 당연히 이전 정치구조와는 정반대의 원칙에 기초하고 있었다.

종말의 강조와 함께 초기 기독교의 금욕주의가 "기도와 묵상의 환경을 개선하기 위해 성을 분리"하기 위한 시도 뒤에 있었다.[34] 다른 세계에 대한 집중은 성적재생산 뿐만 아니라, 당시에 명상보다 (전사 또는 웅변가의) 행동을 강조했던 로마와 아테네라는 정치조직적인 모델에 대한 무시를 의미했다.[35] 수녀와 수도사로 구성된 새로운 단성 공동체는 의식적으로 성과 정치 모두를 회피했다. 그들[새로운 공동체]은 금욕주의의 힘에 이끌리고 정치적 삶으로부터 확실하게 물러나면서 그들에게 이끌려온 신참자들로 채워졌다. 그들에게 구성원의 자격은 엄격한 합법적 기준으로 규정되지 않았고, 로마의 경우처럼 군사작전에서의 성공에 대한 보상도 아니었다.

"4세기까지 수도원의 삶은 금욕주의를 통해 도덕적 완성을 추구했던 많은 남녀에게 매우 매력적이었음"[36]이 드러나지만, 수녀원의 부흥의 역사를 정확히 추적해 내는 것은 어려운 일이다.[37] 기독교 신학에서 구원은 개인적 사건이지만, 초기부터 구원의 과정에서 개인은 남녀의 헌신을 통한 다른 이들의 지원을 받았다. 따라서 각 구성원의 개인적 구원에 헌신한 금욕주의적 공동체는 세상의 가장 황량한 지역에 은둔함으로써 모든 인간사로부터 자신들을 고립시킨 금욕주의적 은둔지에서 성장했다. 수녀원 중에 가장 유명한 곳은 성 바실리우스(St. Basil)의 누이인 마크리나(Macrina)가 수녀원장으로 있었던 곳으로. 그녀는 4세기말에 수녀원을 건설했다.[38]

같은 시기, 수도원 생활의 열정적인 옹호자였던 성 히에로니무스를 따라 자신의 딸과 다른 로마 여성과 함께 로마를 떠난 바울라(Paula)는 처음에는 팔레스타인(Palestine)으로 그 다음에는 베들레헴으로 갔다. 그녀는 그곳에서 총 네 개의 수도원을 건설했는데, 그 중 세 개는 수녀(nuns)들을 위한 것이었고, 나머지 하나는 수도승(monk)

을 위한 것으로, 수녀원은 그녀 자신이 맡았고, 수도원은 성 히에로니무스가 맡았다. 히에로니무스는 마리아(Mary)가 그리스도의 탄생 이후에 요셉(Joseph)과의 사이에서 아이를 낳았다는 사실을 언급하는 사람들에 대항하여, 마리아의 영원한 순결성에 대한 강력한 옹호자였다. 그는 그를 따르는 로마의 여성들에게 수녀원에 은둔함에 있어 중요한 요소가 되었던 독신에 대해 강조했다. 초기 몇 개의 종교 공동체는 히에로니무스와 바울라의 경우에서처럼 이중 수도원으로 건설되었다; 한 쪽은 수녀들을 위한 것이었고, 다른 한 쪽은 수도승들을 위한 것이었다. 이 둘의 상호작용의 정도와 수녀원장 혹은 수도원장이라는 마지막 권위의 소재는 시간과 장소에 따라 다양했지만, 최소한 초기에는 "수녀원장이 때로는 수천명의 남성과 여성이 있는 어마어마한 규모의 영토를 포함하는 시설을 지배하는 것"이 가능했다.[39]

성 히에로니무스를 따랐던 바울라와 로마의 여성 집단이 보여주는 것처럼, 수도원과 수녀원의 발생 초기에 세속적인 것들의 총체적 거부인 금욕주의와 경건성은 남성에게 제한된 것이 아니었다. 여성은 자기 부정과 신에 대한 헌신의 정도에서 남성과 동등함을 보일 수 있었다. 그곳에서는 금욕적 여성보다 금욕적 남성에 대한 어떠한 우월성도 존재하기 않았다: 양자 모두 육체의 요구와 이전에 즐겼던 사치를 거부했고, 모두 자신들이 성욕도 거부했다. 고대의 정치적 영웅이 종종 전쟁터나 의회에서 영웅적 활동으로 헌신했던 반면, 남성을 정치 참여의 장에서 떼어낸 새로운 덕의 개념은 남성을 새로운 덕의 모델 —그것이 육체의 활동을 활용하는 것보다는 육체를 부인하는데 의거하기 때문에, 여성의 포함을 허용하게 된 모델— 로 허용하게 되었다. 일찍부터 용맹한 자들은 성별의 차이에 의미를 두지 않았다; 후일 용맹한 자들이 더 이상 위협이 되지 않았을 때에도, 헌신의 깊이는 성별에 관계없이 남아있게 되었다. 따라서 덕이 탈정치화되면서, 덕은 더 이상 성별과 연관되지 않게 되었다; 더 이상 "히로인(heroine; 여성 영웅)"이 여성이 따라야 할 가치도 아니게 되었다. 자기 부정과 다른 사람을 양육함으로써 헌신의 극치를 보여준 여성 성인(female saints)은 남녀 모두가 따라야 할 가치가 있는 모델이었다. 덕은 탈정치화 되었을 뿐 아니라 탈성화(desexed)되었다.

덕에 대한 이러한 새로운 관점에 따라, 권력에 대한 새로운 시각과 누가 통치하는 데 적합한 사람인가에 대한 전통적인 질문에 대한 새로운 해답이 제시되었다. 이제, 과거의 군사적 승리자나 키케로와 같은 달변가에게 주어졌던 정치권력의 모델도 대체되었다; 권력은 신성한 것에 대한 최고의 헌신과 종교적 질문들에 대한 가장 깊이 있는 지식을 가진 사람들에게 속하게 되었다. 미래 비전에 의한 헌신과 지식 그리고 그리스도와 성모 마리아와 같은 신성한 존재와의 직접 접촉에 대해서는 뭔가 보답이 있었다. 이것이 수도원의 권위의 근거일 수 있었고, 세속에서도 마찬가지로 작동했다.[40] 중세의 성인전(聖人傳)은 그리스도 이전의 사회에서 성이라는 것이 그들에게 부과했던 전통적인 한계를 초월했던, 주목할 만한 여성을 묘사하고 있다. 그러한 여성의 헌신, 금욕주의 그리고 학식은 그 이전에 여성이 결코 경험하지 못했던 다른 사람을 지배하는 권력으로 그들을 이끌었다.

예를 들어 8세기 리오바(Lioba)라는 여성이 있었다. 그녀는 "그녀에게 거의 마술적인 권위를 준 박학다식함에다 독일의 새로운 교회의 질서를 잡아야 하는 대단한 행정적 과업에서 실질적 힘을 감당했던" 여성이었다.[41] 또한 영적이고 금욕적인 삶을 살기 위해 가족과 타락한 교회에 저항했던 12세기 마크예이트의 크리스티나(Christine of Markyate)도 있었다. 세속적인 압력에 대한 이러한 저항은 그녀에게 "영혼의 지도자"로서의 힘을 가지게 했던 깊은 신성을 드러내고 있다.[42] 권력의 근원에 대한 재정의와 함께, 여성은 그들의 성적 특성에 결코 얽매이지 않는 정당한 권력의 소유자가 될 수 있었다.[43]

기독교는 개인이 속해있던 정치공동체로부터 자아 정체성을 여러 가지 방법으로 제거하였다. "정의"와 "공동체"와 같은 정치적 용어를 택하여, 그 의미를 극단적으로 변형시켰다. 그렇게 하면서, 그것은 또한 성적 역할의 분리와 재생산이나 전쟁에 대한 그들의 관계에 대한 고대 정치 단위의 전통적 의존성을, 새로운 형태의 잠재적 평등과 함께, 육체와 성적 차별화의 부정(denial)에 대한 의존으로 대체하였다. 이러한 잠재적 평등은 여성에 대한 가능성을 열었지만, 그 시기의 정치 구조에서 처음부터 참여자는 아니었다.[44] 대신에 그들은 지도자가 될 수도 있고, 공동체를 —여러 개의 공동체도— 세울 수도 있었고, 고대의 말타고 활쏘는 여성전사와 같이 위협으로 인식되지 않고 자신만의 삶을 영위하면서 남성과 별개로 살 수도 있었다. 오히려 이러한 여성들이 남성의 목적을 위협하기 보다는 지지했기 때문에, 남성들은 성인과 수녀원장의 권고와 지도에 의지할 수 있게 되었다.

실제로 12, 13세기에는 그들의 지도자들이 너무 지배적인 전통적 권위의 모습을 피하고 여성적 모습에 동화되었기 때문에, 수도원에서 리더십에 대한 전통적인 남성적 가치에 대한 의문까지 생기게 된다; 남성 지도자들은 그들의 수도승들에게 어머니로서 자신의 모습을 그려내고, 신성이 가지는 양육하는 자질에 대해 언급한다.[45] 따라서 그리스도는 생명의 젖을 물리는 존재로 나타나고, 신에 대한 복종의 중요성에 대한 기독교적 강조를 손상시키는 지배에 대한 남성적 지향성에 저항하는 강력한 모습으로 등장한다.

금욕주의에 대한 초기 기독교의 강조는 육체적 세계에 대한 태도의 변화를 의미했다. 이러한 세계에서 남성과 여성의 육체가 가지는 재생산 능력은 의미가 없다. 여성은 이제 성애(eroticism)와 관련하여 고려되어야 하는 존재가 아니었다; 그녀는 자신의 육체가 가지는 성적 측면으로부터 소외된다. 따라서 수녀원이 여성에게 공동체의 개념을 부인하지 않고 자신의 육체가 가지는 육체적 성을 부정할 수 있었던 영역을 제공하게 되자,[46] 남성은 여성의 성을 전유할 수 있었다. 이전에 공동체는 여성이 가족의 구성원으로 존재하는 한에서만 가능했다. 중세시기에 여성이 수녀원에 들어가려는 데는 다양한 이유가 있겠지만, 그들만의 공동체 조직 안에서 여성의 결사는 더 이상 아마존과 같이 위협으로 드러나지는 않게 되었다. 대신에 단성 공동체는 남성이나 여성이나 인간 존재의 육체적 현실로부터 벗어날 수 있는 사회적 삶의 새로운 개념을 위한 필요성을 확인해 주었다.

중세의 역사에서 여성의 공간에 대한 글을 썼던 사람들은, 그들이 남성 지도자의 사회적 통제하에 더욱 더 귀속되게 되고, 기독교가 봉건 사회의 정치적 형태와 더욱 더 엮이게 되는 중세 후기에 여성에 대한 통제가 증가하였음을 추적한다.[47] 여기서 우리의 과제는 역사가들이 우리에게 말한 것을 반복하는 것이 아니라, 과거와의 정치적 관계를 —그리고 그야말로 정치적인 존재의 전 영역을— 거부하면서 이전의 세계가 부인했던 성 평등의 가능성을 열었던 종교의 이론적 중요성을 인식하는 것이다. 단성 공동체 —여성의 공동체조차도— 는 엉망이 된 세계를 상징하는 것이 아니라, 이러한 새로운 종교의 목적을 완벽하게 표현하는 것으로 나타날 수 있게 되었다.

성 토마스 아퀴나스: 잘못 만들어진(Misbegotten) 남성, 그리고 아리스토텔레스 목적론의 기독교화

13세기 중반 중세 후반부에 저작활동을 한 토마스 아퀴나스는 스콜라철학(Scholasticism)의 전성기를 대표한다. 9세기 수도원에서 발생한 스콜라철학은 성서와 교부들의 글에서 발견되는 모순적 말들의 통합을 시도했다. 12세기 이후, 십자군 전쟁 동안에 접촉한 아랍인들과 스페인의 무어인(Moors)을 통해, 서구 사회는 다시 한 번 그리스 철학자의 저술에 접근할 수 있었다. 중세 초기에 서구사회에서 아리스토텔레스의 논리학 관련 저술은 계속해서 논의되고 있었지만, 윤리학과 정치에 대한 그의 저술은 관심을 받지 못했다. 대신에 그것들은 아랍의 번역자를 통해서 이슬람 철학자들에 의해 보존되었던 것이다.

13세기에, 아리스토텔레스의 『정치학』과 『윤리학』(Ethics)의 라틴어 번역이 나타났고 특히 파리 대학에서 대학 교과의 일부가 되었다. 파리에서 알베르투스 마그누스(Albertus Maguns)의 사사를 받은 토마스 아퀴나스는 성서와 기독교 저자들의 말에 대한 스콜라적 통합을 시도할 뿐만 아니라, 이교 철학, 특히 아리스토텔레스 (토마스 아퀴나스의 저작에서 지칭하는 바 "철학자(the Philosopher)")의 철학과 신앙을 통합하고자 했다. "그것이 터무니없기(absurd) 때문에 나는 그것을 믿는다"라고 말했던 교부 시대의 테르툴리아누스와는 달리, 토마스 아퀴나스의 저술은 신앙과 이성, 기독교와 아리스토텔레스의 통합에 집중되어 있다.

토마스 아퀴나스의 관점에서, 하나님이 인간에게 이성을 주었기 때문에 이성이 이끄는 결과와 신앙의 계율 사이에는 괴리가 있을 수 없었다. 예수 탄생 이전에 살았던 아리스토텔레스에게는 앞으로 올 세계와 신성한 것에 관한 인간관계의 본질에 대해 우리에게 말해주는 계시가 부족했을 뿐이었다. 비록 그가 그리스도에 의해서 밝혀진 진리로 가는 통찰력을 제시하고 있지는 않지만, 끊임없는 노력의 산물인 그의 저작은 지구상에서의 우리의 삶의 본성, 그 삶에서의 정치공동체의 역할의 속성, 그리고 인간 존재에 있어서의 여성의 역할의 속성까지 논의하고 있어 가치가 있다. 성서를 통해, 기독교는 앞으로 올 세계에서 신에 대한 완전한 지식이라는 인류의 최종 목적인 텔로스(the telos)을 밝힌다; 아리스토텔레스는 현세에서 인류의 목적과 정치공동체에 대한 그 목적의 관계를 설명한다.

아리스토텔레스가 가장 높은 것에 대해 우리에게 말해줄 수는 없지만, 정치와 가족이라는 현재의 세계 개념과 함께 우리를 도울 수는 있다. 이들 관계는 아우구스티누스의 저술에서처럼, 더 이상 하나님의 도시에 대한 희미한 반영으로 보이는 것이 아니다. 이제 아리스토텔레스의 윤리와 정치의 영향력 하에서 부분적으로, 현실 세계(world of action)는 잠시 머무는 것이 아니라 우리가 신에 의한 피조물이라는 긍정적 표현이 된다. 정치적 삶의 가능성에 대한 낙관론이 아우구스티누스에서 발견되는 비관론을 대신하면서, 토마스 아퀴나스의 아리스토텔레스주의(Thomas' Aristotelianism)는 아우구스티누스의 플라톤주의(Augustine's Platonism)를 대체하게 된다. 여기서 우리의 문제의식은 이러한 변화가 공동체의 정치적 삶에서 여성의 역할에 대한 이해에 어떤 영향을 미쳤는가 하는 것이다.

아리스토텔레스의 목적론은 성장, 질서, 그리고 목적의 영역으로 세계를 보는 시각을 수반한다. 토마스 아퀴나스는 이러한 관점을 각 존재가 하나님에 의해 규정된 목적으로 향해 움직인다는 기독교화 된 목적론으로 다시 정리한다. 각각의 피조물은 영원한 이성의 한 부분을 가지고 있으며, 따라서 "그것은 그것에 적절한 행동과 목적을 향한 자연적 경향을 가진다; 그리고 이성적인 피조물에 대한 영원법의 개입이 자연법이라 불리는 것이다.[48] 따라서 하나님은 개별적인 존재가 각자의 목적에 맞게 성장하도록 한다. 그것이 이성을 통해 우리가 이해하는 목적이다. 더하여, 신법(divine law)인, 성서는 우리의 영적 목적을 드러 낸다; 이 법은 이성을 통해서 알 수 있는 것이 아니다. 그러나 "실천 이성의 명령"으로서의 자연법(Natural law)은 정치공동체의 인간법의 근원이 된다.

추상적 이성에서 자연적으로 알려진 증명할 수 없는 원리들로부터

> 우리가 저절로 알게 되는 것이 아니라 이성의 노력을 통해서 얻어지는 다양한 학문과 지식의 결론을 끌어내는 것처럼; 또한 인간이성이 어떤 문제의 보다 특정한 결정에 이르게 할 필요가 있다는 것은 일반적으로 증명할 수 없는 원리로부터와 마찬가지로 자연법의 원칙으로부터 온다.[49]

정체의 법률은 인간이 자연법을 발견할 수 있는 이성을 일상의 구체적 삶에 적용할 때 형성된다. 아우구스티누스가 말했던 것처럼, 법률은 이웃을 해치려는 인간의 의도에 대한 규제가 아니다. 오히려, 인간의 이성을 통해서 인간법은 영원법을 반영하고 거기에 참여하게 되는 것이다. 따라서 정치 공동체의 법률은 영원한 이성, 곧 정의와의 연합을 통해서 고양된다.

아우구스티누스는 공동체의 정의에 관해 글을 쓰면서, 하나님의 나라를 묘사하고 있었다; 토마스 아퀴나스는 공동체의 가치를 언급하면서, 정체를 포함한다. 인간이 정치 공동체에 사는 것은 진정 "자연스러운(natural)" 것이다.[50] 다른 기술, 그리고 다른 능력이 우리를 서로 의존하게끔 만들고, 우리를 함께 사회로 끌어들인다. 그것에 수반되는 권위와 구조를 가지는 공동체는 죄악의 결과가 아니라, 인류 간의 상호 의존의 긍정적 표현이다. 왕의 지위와 같은 정치 공동체 내부에서 발견되는 위계질서는, 우주 질서의 반영이다; 그것은 타락(the Fall) 이전에 존재했던 평등의 완전성을 잃어버렸기 때문에, 위계질서에 의존하게 된 물질세계의 결함을 드러내는 것이 아니다. 아우구스티누스는 이러한 삶의 부적절성과 타인을 지배하는 인간의 위계질서를 죄 때문이라고 강조했다. 앞으로 다가올 삶에 대한 관심과 부패하게 될 인간의 몸에 이식된 영혼의 모습과 결합된 그러한 시각은 성별 간의 신체적 차이를 초월하고, 죽은 자들의 부활 이후의 삶의 특징으로 나타나게 될 잠재적 평등을 남녀 모두에게서 찾았다. 아우구스티누스에게 있어 불평등의 영역은 지상의 삶이었다; 여성은 최후의 심판 이전에 종속되는 존재였다. 역사의 끝자락에서, 지상의 삶을 넘어서는 위계질서와 불평등의 초월이 존재하게 된다.

토마스 아퀴나스를 통해 아리스토텔레스가 기독교에 접목하게 되면서, 아우구스티누스 사상의 특징인 정치에 대한 폄하도, 도시의 보존을 위해 필요한 육체적 재생산에 대한 묵살도 허용되지 않았다. 결과적으로, 토마스 아퀴나스는 인간들 사이에 영원한 질서의 일부로 위계질서를 받아들였다. 그에게 왕정은 최고의 정치형태였다. 유사하게, 여성의 종속도 자연 질서의 일부였다. 토마스 아퀴나스가 최후의 심판 이후의 남녀평등에 관한 아우구스티누스의 견해에 동의하면서, 정치적 세계와 위계 구조의 부활은 여성을 종속적 역할에 배치하는 체제의 수용을 의미했다. 아우구스티누스의 사상에서, 그것은 타락한 세상의 불완전함의 일부였다. 토마스 아퀴나스의 사상에서 그것은 자연적 세계의 일부인 것이다.

아리스토텔레스의 생물학을 적용하는 데 있어, 토마스 아퀴나스는 아리스토텔레스의 기독교 신학에서 파생되는 어떤 중요한 제한들과 함께 여성의 생물학적 열등성에 대한 아리스토텔레스의 설명을 재차 강조한다. 그의 목적론에 근거한 아리스토텔레스의 생물학은 성장과정을 강조했다; 동물은 그의 잠재성의 완전한 표출이라는 목적지를 향해 성장한다. 그들의 목적지에 도달하지 못하는 피조물은 결함이 있다. 불완전한 피조물들 중에 잘못된 시기에 수태되고, 적절한 열이 없는 상태에서 형성된 종(species)이 바로 여성이다. 토마스 아퀴나스는 명백하게 아리스토텔레스의 생물학을 생각나게 한다: "여성의 발생(generation)은 활동력의 결함이나 잘못된 물질에 의해서가 아니라 … 종종 외부의 돌발적인 원인에 의해 야기된다; 따라서 그 철학자는 말한다. … 북풍은 남성의 발생을, 그리고 남풍은 여성의 그것을 돕는다."[51]

토마스 아퀴나스의 여성에 대한 이해의 중심에는 아리스토텔레스의 이론이 있다: 여성은 "각자의 경우에 있어 고려되는 자연의 목적과 관계없이 생산된 존재로, 잘못 만들어진(misbegotten) 남성이다."[52] 토마스 아퀴나스의 사상에서, 몸과 영혼은 아우구스티누스의 견해에서처럼 분리되어있지 않다. 영혼은 육체에 대해 형상(form)을 작동하고, 육체의 감각기관에 적절한 것으로 묘사된다.[53] 이성적 영혼은 육체에 적절한 것이기 때문에, 여성의 잘못 빚어진 육체는 그것에 맞는 영혼을 가지고 있고, 따라서 열등한 것이다. 아리스토텔레스가 가르친 바와 같이 열등한 사람들은 우월한 사람들의 지배를 받아들여야 하기 때문에, 여성은 반드시 그들 자신의 이익을 위해서 남성에게 종속되어야 한다고 토마스 아퀴나스는 결론을 내린다. 그들의 아이들과 유사하게, 여성은 그들의 낮은 능력에 적합한 결혼 생활 속에서 역할을 수행했을 때 이익을 얻을 수 있는 것이다.[54]

그러나 토마스 아퀴나스에게 있어, 여성 또한 우주에 대한 신의 통치에서 하나님에 의해 창조된 신성한 계획의 일부였기 때문에, 여성은 단순히 결함 있는 존재가 아니었다. 따라서 토마스 아퀴나스는 여성을 "각자의 경우에 고려된 자연의 목적에서 벗어나 있는 것"으로 묘사하는 그의 언급에 "그러나 보편적인 자연의 목적에 반하는 것이 아니"라는 주석을 덧붙였다. 아리스토텔레스의 생물학은 개인을 중심으로, 각 경우에 있어서의 완전함이나 불완전함에 초점을 맞췄다. 인간에게 있어, 완전함은 여성이 배제되어 있었던 폴리스에서의 시민의 활동을 통해서만 가능한 것이었다. 아리스토텔레스의 목적론에 대한 기독교의 충격은 인간을 위한 목적의 고려가 최소한 다음의 두 가지 관점으로 확장되어야 한다는 점을 시사한다; 즉 하나는 각자의 육체를 통해 그 질서를 보존하는 신의 계획과 신적 질서의 일부인 피조물이라는 관점이고, 그리고 다른 하나는 자신의 육체를 넘어서는 목적 —심판의 날 이후 하나님에 대한 영혼의 궁극적 지식과 관련되는 목적—을 가진 개인이라는 관점이다.

첫 번째 관점과 관련하여, 토마스 아퀴나스는 다음과 같이 주장한다; "그러나 일반적으로 인간의 본성이라는 측면에서 본다면, 여성은 잘못 빚어진 것이 아니지만, 그것은 자연의 계획이고 세대 계승 작업을 위한 명령이기도 한 것이다. 이제 자연의 의도는 보편적인 창조주(Author)인 하나님에게 의존한다. 따라서 자연을 생성하는데 있어서, 하나님은 남성뿐만 아니라 여성도 만들어냈다."[55] 개별적 존재로서 열등하고, 이성에 결함이 있지만,[56] 그럼에도 불구하고 그녀는 하나님의 계획의 일부이기 때문에 그녀의 지위가 격상되는 것이다. 그러나 엄밀히 말하면 여성은 출산을 위해 창조되었기 때문에, 여성의 종속적 지위는 확고해진다. 아리스토텔레스의 생물학에서와 같이 재생산 과정에서 여성의 역할은 남성의 형상(form)과 함께 각인되는 질료(matter)의 역할이다. 여성은 지상에서 하나님의 계획을 수행하는 과정에서, 평등한 참여자가 아니라 보조자이다.

두 번째 수준과 관련하여, 토마스 아퀴나스에 따르면, 인간이란 그 혹은 그녀의 생물학과 인간의 공동체에 대한 그 관계라는 측면에서만 이해되는 것이 아니다. 영혼은 그 자체의 목적을 가지고 있다. 남성과 마찬가지로 하나님의 이미지로 창조된 여성의 영혼도 남성의 영혼이 할 수 있는 만큼이나 그 목적에 도달할 수 있다. 아리스토텔레스는 열등한 사람에 대한 우월한 자의 권위의 위계적 관계가 영원하다고 주장했다. 이러한 위계에 순응하지 않는 것은 자연에 반하는 것이다. 지상에 존재하는 것의 완전함을 뛰어넘는 토마스 아퀴나스의 신학은 여성이 남성과 평등할 수 있는 질서를 상정했다; 여성은 더 이상 잘못 만들어진 육체에 의해 제약되지 않는, "구원의 질서"의 일부가 될 수 있다.[57]

아리스토텔레스의 목적론의 기독교적 변형을 통해 고양되기는 하였음에도 불구하고, 여성은 남성과의 사회적 관계에서 여전히 종속적이다. 성서, 특히 창세기의 천지창조의 이야기로부터 얻어진 논쟁뿐 아니라, 이러한 종속에 대한 논쟁은 부분적으로 여성의 결함 있는 이성(아리스토텔레스의 생물학)과 또한 성경 특히 창세기의 창조 설화에서 나온 내용에 의거한다. 토마스 아퀴나스는 남성의 옆구리에서 여성이 창조됐다는 점에 초점을 맞춘다. 여성은 한낱 남성의 조력자로서가 아니라(만약에 그렇다면 여성보다는 오히려 다른 남성이 조력자로서 더욱 유용할지 모른다), 출산을 위해 태어난 것이다. 그러나 이브가 아담의 옆구리에서 창조되었다는 점은 토마스 아퀴나스에게 있어 특별한 의미를 가지고 있다. 그는 이러한 창조가 인류를 다른 종들과 구별 짓는 것이라고 주장한다: "그녀가 자신을 통해 만들어진 것임을 알게 되면서, 그 남성이 여성을 전심으로 사랑하고 또한 더욱 더 여성에게 집착할지 모른다는 것이다."[58] 여성이 자신으로부터 만들어졌다는 것에 대해 안다는 것을 의미한다." 이것은 가정생활에서 통합을 가능케 한다. 더욱이 여성은 그들이 남성의 발에서 창조되었다면 그러했을 것처럼, 남성 앞에서 명백하게 낮아질 수는 없다. 만약 여성이 그의 머리에서 창조되었다면, 여성은 남성과 평등했을 것이다; 그녀가 평등하지도 않지만, 그녀가 단순히 그의 노예도 아닌 것이다. 토마스 아퀴나스에게, 이러한 세계에서의 여성에 대한 이해는 창조에 대한 성서적 증거와 아리스토텔레스의 생물학과 목적론의 혼합적 사고를 통해서 얻어진다.

아리스토텔레스의 정치 철학은 누가 시민이 되어야 하고, 왜 일부는 포함이 되며 다른 이들은 배제되어야 하는지에 대한 질문을 제기했다. 흔치않은 경우지만, 그러한 표면적 기준들에 대한 의존이 형편없는 사람들의 뛰어난 사람들에 대한 지배를 유발할 수 있었음에도 불구하고, 성별이 그 기준으로 제시되고 수용되었다. 정치적 삶에서 여성의 역할은 보통 직접 참여의 측면에서 이해되었던 것은 아니다; 오히려, 아리스토텔레스는 정치체제에 대한 여성의 지지가 안정 혹은 갈등을 초래할지 모르기 때문에, 여성의 교육에 관심을 가지고 있었다. 토마스 아퀴나스의 정치 세계에서도 직접적인 참여자로서의 여성을 위한 공간은 존재하지 않는다. 여성은 출산을 위해 존재하고,

여성의 지적 능력, 즉 그녀의 자연적 이성에 대한 참여는 그 육체가 가지는 개별적 결합에 의해 제약된다. 아리스토텔레스에 대해 말하자면, 여성은 여전히 가족 구조의 맥락 내에 존재하고 있다. 그러나 아리스토텔레스에서의 가족이 스스로의 통합을 통해, 그리고 도시의 가치에 대해 젊은이들에게 가르침으로써 정치 공동체를 지탱하기 위해 기능한 반면, 토마스 아퀴나스에서 가족은 정치적 삶의 필요와 목적을 초월하고, 사실은 이러한 것들로부터 분리된다.

토마스 아퀴나스에게 있어 결혼은 종의 보존을 위해 제도화된 것이다; 그것은 자연과 하나님이 지시한 의무이다. 그것은 격정적인 성적 욕망에 대한 해결책으로, 그리고 이러한 욕망의 합법적인 배출을 보장하는 것으로 존재한다. 그것은 또한 그리스도와 교회의 연합을 의미하는 성례전이기도 하다. 따라서 그것은 배우자 정절에 대한 상호적이고 동등한 서약을 요구한다.[59] 토마스 아퀴나스는 분명하게 아리스토텔레스의 정의에 대한 논의를 가족 내부에 적용하고, 남편과 아내의 관계가 아버지와 자녀 혹은 주인과 노예의 관계 보다 정치적 정의에 근접하고 있다고 생각한다.[60] 그리고 그는 교육을 위해 가족이 중심이 되어야 한다는 사실을 인정한다. 부분적으로 그는 결혼이 자녀를 훈육하는 긴 과정이기 때문에 파기될 수 없지만, 이러한 "긴 과정"은 정치적 안정성과 관련이 없다고 주장한다. 이익이 정치를 넘어서 존재한다. 남성의 목적이 정치체제를 넘어서기 때문에, (아리스토텔레스에 의해 제시된 생각과는 대조적으로) 가족 역시 실현가능한 최종 목적을 가진다.

고전 정치철학(classical political philosophy) 대부분은 가족 관계

안에서 여성들을 파악했다. 가족 안에서 그들의 역할은 엄밀히 말해 정치 공동체에 대한 가족의 관계 때문에 중요했다. 그것[가족]은 공동체의 전쟁에서 싸울 아들과 정책에 대해 논쟁하고 수행할 시민들을 생산했다. 그것은 안정의 형상, 통합의 모델, 그리고 사회의 가치로 젊은이들을 훈련시킬 수 있는 공간을 제공할 수 있었다. 초기의 기독교 —그것의 정치적 영역의 폄하, 다가올 세상에 대한 강조, 순결한 삶에 대한 찬양— 와 함께, 도시를 위한 젊은 남성의 생산은 그 중요성을 상실했다; 참된 정의와 평화는 지상에서 불가능한 것이었다. 따라서 가족, 그리고 그 안에 있는 여성과 정치적인 구조와의 직접적인 관계는 사라졌다.

아리스토텔레스의 정치학과 윤리학으로 되돌아와, 토마스 아퀴나스는 그것의 위계적 관계와 정의와의 연관성의 측면에서 가족의 구조에 대해 아리스토텔레스의 분석을 차용했지만, 그는 아리스토텔레스가 그러했던 것처럼, 가족이 정치 공동체를 지원하기 위해 어떻게 해야 하는지 까지는 언급하지 않는다. 따라서 과거 그러한 역할도 부수적인 일이기는 했지만, 도시의 삶의 보존에 대한 여성의 역할은 그나마 사라졌다. 오히려 토마스 아퀴나스에게 있어 가족은 신성한 것(sacrament)이고, 도시의 가치와 별개인 덕을 표출하는 영역이다. 가족과 가족 내의 여성은 정치적인 것에 의존하지 않는 위상을 가지고 있다. 우리가 고전 세계로부터 나오는데 있어, 기독교는 이전에는 공적인 덕과 사적인 덕이 얽혀 있었던 고전주의 세계로부터 공적인 삶과 사적인 삶의 분리를 위한 문을 열어준다. 이러한 진행과정에서 여성은 정치적 삶의 영역으로부터 점점 더 멀어진다.

결론

정치사상의 발전에 대한 기독교의 영향은 근대 자유주의의 핵심에 놓여 있다. 한편으로, 기독교는 성의 신체적 속성을 초월했던 평등에 대한 논쟁을 제기한다. 이러한 평등은 결코 "자연의 질서" 혹은 "인간의 도시(City of Men)" 혹은 "지상의 삶"의 일부가 되지 못했을 것이다. 그러나 많은 사람들에게 다가올 세상의 완전함은 이전에 결코 기대할 수 없었던 영혼의 평등을 허용했다. 다른 한편으로, 기독교는 정치적 삶과 동떨어진 세계, 고전주의적 모델을 지배했었던 정치적 세계보다 더욱 중요한 세계를 제시했다. 따라서 남성들 간의 관계와 남녀 사이의 관계는 정치체제와 관련된 의미에 의해서만 고려될 필요는 없는 것이다. 사람들 간의 관계는 전혀 다른 존재의 질서에 대한 의미라는 측면에서 규정될 수 있었다. 종교의 중요성이 근대 자유주의의 발달과 함께 쇠퇴했을 때, 그것은 그럼에도 불구하고 다음과 같은 영역을 열어놓았다. 그 영역에서, 사회적 관계, 가족, 남녀 성간의 유대가 정치세계와 분리된 것으로 이해될 수 있고 그들이 그때까지 그러했던 것처럼, 정치적인 것에 대한 그들의 관계에서만 존재할 수 있는 것이 아니었다.

제7장

니콜로 마키아벨리: 남성으로서의 여성, 여성으로서의 남성 그리고 모호한 성

『군주론』(The Prince)과 『로마사 논고』(The Discourses)에서의 여성과 가치의 변형

마키아벨리(Marchiavelli)의 저술을 읽은 독자들은 항상 그의 언어의 모호함과 난폭함에 직면하게 된다. 마키아벨리는 그의 독자들이 이제껏 가지고 있던 그들의 가치와 믿음, 그리고 그들의 삶의 근거로서의 확실성들에 대해 의문을 갖게 함으로써 의도적으로 그들을 놀라게 하고 충격에 빠뜨린다. 진실로 받아들여져 왔던 것은 이제 의심스러운 것이 된다. 마키아벨리가 그들의 목적을 성취하기 위해 비정상적인 놀라운 방법을 사용할 수 있는 개인의 놀라운 노력으로 형성된 질서만 따르는 혼란스러운 세계로 독자들을 안내하게 되면서, 권위의 확실한 계보인 자연적 위계질서는 그 토대부터 약화된다. 그는 15세기 말에서 16세기 초, 메디치(Medici)의 통치시기에 망명하게 될 때까지, 피렌체의 공직자였다.

그의 망명 기간 동안, 마키아벨리는 그의 가장 유명한(혹은 악명 높은) 저서가 된 『군주론』(The Prince)과 『티투스 리비우스의 책 첫 번째 열권에 관한 논고』(The Discourses on the First Ten Books of Titus Livius) —이하 『로마사논고』(Discourses)— 를 쓰게 된다. 이들 저서에서 그는 이전의 2000년 동안의 정치사상의 근거로서의 확실성을 다양한 방법으로 전복시키고 변형하려고 시도한다. 낡은 위계질서(hierarchies)를 무너뜨리는 과정에서 그는 정치질서의 근원을 재평가하고, 좋음을 나쁨으로 나쁨을 좋음으로, 덕을 악덕으로, 남성을 여성으로, 여성을 남성으로 바꾸어 버린다. 보다 엄밀히 말하면, 그동안 대립되어 온 것들 간의 차이를 지나치게 모호하게 하여 우리가 더 이상 좋음과 나쁨을, 여성과 남성을 구분할 수 없게 만들어 버린다.

이러한 일련의 확실성의 불확실성으로의 변형에 효과를 더하기 위해서, 마키아벨리는 다양한 충격적인 기법들을 사용한다. 그는 급진적으로 새로운 시각을 제안하기 위해 오래된 형식을 사용하기도 한다. 르네상스기 이탈리아에서 보편적이였고, 마키아벨리의 『군주론』(The Prince)이 따르고 있는 "군주의 거울(mirror of princes)"이라는 소논문(pamphlets)은 군주들에게 기독교 원리들에 따라 행동하도록 권고했다; 마키아벨리는 그의 소논문을 군주가 적을 속이고, 죽이고, 신에 의지하는 것을 피하도록 하는데 사용한다. 이전의 사상가들은 도시를 통치할 때 군주가 그리스도와 같아야 하고, 신과 같은 인간(man-God)을 모방하도록 충고했지만, 마키아벨리는 그가 성공적으로 통치하기 위해서는 켄타우로스(centaur)와 같은 반인반수(man-beast)가 되어야 한다고 말한다.[1]

그들의 목적을 낮추라고 —사실상 '나쁘게' 되는 것을 배우라고— 사람들에게 가르치는 그의 과제의 핵심은 고대의 이상적 사고를 거부하는 것이었다. 결국 그는 우리에게 인간들이 어떻게 행동해야 하는지 보다는, 그들이 어떻게 행동하는지를 보아야 한다고 역설한다.[2] 우리는, 그것이 『국가/정체』에서의 플라톤(Plato)의 도시이건, 아우구스티누스(Augustine)의 하나님의 도시건, 혹은 키케로(Cicero)의 로마이건, 완벽한 사회에 대한 우리의 생각을 포기해야만 하고, 대신에 인간(men)이 할 수 있는 것에 주의를 기울여야 한다. 강력한 수사법으로, 그는 이 삶에서 중요한 것으로 "실효적 진실(effectual truth)"에 초점을 맞출 것을 요구한다. 그 "진실"은 우리에게 인간은 자기이익으로 행동하며, 다음과 같은 주장이 그 저변에 존재한다는 것을 알려준다. 즉, 그 시대 모든 선한 기독교인들에게 의도적으로 충격을 주는 주장으로, "좋음을 공언하고자 하는 사람은 그렇게나 많은 좋지 않은 사람들 사이에게 실패할 수밖에 없다는 것이다.

혼란으로부터 시작하여, 있는 그대로의 인간과 함께 마키아벨리는 그의 독자들에게 새로운 정치체제와 새로운 질서, 관계의 새로운 양태를 형성하고 기초를 놓기 위한 기회를 제공한다. 모든 사람과 모든 체제가 반드시 들어맞아야 하는 모델로 사전에 존재하는 것은 없다; 이상도, 완벽한 형태도, 목적도 없다. 정치질서를 형성할 때 수반하는 동족살해, 잔인성, 기만의 가능성을 인정하면서 그가 독자들과 대결하게 되는 공포와 함께, 또한 낡은 용어에 대한 새로운 개념규정, 그리고 남성과 여성의 역할 변화, 중세시대의 특징인 엄격한 위계질서의 세계로부터 해방된 왕과 신민을 위한 새로운 가능성도 열린 것이다.

마키아벨리가 창조적으로 의문을 제기하는 확실성 가운데 여성에 대한 시각이 존재한다. 이는 마리아와 이브, 선과 악 그리고 마키아벨리에게 특히 중요한 의미를 지닌 복종과 행동 간의 상반성을 통해 중세시대에 제기되고 정리된 것이다. 마키아벨리에게 있어 여성에 대한 이러한 이분법적인 관점은 선과 악이라는 극명한 대립 때문에, 그리고 복종의 한계와 지배의 이점에 대해 인식할 수 없기 때문에 재평가되어야 할 필요가 있다.

중세 사상에서의 마리아와 이브: 마키아벨리에서 가치의 변형에 관한 서문

중세의 사상은 인간과 신, 개인과 우주의 관계를 설명하기 위한 유추와 상징으로 가득차 있었다. 중세 시기 내내, 이브와 마리아는 양 극단의 대립적 여성의 힘에 대한 상징적 대표성의 성격을 띠고 있었다. 이브는 요부로서 테르툴리아누스(Tertullian)의 유명한 구절에서처럼 "지옥으로 가는 관문"이었다. 남성의 육체적 욕망을 자극하고 신의 영적인 세계에 대한 전적인 헌신을 막으면서, 여성은 성적으로 도발적이었다. 이브와 여성의 섹슈얼리티는 일반적으로 그녀에게 남성을 위협하고, 원초적 타락의 원인이 되고, 남성으로 하여금 그들이 해서는 안되는 일을 계속하게 하는 힘을 주었다. 예를 들어, 널리 알려진 중세의 전설 가운데 아리스토텔레스와 알렉산더대왕(Alexander)의 정부인 필리스(Phyllis)의 이야기가 있다. 필리스의 매력에 반한 아리스토텔레스가 그녀 아래 네발로 기면서, 그녀가 채찍을 들고 그의 등에 올라타는 것을 허용했다는 것이다. 16세기 예술가의 작품으로 종종 그려진 이 이야기는 그 철학자(the Philosopher – 토마스 아퀴나스가 그를 이렇게 불렀다)조차 여성의 성에 통제될 수밖에 없음을 보여준다.[3] 이러한 위협에 대한 반응은 당시의 예술과 문학에 있어서의 여성의 종속과 폄하였다.[4] 여성은 이브와 필리스가 했던 것처럼 남성을 몰락의 길로 이끌지 않도록 규제되어야 했다.

그러나, 마치 그리스도가 어떤 해석에서는 새로운 아담이 되는 것처럼, 이브도 그녀가 어떤 경우 성모 마리아의 인격성 속에서 새로운 이브로 재탄생하게 되면서 다른 역할을 하게 된다.[5] 마리아는 본래 타락으로 이끌었던 여성을 대신한다. 지금 분명하게 그녀의 수동성과 복종을 통해 그리스도의 어머니로서, 그녀는 그녀를 통해 하나님이 역사하고, 그녀를 통해 하나님의 아들이 태어나게 되는, 구속의 근원이 되었다. 기독교 시대 초기에 마리아에 대한 강조는 동방에서 더 일반적이었지만, 구원의 가능성을 상기시키는 존재로서 마리아 숭배의 강화는 12세기 서방세계에서도 발생했다.[6] 하나님의 신부로서, 마리아는 기독교 신학, 교회의 도상학, 그리스도의 신부 속에 비유적으로 연관되어 있다. 하나님과의 결혼을 통해 마리아가 인간에게 구원을 베푸는 것처럼, 교회는 그리스도와의 결혼을 통해 구원을 베푼다. 교회와 관련하여, 신부의 비유는 온유함과 복종을 수반한다. 바울의 글에서, 그리스도에게 복종하는 교회는 남편에게 복종하는 아내와 비유된다;

> 아내들은 주님께 하듯 스스로 남편에게 복종한다. 예수가 교회의 머리인 것처럼 남편은 가족의 머리이며: 그리고 그는 육체의 구원자이

> 기 때문이다. 따라서 교회가 예수에게 복종하는 것처럼, 아내들도 그들의 남편에게 모든 것에서 복종하도록 해야 한다. 그리스도와 교회를 사랑하고 교회를 위해 자신을 내준 것같이, 남편들도 아내를 사랑해야 한다.[7]

마리아의 은총, 순결, 그리고 구원의 힘은 가족 안에서의 아내의 역할, 그리고 예수 이전의 교회의 역할에서 예견되는 그녀의 순종적인 역할에 상응한다.[8] 그녀의 순결(virginity)과 은총을 통해 [마리아는] 이브의 이미지에 대항하는 완벽한 인간의 이상으로 자리매김하게 되는 것이다.

이브와 마리아의 이러한 성격묘사가 중세말과 르레상스 시대에 서구 기독교 사회에서 두 여성의 힘을 둘러싼 다양한 주제를 거의 잡아내지는 못하고 있지만, 행동과 지배(사악한 이브) 그리고 수동적 순종(성스러운 마리아) 간의 대비는 제시되고 있다. 마키아벨리는 이 두 여성을 상세히 묘사하고, 그것들을 자신의 저술의 대상인 남성들에게 보내고, 성적이거나 아니면 다른 수단을 써서라도 자신의 열정을 통해 다른 사람을 지배하는 능력을 개발하면서 적극적인 이브라는 모델을 긍정적인 상으로 변형시킨다. 반면에 그는 타인에게 순종적인 수동적 마리아가 이탈리아가 노예화되어 있는 상징적 원인라고 생각하고 있었던 것이다. 마키아벨리의 저작을 통해서, 지배와 복종 그리고 자유는 핵심적 주제로 부상한다. 자유는 행동하는 능력 —즉, 타인을 지배하는 능력— 에 의존하는데, 이는 육체적 힘이 아닌 성적 방법에 의해 다른 사람을 조종했던 매혹적인 이브에 의해 구현된 특성이다. 노예는 소극적이고, 조정되기 쉬운, 단지 복종의 기술을 훈련받은 남성들의 결말이고, 교회와 하나님에 대한 복종을 통해서 하나님의 신부인 마리아와 유사하게 되었던 남성들의 결과적 모습이다.

중세사상과 도상학에서 물려받은 여성성의 두 가지 유형에 대한 마키아벨리의 변형은 그의 정치철학 일반에서 진행되고 있는 근본적 재평가 작업을 뒷받침한다. 그는 연민을 잔인함으로, 인색함을 관대함으로, 속임수를 덕으로, 그리고 남편, 교회, 신, 혹은 적에 대한 복종을 악으로 바꿀 수 있는 사상가였다.[9] 그의 저서는 전통적 가치에 의문을 제기하면서 정치사상에 혁명을 일으켰고, 여성의 미덕이나 악덕은 남성의 그것들 만큼이나 철저히 변형될 필요가 있었다. 양성 모두에게 이전에 확실했던 것들이 애매모호해지게 되었다. 선한 마리아라는 사실이 더 이상 사악한 이브에 반대되는 것으로 작용하지 않게 된다. 순종적인 여성은 더 이상 목적과 완벽함에 대해 말한 그 철학자[아리스토텔레스]를 통제할 수 있는 적극적이고 유혹적인 필리스보다 더 나은 존재가 아니었다. 실제로, 다음에 언급되겠지만, 마키아벨리의 세계관에서, 남성은 이브의 지배력(포르투나(fortuna)의 묘사로 표현되는)을 모방해야 했고, 그들은 마리아의 순종(여성화된 기독교인의 초상으로 표현되는)을 피해야 하는 것이었다.

마키아벨리의 정치관련 저술에서 여성의 이미지는 중대하게 느껴지지만, 여성 자체는 상대적으로 중요하지 않은 역할을 한다. 다음 부분에서 우리는 여성의 우선적 역할을 은유 또는 이미지로 생각하고, 마키아벨리 정치 저술에 섞여있는 다양한 역사적 사례에 존재하는 그들의 간단한 모습을 살펴볼 것이다. 여기서 우리는 성의 모호함

뿐만 아니라, 여성의 조종방식에 그 스스로 동화(同和)되어버린 마키아벨리의 모습 또한 살펴볼 것이다. 이 장의 후반부에서 우리는 마키아벨리의 희극을 살펴볼 것이다. 그 희극에서, 여성과 남성은 사회의 도덕적 기준에 의해, 그들에게 부과되지 않은 역할을 수행하게 되면서, 그것은 또한 선과 악에 대한 문제제기와 함께 남성됨과 여성됨에 대한 의미가 무엇인가에 대한 문제제기로 가게 된다는 것을 보여준다. 덕과 악덕에 대한 낡은 구분이 사라지게 되면서, 남성과 여성간의 낡은 구분도 사라지는 것이다.[10]

포르투나(Fortuna): 지배자로서의 여성

『군주론』(The Prince)의 25장의 제목에서, 마키아벨리는 "포르투나가 인간사에서 얼마나 많은 것을 할 수 있고, 어떤 방법으로 그것을 방해하는가?"라고 묻는다. 그는 세속의 일들이 포르투나와 하나님에 의해 지배받는다는 생각을 가진 사람들이 있음을 지적하면서 자신의 질문에 답변하기 시작한다. 여기서 마키아벨리가 하나님과 포르투나를 분리하고 있기 때문에, 이미 신성모독의 기미가 존재한다. 중세 신학에서 포르투나는 신의 의지의 표현이었다. 유한한 존재 인간은 명백하게 혼란스러운 일상사 뒤에 존재하는 계획을 이해할 수 없기 때문에, 그녀(Fortuna)는 변덕스럽게 보이기는 하지만,[11] 그렇다고 계획이 존재하지 않는다는 것을 의미하는 것은 아니다. 마키아벨리는 신과 포르투나를 하나의 힘으로 뭉쳐버리는 대신에, 존재 방정식으로부터 하나님을 제거한다; "그러므로 우리의 자유는 사라지지 않을 것이다. 나는 포르투나가 우리 행동의 절반을 통제하고 있기는 하지만, 또한 그녀는 다른 반쪽, 혹은 그쯤을 우리에게 남겨두었다는 것도 사실이라고 생각한다." 결국 인간과 포르투나(신이 아닌)는 서로 마주보고, 역사의 움직임을 결정하게 된다.

마키아벨리는 남성들이 포르투나에 의해 통제되는 것보다 통제하기 위해서 환경변화에 어떻게 적응해야만 하는 지에 대한 조언을 제공한 이후에, 분명하게 포르투나를 여성으로 은유하여 소개한다. 은유가 특별한 것은 아니다; 로마시대로부터 포르투나는 변덕스러운 여성으로 그려졌다. 그러나 마키아벨리는 이러한 여성적 포르투나에서 그것이 초래하는 것에는 무엇이든지 복종하는 것 보다는 행동할 것을 권유한다. 이 장의 앞부분에서, 마키아벨리는 포르투나를 성난 강에 비유했다. 그 성난 강은 "일단 깨어나면, 대항하여 버틸 수 있는 어떤 방법도 없이 벌판에 밀어닥치고, 나무와 건물은 넘어지게 되고, 모든 이가 그 앞에서 도망가고 그 힘에 굴복한다." 테르툴리아누스의 여성처럼, 이러한 포르투나는 지옥으로 가는 관문인 것이다. 그녀는 그녀에 대항하여 제방을 쌓지 않은 사람들을 파괴한다. 마키아벨리에 따르면, 군주는(혹은 남성들은) 이러한 위협을 만날 경우에 대비해야 한다; 그들은 수문과 제방을 건설하여 강이 분노할 때(여성이 그녀의 섹슈얼리티로 위협할 때), 그녀의 힘이 사전에 건조된 방향에 국한되도록 하여야 한다. 그러나 마키아벨리가 우리가 포르투나를 어떻게 막아내야 하는지에 대해 분명히 이야기할 때, 그는 우리로 하여금 그녀와 같이 되도록 촉구한다. 포르투나의 영향을 규제하는데 필요한 열쇠는 포르투나가 하는 것과 같이 변화하는 능력이다. 강력한 군인이라는 남성성, 결코 굴복하지 않는 전사의 비전(vision)이 마키아벨리의 세계에서는 재난에 대처하는 비결이다. 대신에 남성은 변덕스러운 능력을 가진 여성이 되어야 한다. 그들은 여성 포르투나로부터 배워야 한다.

그러나, 대부분의 남성들이 여성을 모방하는 것, 즉, "자연이 그들에게 기대하는 것으로부터 벗어나는 것"이 어렵다는 것을 시사한 후에, 강제 성폭행(forcible rape)이라는 용어를 사용하면서 마키아벨리는 변하기 쉬운 여성적 힘에 대해 보다 전통적인 남성적 대결을 제안한다. "포르투나는 여성이기 때문에 그녀를 제지하려는 사람은 그녀를 때려서 굴복시키는 것이 필요하다." 그녀로부터 배우기로하지 않는다면 다른 대안은 폭력이다. 마키아벨리는 포르투나가 그녀와 그들의 행동에, 그녀와 그들의 열정을 잘 맞출 수 있는 "차분한" 사람 —그녀의 열정을 그들의 열정과, 그녀의 행동을 그들의 행동과 맞추어갈 수 있는 사람— 보다는 대담하게 행동하는 사람들에게 선뜻 양보한다는 것을 덧붙여 말한다. 실제로 이러한 여성 포르투나는 남성들이 그들의 남성성을 주장하기 위해 어떻게 행동해야 하는 지를 정의한다. 남성은 여성에게 의존하고, 변덕스러워지는 것을 배우든가 담대해지든가, 자신을 여성과 동화되도록 하여야 한다.

해당 부분(chapter)의 제목에서 자신이 제기했던 질문에 답하면서, 마키아벨리는 만약 우리가 그녀로부터 어떻게 행동해야 하는 지를 배우지 못한다면, 여성 포르투나는 우리를 완전히 통제할 수 있다고 주장한다. 인간사는 온순하게 복종하고 행동을 통해 적응하지도 못하고 자신을 보호하지도 못한 사람들 때문에 몰락할 수 있는 것이다. 그녀의 힘을 인지하고, 그 흐름이 분노의 급류로 변할 수 있음을 예견할 때만 남성이 포르투나를 정복할 수 있다. 마키아벨리의 말대로, 우리는 그것을 부정하기 보다는 그 열정을 직접적으로 다루어야 한다; 실제로, 우리는 급류에서 살아남기 위해서 우리 그 열정을 우리 것으로 만들어야 한다.

마키아벨리가 가치에 대한 용어의 변형을 시도할 때, 그는 가장 근본적인 도덕적 용어인 "덕(virtue)"을 택하여, 그것의 어원에서부터의 그 모호성을 다루면서 거기에 새로운 의미를 부여한다. 그 말은 라틴어인 "비르투스(virtus)"에서 파생된 것으로, "남성"을 의미하는 라틴어 비르(vir)에 그 뿌리를 두고 있다. 비르투스는 전쟁이나 정치를 통해 국가에 대한 헌신으로 입증된 남성적 탁월성을 의미한다. 그 용어를 기독교가 전유하게 되면서, 덕은 기독교인 —하나님을 사랑하고(복종하고), 그리스도의 설교에 나타난 겸손과 보편적 사랑이라는 도덕적 계율을 실천하는 사람, 인간의 도시가 아니라 하나님의 도시에서 활동하는 사람— 의 도덕적 선이 되었다. 마키아벨리는 이렇게 가치가 부여된 용어를 취하여, 그것의 남성적 기원에 초점을 맞춘다; 덕은 겸손이 아니라 자기 주장을 실천하는 남성적 방식으로 행동하는 사람들의 속성이다. 마키아벨리가 덕과 포르투나를 대립시켰던, 『군주론』의 25장 후반부에 나타난 여성의 이미지는 순종을 극찬하는 기독교 교리가 덕을 여성화시킨 결과로 보인다.[12]

25장의 대결구도에서 성적 이미지는 폭력적이다. 남성은 여성을 '때려서' 제압해야 한다. 이런 방식으로 포르투나를 공격할 수 있는 육체적, 그리고 특별히 영적 힘을 가진 자는 젊은이들이라고 마키아벨리는 우리에게 말한다. 그는 계속해서 다음과 같이 말한다; "그러므로, 여성으로서 그녀는 덜 조심스럽고, 더 격렬한, 그리고 그녀에게 더 대담하게 명령하는 젊은이의 친구가 된다." 우리는 정복으로부터 친애(friendship)가 형성되는 특이한 변화를 발견하게 된다. 제압당하는 것이 여기서 순종을 의미하는 것은 아니다. 이러한 결과로 이브도 마리아가 되지는 않는다. 그녀의 힘에 대한 수용과 인식, 그러나 또한 그녀에게 저항하고 압도하려는 자발적 의지는 그녀를 부인하거나 그녀에게 수동적으로 굴복한 사람에게는 가능하지 않는 협력관계(partnership)로 이어진다. 남성과 여성의 상호작용은 그렇지 않으면 얻어질 수 없는 질서를 창조한다. 여기서 그녀의 힘은 길들여지지만, 또한 활용되게도 되는 것이다. 이러한 일이 일어나기 위해 그녀는 우호적이 되어야 한다. 정치적 대립과 유사한 것으로서의 성의 대립은 군주의 임무가 지배하는 것뿐만 아니라, 새로운 존재에 생명을 부여하는 창조하는 것이기도 하다는 사실을 제시한다. 우리가 이전에 논의했던 기독교의 사상가들과 대조적으로, 마키아벨리는 성(sexuality)에서 유혹에 약한 남성의 약점의 징표가 아닌, 긍정적인 창조의 행위를 찾아낸다.

『군주론』의 앞부분에서 마키아벨리는 포르투나에 의지하지 않고 정복해왔던 군주들을 제시한다. 이들은 자신만의 무기와 "비르투(virtu)"를 가지고 새로운 공국을 손에 넣었던 사람들이다. 포르투나(fortuna)는 그들에게 오직 "기회" 만을 주었을 뿐이다. 그녀는 그들의 친구가 아니었고; 어떤 성적 만남도 없었다. "그리고 그들의 행동과 삶을 검토해볼 때, 우리는 그들이 포르투나에게 그들을 만족시키는 어떤 형태로든 만들어질 수 있는 재료로 그들에게 주어진 기회 이상의 어떤 것도 가지고 있지 않았음을 알 수 있다; 그리고 그러한 기회 없이, 그들 정신의 덕은 탕진되어 버렸을 것이고, 그러한 덕이 없이 기회는 소용없게 되었을 것이라는 사실도 우리는 알게 된다."[13] 이러한 군주에는 모세(Moses), 키루스(Cyrus), 로물루스(Romulus), 그리고 테세우스(Theseus)와 같은 신화 속 영웅들이 있다. 이러한 남성들은 포르투나와의 친애 없이, 그들의 남성성의 성적 상대로서의 그녀 없이 기능한 것이다. 그들은 여성의 역할을 무시하면서, 단성생식 방식으로 새로운 공국을 창조한 것이다.[14] 마키아벨리가 25장에서 언급했던 것처럼, 이러한 신화적 영웅들과 대조적으로, 인간은 인간사의 반을 포르투나에 의존해야 하고, 적응, 대담성과 행동을 통해, 그녀를 그들의 친구로 만들어야 한다. 그들은 섹슈얼리티에 대응하고 그 힘을 질서의 원천으로 변형시켜야 한다. 25장의 젊은이와 대담한 남성을 위해 마키아벨리는 신을 제거하였지만, 여성까지 떼어놓지는 않았다. 이전에 언급한 거의 신적인 영웅들은 그럴 필요가 없었지만, 인간은 여성의 힘을 알아야 하고, 적응해야하고, 실제로는 활용해야 한다.

기독교와 여성스러운 남성

강한 여성의 힘, 포르투나와는 대조적으로, 마키아벨리 시대 이탈리아인들의 의미 있는 생존을 위태롭게 하는 지배자들에게 온순하게 복종하고 현실에 안주하는 여성이 되어가는 사람은 남성이다. 포르투나가 여성에 비유되는 장 바로 다음에 이어지는 『군주론』(The Prince)의 마지막 장에서, 마키아벨리는 "이방인 〔프랑스인〕들로부터 이탈리아를 해방시키기 위한 권면"을 제시한다.[15] 여성의 이미지는 다시 선명하게 나타난다. 이번에는, 앞장과는 뚜렷하게 대조적으로, 구세주를 기다리는 소극적인 여성이다. 그녀는 밟히고 유린되었다. 그녀의 약함은 폭력을 초래했다. 마키아벨리의 대응책은 이탈리아인들과 그들의 잠재적 지도자들을 행동하도록, 즉 그들의 소극성을 행동으로 변화하도록(마리아에서 이브로 변화하도록) 권고하는 것이다. 그는 군주들로 하여금 "얼마나 여성 〔이탈리아〕이 하나님에게 누군가를 보내서 자신을 이 이방인의 잔인함과 오만으로부터 구원하게 해달라고 기도하고 있는지" 알아야 한다고 촉구한다. 이 전 장에서는 하나님을 포르투나로 대체시켜버린 상황에서, 지금 마키아벨리는 이탈리아 군주들에게 만나(manna)를 보내고 바다를 열어 주시는 하나님이 그들과 함께 한다고 말한다.

마지막 장은 하나님에 대한 언급으로 가득차 있는데, 이는 대체로 마키아벨리가 그들이 당면한 것이라고 보는 도전에 대처할 수 없었던 이탈리아인들이 자신들을 구하기 위해 다른 것(하나님)에 의존적이 되었기 때문이다. 앞선 장들에서 정치적 삶으로부터 체계적으로 제거되었던 종교와 신은 이러한 권고를 통해 이탈리아인들 앞에 다시 등장하게 되는데, 이는 포르투나 여성과 거기에 맞서려고 하는 남성이 나타나지 않을 때, 그들은 복종의 상황 속에서 다른 것들에 의존해야 하기 때문이다. 다른 것 특히 하나님의 노예가 됨으로써, 이 이탈리아인들은 이제 이탈리아를 자유롭게 할 수 없다. 그녀[이탈리아]는 오지 않을 그녀의 기사를 부질없이 기다린다; 순종적인 여성과 같은 남성과 이탈리아의 군주는 신의 섭리를 받아들인다. 『군주론』은 스스로를 지키고, 다른 사람들에게 의존하지 말아야 한다는 경고로 가득하다; 그녀가 순종적인 마리아와 같은 온순한 아내 혹은 여성스러운 기독교 군주와 이탈리아의 군대라면, 그 '여성'이 그런 일을 할 수는 없다. 약한 사람들은 방어를 위해 다른 사람들에게 의지한다. 포르투나에 맞서면서 그녀의 힘을 인식한 남성이 자신의 방식대로 행동하는 것이다.

다른 사람들에 대한 의존의 문제는 요새(fortress)를 사례로 든 마키아벨리의 글들에서 종종 포착된다. 『군주론』의 20장은 "군주들에 의해 이루어진 요새구축과 그 밖의 다른 일들이 유용할 것인지, 아니면 유용하지 않을 것인지"라는 제목이다. 요새에 관해 그가 제공한 대답은 애매모호하다; 그 해답은 군주의 특수한 상황 —즉, 그가 국민들의 지지를 기대할 수 있는지의 여부— 에 따라 다르다는 것이다. 그러나 특히 유용한 요새의 사례가 있다; "지금 우리는 자신의 배우자인 지롤라모 백작(the count Girolamo)이 사망했을 때 포를리 백작부인(Countee Forli)의 사례를 제외하고, 요새로부터 어떤 군주도 이익을 얻지 못했다는 것을 알고 있다." 여성 통치자는 그녀가 다른 사람들에게 의지하기 때문에 요새를 필요로 한다. 유사하게, 만약 마키아벨리의 세계 속의 남성들이 여성이라면, —만약 싸울 능력을 잃어서 그들의 여성적이 되었다면,— 그때 요새는 필수적이다.

공화국을 다루고 있는 책 『로마사논고』에서, 마키아벨리는 『군주론』 20장에서 제기했던 그 물음에 대한 답을 다른 장의 제목에서 다음과 같이 제시한다; "요새는 일반적으로 유용하다기 보다 유해하다."[16] 이 장에서 그는 도시가 "그녀의 남성들의 덕과 여성을 보호하기 위한 무방위대책”을 기대했던 스파르타인의 신랄한 비판을 전한다. 아테네의 성벽이 아름답다고 생각하지 않는가라는 질문을 받게 되자, 아테네인의 다음과 같이 답변하다; “도시에 여성이 살고 있었다면, 그렇다.” 포르리의 백작부인의 사례에서와 같이, 그것은 요새를 필요로 하는 여성 —남자든 여자든— 들이다.

마키아벨리는 글 전체에서, 남성들을 자신의 용기에만 의존해야 하는데서 구해주는 육체적 장애뿐만 아니라 사람들이 그들이 살고 있는 세계의 무질서와의 직접적인 대립을 피하기 위해 의지하는 종교적 장벽도 발견한다. 『군주론』 26장에서 언급된 이탈리아의 군주와 같이 여성스러운 남성은 종교라는 성채에 의존한다. 그들은 하나님에게 의지하고 혼자 힘으로 행동하지 않는다. 종교, 요새, 그리고 여자 같은 나약함은 그와 동시대 사람들이 자유를 추구하는 데 실패한 이유로서 모두 마키아벨리가 비판하는 대상에 포함되어 있다. 남성이 참된 덕을 드러낼 때, 그들은 성채도 종교도 필요로 하지 않으면서 그들 자신에게 의존한다. 그렇게 그들은 남성이 된다. 질서가 사람의 노력에 의해서 형성되는 세계에서, 행동과 자기 의존이 칭찬과 격려를 받는 덕이다. 남성들의 그러한 덕은, 그것이 실행되어야 하는 것이기 때문에, 항상 기독교의 덕과 일치하는 것은 아니다. 대신에, 『로마사 논고』에서 기독교는 행동보다는 게으름과 연관된다.

『로마사 논고』는 고대와 근대 시기의 금언과 역사, 그리고 로마 공화국에서 기독교의 도입과 함께 급격히 변화되었던 근대 세계에 이르기까지 발견되어지는 것과 같은 고대의 덕의 부활의 가능성에 대한 반성의 복합적 내용을 포함하고 있다. 마키아벨리는 『로마사 논고』 3권 중의 제1권을 "대부분의 기독교적인 국가에 팽배한"[17] 게으름(ozio)에 대해 공격하면서 시작한다. 제2권 에서 그는 "왜 그것이 지금보다, 사람들이 더욱 더 자유를 애호했던 고대시기에 발생했는지"에 대해 생각한다. 그는 다음과 같이 결론을 내린다. "나는 그것이 인간이 더 강했었던 것과 같은 이유에서 기인한다고 믿는다. 즉, 우리와 고대의 종교 사이의 차이에 기초한 우리와 고대의 교육 간의 차이인 것이다." 그는 다음과 같이 계속한다; "우리의 종교는 보잘 것 없고 행동보다는 사색만 즐기는 남성들을 미화해왔다." 그러나 또한 그는 다음과 같이 불만을 토로한다; "이러한 삶의 방식은 인간을 약하게 만들고, 악을 행하는 자들에게 복수를 모색하기 보다는 오히려 자신들이 짓밟히게 허용함으로써 쉽게 굴복하게 만든다."[18] 마키아벨리는 이러한 상황을 "여성스럽고 무장 해제된 천국"이 되어가는 세계로 묘사하고, 이것은 기독교가 아니라 그가 이해한 덕보다 오지오(ozio)를 권장한 것을 종교로 해석해온 사람들에게 잘못이 있다고 말한다. 문제는 실재하는 세상에서 우리가 볼 수도 알 수도 없는 세계로 주의를 돌렸던 사람들에게 있다는 것이다.

제3권에서 마키아벨리는 "그것에 동반되는 관리와 위험을 피하기 위해" 그들의 군대를 관리하는데 실패한 당시의 군주와 공화국에 대해 분석하고, "교전을 피하라는 명령과 함께 장군을 전투에 보내는 나태한 군주 또는 여성스러운 공화국"[19]을 비난한다. 약함과 세속의 일에 대한 관여를 회피하는 것은 마키아벨리의 정치적 글 전체에서 여성스러움과 연관되어 있고, 그것은 다시 기독교와 연관되게 된다.[20]

여성스러움이 무능력, 전투를 수행하거나 육체적, 사회적 지배를 주장하는데 대한 무능력이나 회피로 인식되면서, 여성스러움으로 부터 벗어나려면, 남성은 자신의 국가를 방어하는 군인으로, 현실 세상에 참여하는 사람들이 되어야 하는 것이다. 『로마사 논고』 제1권에서, 마키아벨리는 4세기 그리스의 사례를 참조한다. 펠로디파스(Pelodipas)와 에파미논다스(Epaminondas)가 스파르타(Sparta)의 지배로부터 테베(Thebes)를 해방시킨 이후, "그들은 노예상태에 익숙해져 있었던 도시를 발견했고, 그들 자신도 여성화된 사람들 속에 있게 되었다. … 그러나 그것이 그들의 미덕이었다." 그 미덕은 그들이 테베인들을 무장을 시키고, 그들을 전투에 내보내고 그리고 "전쟁하는 인간이 태어나는 곳은 스파르타 뿐만 아니라 군사적 기술을 가르쳐주는 누군가 있는 곳이라면 어디에서도 그러한 사람들이 태어날 수 있다는 점"[21]을 지적하는 그러한 것들이다. 여성스러운 사람들, 나태한 사람들은 전쟁에서 교육을 통해 남성으로 재탄생하게 되었다.

앞선 두 장(chapter)에서, 마키아벨리는 서로 보완했던 왕을 가지고 있다는 로마의 행운을 축복한다; 누마(Numa)가 평화 애호적이었던데 반해, 그의 후계자는 "로물루스의 남성성(virtu)으로 로마인들에게 훈련시키려 노력하였다. … 그렇지 않으면, 이 도시가 여성스러워지고 이웃나라들의 먹잇감이 될 수 있기 때문이었다."[22] 『로마사 논고』의 거의 끝부분에서, 마키아벨리는 남성들을 보다 무자비하게 혹은 보다 여성스럽게 만드는 것과, 도시와 마찬가지로 가족의 특징을 구성하는 차이점에 대해 생각한다. 결혼이 많은 다양성을 가족 속으로 끌어들이기 때문에, 이러한 차이는 "피에 의해", 유전학적으로 대물림될 수 있는 것은 아니다.[23] 그 이유는 각각의 가족에 있어서의 교육의 차이이다. 따라서 여성스러움은, 남성스러움과 마찬가지로 교육의 산물이다. 도시의 지도자들에게 부여된 과업은 어린아이들이 얼마나 감수성이 예민한지를 이해하는 것과 여성스러운 방향으로 교육할지 모르는 어떤 것을 피하는 것이다. 마키아벨리에게 있어, 이것은 가능한 일이다. 그의 글들은 여성스러운 이탈리아인들을 남성스럽게 만들기 위한 시도라고 할 수 있다. 그의 언어와 그의 관념들, 그리고 놀라운 사례들의 힘은 이탈리아인들을 여성적 소극성에서 움직이게 할 것이고, 따라서 그들은 만나를 보내고 바다를 열어주고, 그리고 (하늘의)사자를 보내달라고 하나님에게 호소하면서 기다리기 보다는 야만인들을 뒤흔들어 놓을 행동을 할 수 있게 될 것이다.

여성스러움을 극복하는 학습과 훈련의 중요성은 "왜 프랑스인들은 전투가 시작될 때는 보다 남성적이며 나중에는 매우 여성적으로 변하며, 왜 여전히 그렇게 생각 되는가"[24]라는 제목의 장에서 마키아벨리가 강조하는 것이다. 그는 일찍이 프랑스인들의 포악함이 그들의 "본성"의 일부일 수 있었다는 견해를 받아들이지만, 곧바로 적절한 학습을 통해 그들의 포악함을 전투의 끝까지 보전할 수 있었다고 주장한다. 또 다시, 그는 전쟁의 기술을 잘못 교육받았기 때문에 여성이 되어가는 사람들은 그들의 여성스러움을 남성스러움으로 바꿀 수 있다고 믿는다. 따라서 그들은 남성으로서 전투를 마무리할 수 있게 되었다. 다른 한편으로, 그는 자질과 교육이 결여된 이탈리아인들을 혹평한다. 이러한 군대는 완전하게 무용지물이다. 그들은 여성으로 시작하여 여성으로 끝이 난다. 마키아벨리는 우리에게 질문을 던

지는 것 같다: 그 어떤 희망이 있는 것인가? 그러나 그가 글을 썼다는 —그리고 이탈리아인들에게서 그렇게 하고 있다는— 사실은 긍정적인 반응을 시사한다. 그의 저서는 마리아에 대항하는 이브의 전투이고, 기독교를 전복시킴으로써 그가 승리할 수 있다고 생각한다. 인간은 두 가지 모델의 여성 사이에서 발견된다. 마키아벨리는 마리아를 넘어 이브를 복원시키려는 작업을 한다.

『로마사 논고』(The Discourses)에서의 여성과 역사: 마키아벨리를 위한 모델?

마키아벨리의 저작은 역사적 사례로 가득 채워져 있다. 사람은 성경이나 고대의 도덕철학자들에게서 배우는 것이 아니라, 과거의 행위로부터 배운다. 마키아벨리는 부분적으로, 고대 역사학자인 리비우스에게, 그리고 어느 정도까지는 타키투스에게 의존하고, 로마 정치사상을 논할 때 우리가 이미 언급했던 이야기들을 부활시켰다. 우리는 루크레티아, 버지니아, 튤리아, 그리고 디도를 발견한다. 그러나 새로운 국가에서 새로운 군주의 모델로 『군주론』에 나타나는 디도의 경우와 달리, 마키아벨리는 그가 간단하게 참조한 여성에 대해서도 거의 언급하지 않는다.

예를 들면, 로마 왕정의 몰락에 관한 리비우스의 이야기에서 교훈적인 루크레티아는, 마키아벨리의 설명에서는 사실상 무시된다. 타르퀴니우스(Tarquinius)가 그의 왕국을 잃었던 것은 "그의 아들 섹스투스(Sextus)가 루크레티아를 강간했기 때문이 아니라 그[타르퀴니우스(Tarquinius)]가 왕국의 법을 어겼고, 전제적 통치를 했기 때문"이었다. 마키아벨리는 심지어 "만약 루크레티아 사건이 일어나지 않았더라도, 같은 효과를 내는 어떤 다른 사건이 있었을 것이라고" 덧붙인다.[25] 유사하게, 리비우스가 십인회(Decemviri)에 대항한 반란을 자극한 사건에서 버지니아의 역할에 대해 많은 분량을 할애했던 반면, 마키아벨리는 십인회의 잘못과 그들의 몰락의 원인에 대해 설명하면서 그 사건에 대해 거의 언급하지 않는다.[26]

비록 마키아벨리가 그가 기록한 역사에서 여성을 광범위하게 무시했을지라도, 그의 저서를 전하고자 했던 공화국의 군주와 잠재적 지도자에게 여성의 중요성을 인식하라고 촉구한다. 그러나 여성의 중요성은 그들의 성적인 특성에 기인하는 것이 아니라 그들 스스로가 남성의 자신에 대한 정의의 일부가 되는 것에 기인한다. 따라서 마키아벨리는 지배자가 남성을 그렇게 위협할 경우, 분노한 남편이나 아버지는 통치자에게 잠재적인 위험이 될 것이기 때문에, 그에게 남성의 삶에 개입할 수 있는 여성 문제에 대해 특히 주의해야 한다고 충고한다. 『군주론』의 "경멸과 증오를 벗어나는 것에 대해여"라는 이름이 붙여진 장에서 그는 그의 군주에게 만약 그가 "신민의 소유물과 여성"을 약탈하고, 빼앗는다면, 증오와 경멸이 뒤따라 올 것이라고 충고한다.[27] 다른 한편으로 순결은 군주의 "덕"(virtue)인데, 그것은 그 자체가 좋은 것이어서가 아니라, 다른 사람이 그것에 관심을 가지기 때문이다.[28]

『로마사 논고』의 가장 긴 장에서, 마키아벨리는 복수와 음모를 부추기는 행동을 경고하는데, 가장 심각한 것은 남자의 명예에 대한 공격, 특히 그들의 아내에게 방향을 돌리는 것이다.[29] 그러나 이러한 일반적 격언을 지지하기 위해 사용하는 그의 두 가지 이야기는 이를 거의 뒷받침하지 못한다. 첫 번째 이야기는 앞선 장에서 묘사했던 사건을 암시하는데, 마케도니아의 왕이었던 필립(Philip)의 한 관료에 의해 동성 강간을 당한 파우사니아스(Pausanias)에 관한 것이다.[30] 필립은 그가 약속했던 것처럼 강간에 대한 복수를 해주지 않았고, 결과적으로 파우사니아스는 그를 암살했다. 최소한 두 번째 이야기에 여성이 있다; 시에나(Siena)의 참주는 그의 딸을 조반니 본로메이(Giovanni Bonromei)의 아내로 주었지만, 그 뒤에 다시 그녀를 빼앗아 왔다. 이러한 모욕 때문에, 본로메이는 시에나의 참주에 대한 음모를 꾸몄고, 그는 거의 죽을 뻔 했다. 확실히, 성적 욕망이 이러한 음모론적인 남성을 자극하는 것은 아니다. 여성은 심지어 그들이 선물로 주어질지라도 거의 부수적인 것이다. 오히려 논쟁은 지배자가 인간의 심리와 신민의 자존심을 이해해야 한다는데 있다; 만약 그 자존감이 침해당한다면, 지배자는 이어지게 될 복수에 대비해야만 한다. 루크레티아의 순결을 보호하는 혁명 대신에, 그것은 공모자를 불러일으키는 남성의 폭력인 것이다.

『로마사 논고』의 마지막 권의 제26장은 "어떻게 여성 때문에 한 국가가 멸망하게 되는가"라는 제목으로 여성을 다루고 있다. 그러나 이 명제의 주요 사례를 읽으면서 여성이 국가를 멸망시키는 것이 아니라 내적 분열로 국가가 멸망하게 된다는 점이 오히려 분명해진다. 아르데아(Ardea) 시에서 한 부유한 젊은 여성이 평민과 귀족 중에서 결혼을 고민하고 있었다. 그녀의 돌아가신 아버지가 그녀의 남편을 선택해주지 못했기 때문에 귀족을 좋아했던 어머니와 평민을 선호한 그녀의 후원인 사이에 갈등이 발생했다. 이것은 양 측(each side)이 외부의 원조를 요구하면서 계급 갈등으로 확대되었다. 갈등은 국가가 결국 외부인에게 복종(subject)하게 되었을 때에야 해결되었고, 결국 도시는 독립을 잃게 되었다.

마키아벨리는 다음과 같이 결론을 내린다. "이 글에서 몇 가지 주목할 것이 있는데, 첫째는 어떻게 여성이 국가를 크게 멸망하게 하는 원인인지, 그리고 그들이 도시를 통치하게 되는 누구든지에게 커다란 피해를 입힌다는 것을 우리는 알게 된다."[31] 그리고 그는 각각의 체제를 "파멸에 이르게 하거나, 커다란 피해를 입힌" 것이 아니라고 하면서 이전에 별로 중요하게 여기지 않았던 루크레티아와 버지니아의 사례로 돌아간다. 그는 왜 같은 장에서, 이렇게 노골적으로 모순을 보이는가? 건망증이 하나의 대답이 될지도 모르지만, 다른 하나는 이전에는 그들에게 책임이 없다고 하였음에도, 이제 여기서 여성에 대한 그의 비난이 의심스럽게 되었다는 것이다. 루크레티아와 버지니아의 사례에서 체제는 참주적인 지배와 조상 대대로 내려 온 관습에 대한 노골적인 거부 사이에서 발생하는 체제의 부적응 때문에 무너지게 된 것이다. 국가 파멸의 원인으로 타인의 지목을 받은 여성은 그저 정치지도자의 일반적 실정(失政, misrule)에 대한 단순한 징조일 뿐이다. 멸망의 원인은 보다 깊은 곳에 존재하는 것이었다. 아르데아(Ardea)의 사례도 유사하다. 그 도시가 그 이웃에게 지배당하게 된 것은 "여성"때문이 아니라 평민과 귀족의 분열 때문인 것이다.

여성이 국가를 멸망하게 하는 원인이라는 것은 그들이 가진 어떤 특징 때문이 아니라, 그들이 국가를 구성하는 사람 사이에 존재하는 분열을 드러내기 때문이다. 동격의 남성과 여성이 존재하고, 그들은 도시의 존속을 위해 함께해야만 한다. 아르데아 시는 인류처럼 두 개로 분열되어 있었다. 보존을 위해 함께 했어야 했다. 마치 해결되지 않은 남성과 여성의 갈등이 인류의 죽음을 의미하는 것처럼, 이 두 분파의 진화되지 않은 대립은 도시의 죽음을 의미한다. 마키아벨리가 다양한 요소로부터 공화국을 건설하고 존속시키기 위한 그의 긴 저술을 마무리 하면서, 그는 적대세력 —그 적대세력이 로마의 경우에서처럼 남성과 여성이든, 귀족과 평민이든— 을 조정해야만 하는 모든 체제의 불안정성을 인정한다. 따라서 여성이 도시를 "멸망"하게 하는 것은 아니지만, 여성은 모든 공동체에서 언제나 위험 요인이 되는 국가 내의 다양성을 부각시키는 역할을 한다.

소수의 특정한 여성이 마키아벨리의 역사적 사례에서, 특히 『로마사 논고』의 음모들에 관한 장(3권 6장)에서 특히 두드러진다. 그러나 각자의 경우에 있어, 여성이 여성보다는 남성처럼 행동하는 일이 계속되는데, 이는 필요과 복수의 운명을 지닌 여성들이 남성처럼 행동할 수 있다는 것을 남성들이 예견하지 못했기 때문이다. 가장 극적인 것은 마돈나 카테리나(Madonna Caterina)의 이야기이다. 그녀는 마키아벨리가 음모의 처단에 뒤따르는 위험에 대해 말해야 하는 것 —복수할 가능성이 있는 모든 자는 처단해야 함— 을 언급할 때 나타난다. 그가 아들일 수도 있고, 형제일 수도 있으나, 그가 언급한 그 이야기는 모반으로 살해당한 왕이자 남편의 아내에 관한 것이다. 도시의 인민들이 모반에 가담한 자들에게 대항했을 때, 자신의 아이들과 함께 포로가 된 카테리나는, 아이들을 뒤에 인질로 놔둔 채, 모반자들에 대항하여 인민들을 설득하기 위해 도시로 들어가게 되었다. 일단 도시로 들어가자, 그녀는 성벽에서 모반자들에게 조롱하듯이 말했다. 자신의 생식기를 드러내면서, 그녀는 앞으로도 많은 아이를 낳을 수 있다는 것을 모르냐며 적에게 비난을 퍼부었다. 따라서 그녀는 모반자로부터 도시를 지킬 수 있었다. 마키아벨리는 이 이야기를 복수를 위해 아이까지도 그렇게 지독하게 포기할 수 있었던 "비정상적" 여성을 보여주기 위해 사용한 것은 아니다; 오히려, 그는 복수의 강력한 열정을 무시하는데 있어, 지혜롭지 못하고 오히려 태만했던 모반자들에 대해 언급하기 위해 그 사례를 사용하고 있다. 그러한 환경에서는 여성도 남성이 될 수 있는 것이다.

같은 장에서 두 가지 다른 사례가 눈에 띤다. 네로의 정부(mistress)인 에피카루스(Epicarus)가 황제를 전복시키려는 음모에 가담하였다는 이유로 고소됐다. 과실이 있었지만, 그녀는 그녀의 개입을 단호히 부인했고, 결국 네로의 의심은 누그러졌다. 그리고 코모두스 황제의 애첩 마르시아(Marcia)가 있었다. 그는 어리석게도 그녀가 발견할지도 모르는 곳에 처형시킬 사람의 명단을 남겼다. 그녀가 그 명단에서 자신의 이름을 발견하게 되자, "운명이 그녀를 용감하게 만들었다." 포르투나의 방식으로 그녀 스스로를 여성스럽게 보이게 하면서, 그녀는 남성적이 되었고(바뀐 환경과 함께 변화된) 그를 죽이기 위한 음모에 성공했다. 더 이상 남녀의 구분은 없다. 마키아벨리에게, 도도히 흐르는 세상은 남성이 여성이 되고 여성이 남성이 되는 것을 허락한다.

리비우스에 관한 마키아벨리의 긴 저술의 마지막 장에서, 여성이 자신의 남편을 죽이려는 음모에서 다시 등장한다. 그 장의 제목이 공화국이 자유를 잃지 않도록 막기 위해 일상적으로 주의하는데 필요한 "섭리(providence)"에 초점을 맞추고 있지만, 남편을 독살하려는 로마 아내들의 음모를 다시 불러일으킨다. 그 계획이 발견되기 이전에도 많은 계획들이 이어졌다. 마키아벨리는 많은 악인을 처벌하는 것이 어렵다는 것을 논의하고, 대량학살(decimation – 개인과 군사 단위의 10분이 1을 뽑아 죽이는 행위) 관행을 도입한 로마인들을 칭찬하기 위해 이 사건과 다른 대규모 범죄 사례를 사용한다. 모두가 처벌을 받을 수는 없었다. 결국, 10분의 1방식의 대량학살(decimation)은 모든 것을 파괴하지 않으면서 사람들로 하여금 두려움을 갖게 하는 이점이 있었다. 남편을 독살하거나 독살하려는 계획을 가지고 있었다는 이유로 모든 로마 여성을 처벌하는 것은 로마의 종말을 의미하는 것이었다.

그러나 마키아벨리의 책 마지막에 나오는 대량 독살 사건은 우리에게 로마의 처벌 방식에 대해서만 말해주는 것이 아닐지도 모른다; 사실 그것은 우리에게 그 장의 제목에서 "일상의 예방책"에 대해 거의 말해주고 있지 않는 것 같다. 오히려 『로마사 논고』의 마지막에 나오는 이러한 여성 독살자들은 우리에게, 마치 포르투나를 정복하려 하는 남성이 변덕스러운 여성같이 되어야 하는 것처럼, 마키아벨리가 자신을 동화시켜야만 했던 여성의 초상을 보여준다. 그가 『군주론』과 『로마사 논고』를 썼을 때에, 그는 망명중이어서 강요된 게으름의 상태에 있었다. 그의 작품 전반을 통해서 그는 오지오(ozio)란 남성을 여성으로 변화시키는 것이라고 말한다. 그는 또한 나이 들었고, 더 이상 폭력으로 포르투나를 정복하는 남성성을 가진 젊은이의 대담성을 즐기지 못하게 되었다. 따라서 어떤 의미에서 그는 여성의 역할로 떨어지게 되었다. 그는 정치적으로 활동적이지도 않았고, 젊은이의 열정도 갖고 있지 않았다. 그러나 로마의 이러한 여성 독살범과, 소극적인 마리아를 승격시킨 체제를 변화시키려는 열망, 16세기 이탈리아와 그 기초가 되는 기독교 세계관을 약화시키려는 열망으로부터 교훈을 배우면서, 마키아벨리는 비밀스럽게 자신에게 독을 발라야했고 밖으로가 아니라 오히려 안으로 부패해야만 했다.

마키아벨리의 저서는 로마 부인의 독과 유사한 작용을 한다. 그가 처한, 특수한 상황과 시기로 보아 그는 다르게 할 수 없었기 때문이다. 음모에 관한 장에서 그는 항상 음모를 꾸밀 수 있고, 저항할 수 있는 사람이 국가 내부에 있다고 우리에게 말한다. 국가를 멸망에 이르게 하는 여성에 관한 장에서는 모든 공동체를 전염시키는 내부의 분열, 교묘한 조종자의 의해 악화되기를 기다리는 분열에 대해 언급한다. 로마인들은 적어도 그들의 아내가 그들을 독살하는 음모를 꾸미리라고 예견했다: 그들은 체제의 내부적 부패의 근간을 그들 안에서 보지 못했고, 결국 그들에 대해 일상에서 주의하지 않았다. 정치망명 기간 동안 살면서, 군인도 아니고 젊지도 않은 허약한 남성으로서 마키아벨리는 이탈리아 특히, 피렌체의 메디치가(Medici of Florence)의 군주에게 거의 정치적 위협이 되지 않았다: 그러나 남성은 명백하게 복종적인 여성에게 체제전복적인 힘을 거의 기대하지 않았기 때문에, 그들은 여성이 전복적일 때에 거의 대비하지 못하고 있었다.

로마의 여성은 비밀스럽게 투여되는 독에 의존했다. 결국 약한 것은 강한 것으로 여겨지는 사람이 몰락하게 되는 원인이 될 수 있다. 결국 약한 것으로 여겨졌던 마키아벨리는, 그의 나이와 그의 정치적 입지를 조롱하는, 그리고 늙은이를 버리기 위해 선택하는 포르투나에게 적응하면서, 놀랍도록 강해질 수 있는 것이다.

『로마사 논고』의 마지막 장의 마지막 문단은 도시로 새로운 시민들이 무차별적으로 유입되는 효과를 제한하기 위해 고대 로마의 시민명부를 개조하는 파비우스 막시무스(Febius Maximus)를 칭송하고 있다. 로마의 지도자는 정치 체제에 참여할 수 있는 자들을 주의 깊게 살펴보아야 한다. 그가 "위대한 자(maximus)"로 불리우게 된 원인이 되는 파비우스의 위대한 성공은 도시 전복 세력이 도시에 참여하는 것을 막아냈다는 데 있다. 마키아벨리의 저서(그리고 이 마지막 장의 여성)는 그들이 체제 안에서 직접적인 참여가 배제된 사람들조차도 그것을 어떻게 통제할 수 있는지를 보여준다. 『군주론』에서 여성화된 포르투나를 제압하고 이길 수 있는 젊은이를 칭송했던 마키아벨리는 지금 약한 여성으로부터 교훈을 배운 것으로 보이는데, 그녀들의 힘이 예측불가능하기 때문에 체제를 전복시킬 수 있게 된다는 것이다. 그는 스스로 그의 특수한 지위와 목적에 보다 더 잘 맞을 수 있는 참여 유형을 발견하기 위해 이브와 마리아의 모델 모두를 넘어선다.

마키아벨리의 희극

명백하게 정치적인 마키아벨리의 저서에 이브와 마리아라는 여성적 힘이 스며들어 있음에도 불구하고, 개인으로서의 여성이 나타나는 사례는 매우 드물다. 그러나 마키아벨리는 또한 권위와 안전을 위한 투쟁에 적극적인 참여자로서 여성이 존재하는 가정 내부의 관계(domestic relation)를 다룬 희곡작품을 썼다. 비유적으로 가족은 가정에서의 다른 참여자에 대한 아버지의 지배를 드러내고 있다는 측면에서 작은 공국으로 그려진다. 그러나 권위의 계보가 그리 간단하게 그려지지 않는 공국에서처럼, 음모가 발생하고, 통치자는 타락해서 교체되어야 하고, 내외적 위협이 발생하며, 질서 있는 가정이 취약해지지만 (이는 연극이기 때문에) 재건된다. 우리는 마키아벨리의 희극 두 작품을 살펴보면서, 가족 관계와 그 안에서의 여성의 역할에 대한 그의 분석이 얼마나 그의 정치사상을 그려내고 있는지와, 개인적 수준에서의 관계에 대한 연구를 통해, 마키아벨리가 자신의 정치적 가르침의 일부를 어떻게 구체화 하는지를 분석할 것이다.[32]

다음에 논의된 두 편의 희극에서, 동기를 부여하는 힘은 성욕(lust)이다. 두 희극 안에서 미모의 젊은 여성은 그녀에게 접근해서는 안되는 사람의 갈망의 대상이 된다. 사랑에 빠진 남성은 그녀와 함께 하는 기회를 갖기 위해 다양한 사람들을 이용하려고 애를 쓴다. 『클리찌아』(Clizia)에서 그렇게 열망의 대상이 되는 소녀는 무대에 결코 등장하지 않는다. 그러나 그녀의 양어머니가 이 상황을 통제한다; 그녀[클리찌아의 양어머니]는 진정한 군주 혹은 오히려(마키아벨리 스스로를 그렇게 마음속에 그렸던 것처럼), 조언자로 시작했으나 결국 지배자가 되는 사람이다.[33] 『만드라골라』(Mandragola)에서 미모의 젊은 여성과 그녀의 어머니는 무대에 적극적으로 등장하지만, 여기서는 그 딸이 궁극적으로 상황을 통제한다. 그녀는 덕의 의미의 변형이라는 마키아벨리의 주장의 전형적인 예가 되어, 이를 수행한다. 정절을 넘어 간통을 선택하면서, 그녀는 그녀의 작은 공국의 지속과 안정성을 보장한다. 그녀가 전통적 덕의 지침을 따라 순결을 지켰다면, 모든 것은 파멸되었을 것이다. 희곡의 등장인물은 그녀를 "왕국을 지배하는 데 적합한"[34] 사람으로 묘사한다. 덕에 대한 새로운 이해를 하려는 그녀의 의지가 바로 이러한 능력을 입증하는 것이다.

『만드라골라』(Mandragola)

『만드라골라』에서 칼리마코(Callimaco)라는 이름을 가진 피렌체(Florentine)의 젊은이는 "그 자신을 그녀에게 지배당하도록 허락한"[35] 니챠(Nicia)라는 이름의 정말 어리석은 노인의 아내인 루크레찌아(Lucrezia)를 사랑하게 된다. 루크레찌아의 이름은 의도적인 것이다. 전체 이야기는 본래, 리비우스의 역사에서는 매우 자랑스럽게 이야기되지만 『로마사 논고』에서는 간단히 무시되어버린 정숙한 여인, 로마의 루크레티아(Lucretia)를 상기시킨다. 칼리마코는 그의 모국 이탈리아를 괴롭힌 전쟁을 피해서 파리에서 살고 있었다. (루크레티아를 강간하기 이전에 타르퀴니우스의 아들은 군영이 있는 로마에서 멀리 있었다) 한 피렌체인이 파리의 칼리마코를 방문하고; 여성에 대한 논의가 이어지면서, 그들은 프랑스와 피렌체 여성의 상대적 아름다움에 대해 논쟁하게 된다. (리비우스의 이야기에서, 로마로 돌아가는 여행을 촉진시킨 논쟁은 그들의 부인의 덕에 대한 이야기였다)

피렌체의 루크레찌아의 아름다움에 관한 많은 소문으로 칼리마코는 직접 확인하기 위해 돌아오게 되고, 그는 "그녀와 함께 하기 위한 갈망으로 불타오르면서"[36] 즉시 충격을 받게 된다. 그녀의 미모와 알려진 정숙함이 그를 흥분시켰기 때문에, 타르퀴니우스의 아들은 "힘으로 루크레티아를 범하고자 하는 사악한 욕망"에 사로잡혔다.[37] 비록 전쟁과 같은 사랑의 친숙한 이미지가 연극 1막의 마지막 노래에서 상기되고는 있지만, 칼리마코는 루크레찌아를 힘으로 '강제'하지는 않는다. 오히려 그는 자신이 갈망하는 여성에게 접근하게 해 줄 수 있는 계획을 구상하기 위해 신뢰할 수 있는 리구리오(Ligurio)의 도움을 구한다. 이렇게 점잖은 이야기에는 타르퀴니우스의 아들이 행한 폭력은 존재하지 않는다. 대신에, 리구리오와 칼리마코는 그의 아내를 위해 만드라골라로 만든 물약을 그에게 주면서 아이를 가지고 싶어하는 니차의 욕망을 이용한다. 그들은 거짓인줄 뻔히 알면서도, [그 약이] 수태를 가능하게 할 것이라고 주장한다. 게다가 그들은 루크레찌아가 그 약을 마신 후에, 그녀와 함께 자는 첫 번째 남자는 죽게 될 것이라는 말을 덧붙인다.

아이를 위해서, 그녀의 남편을 위해서, 신을 위해서(부패한 수도사가 그녀에게 설명한 것에 의하면), 그리고 그녀의 어머니를 위해서, 루크레찌아는 그 약을 먹고, 그녀의 남편이 아닌 다른 사람과 동침하는 것에 동의한다. 그녀의 순결은 "회복"된다. 물론, "독"을 빼내기 위해서 이용된 다른 사람은 칼리마코로서, 그는 그녀와 함께 침대에 있게 되자, 그의 사랑을 고백하고, 니차가 죽으면 그녀와 결혼할 것이라고 약속한다. 칼리마코가 이러한 이야기를 할 때, 루크레찌아는 "나의 의도와 니차의 의도간의 차이, 젊은이의 키스와 늙은 남편의 키스 사이의 차이를 느끼면서" 그리고 그녀를 둘러싼 사람들의 어리석음, 단순함, 슬픔을 언급하면서, 그(칼리마코)를 "군주, 주인, 감독으로"[38] 받아들인다. 이 둘은 그녀의 남편의 집에서 서로를 즐길 것이다. 외부인(지배자 자신에 의해 초대되었지만)의 침입에 의해 전복된 가정은 루크레찌아가 칼리마코를 수용하면서 재구성된다; 그것은 정절을 간통으로 대체하게 한 새로운 원칙에 따라 잘 작동하게 된다. 이는 모든 사람에게 행복을 가져다 준다; 루크레찌아는 지금 무력한 상대 대신에 젊고 강한 연인을 가지게 된다; 칼리마코는 그의 사랑을 얻게 된다; 니차는 그가 원하는 아이(그 아이가 자기 아이라고 생각하면서)를 갖게 될 것이다; 그리고 리구리오는 니차와 칼리마코 모두에게 기생할 수 있게 된다. 이 연극의 끝에 맞는 행복은 전통적인 여성적 덕의 타락에 따른 것이다.

리비우스의 루크레티아는 폭행을 당하자, 그녀의 남편과 아버지에게 그녀의 강간에 대한 복수를 부탁하면서 자살한다. 리비우스의 로마에서, 여성에 대한 성폭행은 체제의 몰락을 가져올 수 있었다. 마키아벨리의 시각은 성폭행이 수용되고, 실제로 받아들여질 때 발생할 수 있는 보다 큰 행복에 대한 것이다. 『만드라골라』에서 제시된 마키아벨리의 견해에 의하면, 사람들이 이전에는 죄와 견딜 수 없는 상태로 여겨졌던 것들이 완벽하게 견딜 수 있는 것이 될 수 있다는 사실을 받아들일 필요가 있다는 것이다. 루크레찌아는 대부분의 사람들이 선하지 않는 나라에서는 그녀 또한 선할 수도, 순결을 지킬 수도 없다는 것을 알게 된다. 『군주론』 15장의 통치는 그녀를 고대의 루크레티아에서 현대의 루크레찌아로 바꾸어 놓는다. 만드라골라는 아마도 죽음에서 생명을 주는 약이었을 것이다. 그 연극에서 그것의 효능은 가짜였지만, 루크레찌아의 변모는 이러한 죽음과 삶을 조롱한다. 낡은 정절은 새로운 행복한 삶을 위해 죽는다. 그 치료는 약병이 아닌, 여주인공의 가치 변화에서 나오는 것이다.

이 연극에서 마키아벨리는 재탄생의 주제를 상당히 새로운 맥락으로 전개하면서, 또한 그는 나이와 젊음의 개념에 대해서도 작업한다. 어리석은 자 노인은 창조적인 음모자인 젊은이에게 양보해야 한다. 『군주론』 25장에서, 마키아벨리는 젊은이가 용기가 없고, 늙은 사람들보다 포르투나를 정복하는데 더 많은 성공을 거둘 수 있다고 지적했다. 『만드라골라』에서 칼리마코는 무능한 니차를 술책으로 이기고, 여성을 지배하게 되는 근대인이자 젊은 남성이다. 루크레찌아는 그의 강한 포옹을 즐기고, 그녀의 가정을 타락시키는 그의 행위를 지지하기로 결정한다. 그러나 칼리마코는 폭력이나, 강간이 아니라 책략을 통해 포르투나를 자신의 친구로 받아들인다. 니차가 만드라골라의 효능에 대한 이야기에 속은 것뿐이다. 칼리마코는, 열정적 애정을 가지고는 있었지만, 국가의 전쟁을 회피하고, 군사적 일로부터 멀리 떨어져 지내는, 일종의 멋만 부리는 남자라고 볼 수 있다. 그에게서 우리는 진짜 군주 혹은 로마 공화국의 시민이 추구하는 덕을 찾아볼 수 없다. 보잘 것 없는 남성들이 많은 오늘날의 세계에서 고대의 덕으로 포르투나를 정복하지는 못한다. 그 방법은 단순히 대담함보다는, 사기, 속임수와 위장일 수밖에 없다. 그리고 결국에는 여성의 의지에 따라 결정되는 것이다.

연극이 전개되면서, 우리는, 그녀가 그녀 주위 사람들의 어리석음을 알아채고 최소한 처음에는 그녀를 타락시키려는 시도에 저항하는 상황을 통해서, "왕국의 통치에 적합한" 사람인 루크레찌아의 힘을 언제나 인식하게 된다. 그녀는 남편에게 속임수를 폭로할 것인가 아니면 권위의 전복을 도울 것인가를 결정하는 사람이다. 강력한 포르투나와 같이, 그녀는 젊은이를 지지하고, 결국 그 연극은 행복한 결말을 맞이한다. 그녀가 최종적인 선택을 하는 사람이다; 그녀를 완전히 지배하고 있다고 생각하는 니차는 그녀에게 지배당한다. 그녀는 이 피렌체의 가족에게 일어나게 되는 일을 결정한다. 가정이라는 왕국에서 그녀는 지배하는데 적합할 뿐 아니라, 실제로 지배한다. 그러나 그녀는 결론에서만 지배하는 것으로 드러난다. 왜냐하면, 그녀가 덕의 의미의 변화를 수용하고, 그녀 남편이 당하고 있는 속임수의 공범이 되는 것에 동의했기 때문이다. 『클리찌아』에서 우리는 그녀 주변의 모든 사람들이 자신의 것을 상실했을 때, 단순한 효과적 분별력을 통해 지배하는, 또 다른 유형의 여성을 만난다.

『클리찌아』(Clizia)

『만드라골라』는 원작이다; 『클리찌아』는 로마의 극작가 플라우투스(Plautus)의 희극 작품 『카시나』를 마키아벨리가 각색한 것이다.

마키아벨리는 아내와 어머니에게 보다 호의적인 역할을 제공하며, 몇 가지 중요한 방법으로 그 구성을 변경하였다. 대체적 줄거리는 플라우투스의 원작과 동일하다. 출신을 모르는 어린 소녀가 피렌체의 어느 귀족 가정에서 성장한다. 그녀가 가족과 살게 된지 수년이 지나자, 그녀는 성장했고, 아버지 니코마코(Nicomaco)와 아들 클레안드로(Cleandro) 모두 그녀를 사랑하게 되었다. 그러나 누구도 그녀와 합법적으로 결혼을 할 수 없었다. 대신에 각기 그녀를 자신의 하인과 결혼시키려는 시도를 하게 된다; 그렇게 해서 니코마코는 하인과 그녀를 공유하려 하고, 클레안드로는 그녀를 아버지와 아버지의 비천한 하인으로부터 떼어놓으려 한다.[39] 이러한 우스꽝스러운 갈등의 한 복판에서, 그 아내는 두 명의 하인 중에서 클리찌아와 결혼할 사람을 결정하기 위한 제비뽑기를 제안한다. 포르투나는 곧 바로 연극에 등장하고, 니코마코의 하인을 선택한다. 니코마코가 신랑을 대신하려 하고, 모든 것이 결혼 첫날밤을 위해 준비되어 있었다.

전체 이야기의 뒤에 어머니이자 아내인 소프로니아(Sofronia)가 있다. 그녀는 남편의 부정보다는 훌륭한 시민이자 아버지에서 감성적인 늙은 바보가 되어버린 그의 변화에 슬퍼하고 있었다. 그녀는 그의 계획을 좌절시킬 방법을 세워, 그를 이전의 남편으로 돌아갈 수 있도록 수치심을 느끼도록 한다. 그녀는 클레안드로의 하인을 클리찌아로 변장시키고 결혼식날 침대에 누워있는 꿈에 부풀어 있었던 니코마코를 놀래킨다. 이 사건 이후 니코마코가 엄청난 수치를 느끼면서, 그는 자신의 방법을 바꾸고, 소프로니아에게 모든 관리를 맡기게 된다. 그녀는 클레안드로가 클리찌아와 결혼하는 것도 바로 허락하지는 않는다. 그러나 이러한 종류의 연극이 그렇듯이, 클리찌아의 아버지가 나타나서, 자신의 귀족적 혈통을 밝히면서 비로소 클레안드로와 클리찌아가 결혼할 수 있는 길이 열린다. 때마침 클리찌아의 아버지가 도착함으로써 행복한 결말이 이루어지는 원인이 되기도 하지만, 즐거운 결말은 소프로니아의 지혜와 자기 확신, 그리고 인간의 본성에 대한 그녀의 통찰력과 조화로운 공동체로써 가족의 행복에 대한 그녀의 관심에 기인하는바가 훨씬 크다.[40] 그의 아들은 클리찌아의 아버지를 피렌체로 데려올 포르투나를 기다려야 했던 반면, 그녀는 제비뽑기에서 그녀가 원하지는 않는 방향으로 움직였던 포르투나를 극복할 수 있었던 것이다.

마키아벨리는 서막(prologue)에서 이 연극은 포르투나를 그들의 친구처럼 갖기를 갈망하는 "젊은 사람들에게 교훈적"이라고 말한다. 그러나 젊은 사람들은 이 연극에서 최소한 두 가지를 배운다; 그들이 포르투나의 미소를 향유하는데 필요한 모든 것이 젊음도 아니고, 남성적 권위 자체도 아니다. 소프로니아는 일을 원하는 대로 만들기 위해 다른 이들을 이용하는데 필요한 계략과 교활함을 드러낸다. 젊은 이들은 전쟁이나 사랑에서 성공이란 권력의 활용으로 결정되는 것이라고 생각하여 두 가지를 노래 속에서 결합시켜 놓기도 하지만, 소프로니아는, 나이들었거나 젊거나 간에 모든 남성이 혼란만 야기하는데 반해, 더 이상 젊지도 않은 여성이 가족이라는 공국 내에서 질서를 세울 수 있으며, 스스로 통치권을 얻을 수도 있고 강력하고 살아있는 공동체를 만들 수도 있음을 보여준다.

그녀의 이름처럼 소프로니아는 고통을 받거나 인내하는 여성이다; 연극의 도입부에서 그녀는 나이 들고 무능력한[41] 지배자를 견뎌낸다. 『만드라골라』에서처럼, 나이든 지배자는 멍청하지만 이 연극에서 그는 피렌체의 시민으로서의 그의 의무감에 영향을 주도록 한 소녀에 대한 사랑을 허용하여 바보가 된다. 플라우투스의 『카시나』에는 없는 내용으로, 소프로니아는 이전의 니코마코를 묘사한다: "그는 진지하고 단호하고 신중한 사람이었다. 그는 명예로운 삶을 살아왔다. 그는 아침에 일찍 일어나, 미사에 참석하고 … 광장에서, 장터에서 행정가들과 함께 자신의 일을 수행했고 … 식사를 한 후 그의 아들과 토론을 했고, 그에게 조언을 하며 고대와 근대의 사례를 들며 인간을 이해하도록 그를 가르쳤다."[42] 그의 행동 변화의 본질(nature)을 인식하지 못하는 니코마코는 그의 아들에게 소프로니아에 대해 설명한다: "너의 어머니는 미쳤단다. 그녀는 가정을 지배하려 든다."[43] 그는 그가 자신의 가정의 지배자가 되기를, 그리고 그가 계획했던 것처럼 클리찌아와 결혼하기를 원한다고 주장한다. 다른 해결방법이 없다면, 그는 집을 태워 없애버릴 것이다. 이윽고 그는 그의 아내에게 말한다: "내가 당신의 지시에 따라 행동하는 것 보다는, 나의 지배에 따라 당신이 행동하는 것이 합리적이지 않은가?"[44]

마키아벨리가 둘 사이의 상호관계를 제시하는 것으로 보아, 소프로니아가 니코마코의 지배에 복종하는 것은 전혀 "합리적이지" 않다. 니코마코의 몰락은 전통적으로 합리적이었던 것의 전복을 입증하는 것이다; 여성에 대한 남성의 지배를 결정하는 자연 질서는 존재하지 않는다. 자연적인 질서가 없기 때문에, 인간은 그들이 사는 곳의 질서에 따라 움직여야 한다. 니코마코는 지금 그러한 질서를 부여하기 보다는 오히려 무질서에 기여하고 있다; 따라서 그녀 주변 세계를 구축하고 본래적 원칙으로 되돌려 놓는 일이 여성에게 맡겨지게 된다. 소프로니아는 군주로부터 왕국을 멀어지게 만들어 버린 군주의 조언자인 것이다.

연극의 말미에, 니코마코는 완전히 소프로니아의 계략에 압도당하고, 그의 모든 권한을 그녀에게 넘겨준다: "나의 소프로니아, 당신의 의지대로 하세요. 당신이 원하는 대로 결정하시오."[45] 그녀의 아들이 도착했을 때, 그녀는 니코마코의 말을 상기시킨다: "그는 내가 나의 지혜로 그를 지배하기를 바란단다." 니코마코는 지배자로서 실패한다; 그의 권위는 가족을 지배하는 법을 알고 지배자가 되기 위해 속임수를 활용하는 법을 알았던 그녀에게 빼앗긴다. 그녀는 니코마코에게 말한다. "나는 당신을 바꾸고 변모시키기 위해 당신의 허점을 이용한 모든 종류의 속임수를 부려왔음을 고백한다. 당신을 수치스럽게 만드는 것보다 다른 방법은 없었다."[46] 속임수는 실로 포르투나에 대항해 작용했다. 포르투나는 소프로니아의 편이 아니었다; 제비뽑기는 그녀의 남편과 함께 하녀를 같이 부리게 될 자에게 클리찌아를 주게 함으로써 그녀에게 불리하게 작용했지만, 그녀의 솜씨와 가족에 대한 책임은 그녀의 나쁜 운을 극복하게끔 했다.

다시 한 번 우리는 마키아벨리와 여성을 결부시켜야 한다; 소프로니아처럼 그는 고통 받았고 어리석은 남성들의 통치를 참아야만 하지만, 그들의 권위를 전복시킬만한 지위와 힘이 결여되었다. 그는 그의 지배를 실행할 다른 방법, 즉 속임수를 모색해야만 했다. 아둔한 통치자에게, 더 이상 그의 아들(young)을 적절히 교육시키지 않는 사람에게, 그리고 우리가 결코 보지 못한 환영을 쫓는 사람에게 얌전히 복종하지 않는 성공적인 여성으로서, 소프로니아는 약한 마키아벨리를 위한 강력한 모델이다. 그녀는 그 연극 속에서 남성이 보여주지 못하는 행동의 모델이 된다. 다른 사람들 중에서, 특히 클레안드로는 포르투나에 의존한다. 제비뽑기 이후, 그 젊은이는 탄식한다: "오! 포르투나여: 여성으로서 당신은 젊은이들의 친구요, 그러나 지금 당신은 늙은이의 친구가 되어버렸다."[47] 후에 그는 자신에게 우호적이 아니었다는 이유로 포르투나에게 악담을 퍼붓는다; "내가 항해를 끝냈다고 믿을 때, 포르투나는 나를 다시 가장 거칠고 맹렬한 파도가 이는 바다 한 가운데로 던져버렸다. 내가 태어나서 어떤 좋은 것도 가져보지 못해, 나는 나의 불운에 슬퍼한다."[48] 그는 어떤 방책도 세우지 않는다; 그는 운명의 파도 위에서 몸부림치고 그것을 정복하지 않는다. 그는 소프로니아처럼 행동하는 데 실패하고 만다.

『클리찌아』는 권력을 얻은 여성의 승리를 묘사한다. 따라서 그것은 역전을 의미한다; 전통적으로 통치하는 사람들이 그렇지 않고; 전통적으로 순종적인 사람들이 그렇지 않게 된다. 정열의 파괴적인 결과로 인해 인간의 행동을 위한 오래된 지침들은 이제 질서를 형성하지 못한다. 소프로니아는 그러한 정열들을 이해하고 잘 다루었다. 그녀는 그녀의 남편을 수치스럽게 만드는 법을 알았고, 또한 그를 품위 있는 피렌체의 신사로 다시 만드는 방법을 알고 있었다. 여성이 약하다는 것이 여성에게 효율성과 능력도 없다는 것을 의미하는 것은 아니다. 『만드라골라』에서 그 역전은 덕이 되는 악덕의 하나(정절을 대체하는 간음)인 것에 반해, 『클리찌아』에서 그것은 "모든 것을 지배하는" 여성에 관한 것이었다. 두 가지 경우 모두에서, 역전은 전통적인 예상의 불완전함을 나타낸다. 루크레찌아의 아이가 태어났을 때 발생할 수 있는 일로서, 아이가 자신의 아이인지를 아버지가 모르는 것이 좋을 수도 있고, 니코마코의 가정의 경우에서처럼 여성이 가족내부를 지배하는 것이 좋은 일일지도 모른다. 마키아벨리의 세계에 정확한 길잡이는 없다. 따라서 그의 희극들 속에서 간음과 여성의 지배는 새로운 덕목이 될 수 있는 것이다.

결론

마키아벨리는 결코 그의 의도를 완전히 드러내지 않는다. 몇몇은 그를 참주정치의 지지자로 간주해 왔다; 그리고 또 몇몇은 공화주의적 덕의 대변자로; 일부는 악의 대가로; 혹은 단순히 피렌체에서 권력을 다시 얻기 위해 나름대로 노력했던 사람으로 보기도 한다. 그것의 애매모호함을 통해, 마키아벨리의 저서는 근대 정치사상의 토대에서 불확실함을 드러낸다. 플라톤의 형상, 아리스토텔레스의 위계질서, 스토아학파의 정치적 헌신, 기독교의 신은 모두 확실함을 드러냈다. 마키아벨리는 그러한 정확성으로부터 후퇴하고, 그 후퇴는 그의 정치적 교훈의 모호성에서 포착된다. 그러한 애매모호함 속에서 여성들은 다양한 역할을 수행한다. 그러나 그들 중 그 누구도 명확하지 않다. 포르투나는 여성이지만, 또한 기독교 교리에 의해 복종의 기술을 훈련 받은 약한 남성이다. 마키아벨리가 그러하듯이 남성은,

변화하는 시간에 따라 변화하면서, 여성이 될 수도 있고 변덕스러워질 수도 있다; 혹은 그들이 남성이든 여성이든 다른 사람들의 지배를 허락할 때 발생하는 것에는 무엇이든지 따르면서, 남성이 여성이 될 수도 있고 순종적이 될 수도 있다. 여성들의 이미지가 자신의 정치사상에 대한 마키아벨리의 설명에서 중심적 역할을 하기는 하지만, 실제 정치적 삶에서 여성은 그리 중요하지 않다; 그들의 영향력을 강조했던 전통적인 이야기들을 마키아벨리는 쉽게 무시하고 넘어간다. 역사적인 상황에서, 여성들은 남성들 사이의 분쟁의 원천이 되어왔을지 모르지만, 여기서 그들은 남성의 소유물 또는 남성의 자존심을 살려주는 존재에 불과하다.

유동성(가변성)은 세상에 대한 마키아벨리의 시각을 지배한다. 군주 혹은 공화국의 지배자의 과제는 유동성에 질서를 부과하는 것이다; 그 과정에서, 그러한 지도자들은 사회에서 여성의 역할을 명확히 한다. 『클리찌아』에서, 특히 우리는 지배의 능력이 있는 여성을 발견한다; 마돈나 카테리나의 사례에서는 가장 속임수를 잘 활용할 수 있는 또 다른 여성을 발견한다. 자연의 변화는 누가 혹은 어떤 여성이 그럴 것이라고 결정해주지 않는다. 우리가 앞서 다루었던 사상가들과 달리, 마키아벨리는 모든 것이 불확실하고 조작 가능하기 때문에, 여성의 지위를 불확실하게 남겨놓는다. 따라서 마키아벨리는 자유주의로의 가능성을 열어놓게 된다. 이전의 사회에서 다양한 여성 모델의 역할은 제한적이었다. 그가 모든 위계적 관계를 파괴하게 되면서 마키아벨리는 이들[여성모델]을 버린 셈이다. 남성들은 야수가 될 수 있고, —실로, 대개는 되어야만 하고, 사적 시민들은 통치자가 될 수 있고, 남성들은 여성이 될 수 있으며, 여성들 또한 『만드라골라』에서 한 등장인물이 말한 것처럼, "나라를 통치하는 데 적합해"질 수 있다.

결론

차이를 넘어서

아리스토파네스의 『에클레시아수자에』(Ecclesiazusae)에서 아테네의 여성의 옷차림은 남성과 유사하다. 그들은 수염을 붙이고, 태양빛 아래서 활동하여 그들의 피부는 남자처럼 어두웠으며, 여성적 몸매를 감추기 위해 망토를 걸치고. 의회에 나갈 때 압력을 가하기 위해 남편의 지팡이를 빌리기도(훔치기?)도 하였다. 요약하면, 그들은 여성과 남성의 육체적 차이를 덮어버리려 한 것이다. 그렇게 하여, 그들은 여성에게 도시의 일에 대한 권한을 부여하게 된다. 의회에서 정상적으로 출석하고 연설하는 남성의 수사를 모방하면서, 그들은 여성에게 공적 권위를 넘겨주고 도시의 개인적이고 공적인 관계의 성격을 변화시키기 위해 출석한 사람들을 납득시키려 한다. 아리스토파네스의 희극은 차이의 문제가 주요 논점이 되는 정교한 작품이다. 아리스토파네스가 그것을 제시할 때, 이 작품에서 여성은 남자 복장을 하고 남자처럼 말하면서, 남성으로 나타날 수 있게 된다; 그렇게 하여 그들은 도시의 남성을 조롱하고 있는 것이다. 그러나 일단 그들이 스스로 권력을 획득하게 되자, 그들은 남성의 모습을 벗어버리고 그리스와 특히 아리스토파네스가 생각하는 전통적 이미지에 따른 여성으로 행동하게 된다. 그들은 도시를 오이코스(oikos), 즉 가정으로 바꾸고 공적인 것과 사적이 것의 구분을 희미하게 함으로써 (사실상 공적인 것을 무시하면서) 그들의 권위를 확인하게 되는 것이다.

아리스토파네스의 작품에서, 우리는 철학의 기원에 대한 문제와 소위 기원전 6세기 자연철학자들에 의해 제기된 문제로 다시 돌아가고 있음을 알게 된다. 이 초기 사상가들은, 우리가 관찰한 그러나 사실상 우리의 불완전한 감각의 결과일지도 모르는, 감각의 타당성을 의심했고, 차이의 중요성에 의문을 제기했다. 실제로 우리는 물에 반쯤 잠긴 지팡이가 굽은 것인지 똑바른 것인지 알 수 없다. 우리의 시각에 의존하게 되면, 우리가 확실히 알 수 있는 것은 없다. 우리의 세계에서 관찰된 다양성은 그 전체를 포괄하는 통일성을 우리가 인식하지 못한 결과이다. 아리스토파네스의 희극에서, 시각은 남성처럼 보이려는 여성의 시도로 왜곡되고 있다. 아리스토파네스가 이해하듯이, 희극이 세부적으로 진행할 때 여성이 남성과 다르기 때문에, 시각은 사실상 다양성이 있는 곳에서 통일성을 보게 되는 것이다. 여성이 가장하고 나타나도 인식되지 않는 차이의 중요성은 아리스토파네스가 늙고 추한 노파가 그녀의 애인을 기다리는 성적 매력이 있고 아름답고 젊은 처자와 다른 점이 없는 것으로 여성 입법에 의해 자연에 반하여 만들어지게 되는 어색한 장면을 도입하면서 강조된다.

이 연극에서 아리스토파테스는 아테네 의회에서 실제로 권력을 장악해가는 여성의 잠재성(기원전 4-5세기에서 거의 기대하기 어려운)에 관심을 가지지는 않는다; 오히려 그는 이 작품을 평등하지 않은 여성들을 평등하게 만들고, 사람들 간에 눈에 보이는 차이가 아테네 부모들로부터 자유인으로 출생하여 달성되는 통일성을 위해 무시될 수 있었던, 아테네 민주주의를 비판하기 위해 활용한다. 그의 희극 작품을 통해 이러한 비판을 하기 위해, 그는 성별(망토와 가짜 수염은 근본적 차이를 숨기려는 것이었다)과 나이(입법은 나이든 사람을 젊은이로 바꾸기 위해 이용된다)의 차이를 적용한다. 부자를 빈자와 동등하게 하거나 좋은 자를 나쁜 자와 동등하게 만들려는 아테네의 시도와 마찬가지로, 그 어떤 시도도 성공하지 못했다. 아리스토파네스에서, 그 차이는 인간의 잘못된 시각이나 부적절한 입법의 결과는 아니다: 그들은 성별간의 차이만큼이나 근본적인 것이다.

아리스토파네스의 연극에서 성별간 차이의 문제는 아주 사실적으로 그리고 다량의 음란 유머와 함께 소개되어 있지만, 그것은 정치세계에 대한 그들의 분석에 여성을 도입하면서 이 책에서 우리가 다루었던 모든 사상가들이 직면했던 문제이다. 그것은 또한 다양한 모양으로 반복적으로 등장하곤 했던 문제이기도 하다; 무엇이 여성을 남성과 다르게 만들었는가? 그러한 차이 —단순히 잘못된 시각과 저변에 놓여있는 단일성에 대한 우리의 감각을 넘어서 보지 못하기 때문에 발생하는 차이— 는 피상적인 것인가? 또는 우리가 관찰하는 것처럼, 자연세계는 아리스토파테스가 생각하는 것만큼이나 근본적으로 다양한 것인가? 차이가 원래 존재하는 것이고 자연 세계(또는 인간 세계)에 있는 기본적 단일성을 우리가 인식하지 못한 결과가 아니라면, 어떻게 정치체제 —그 제도와 사회구조 측면에서— 가 사람들 사이에 성적이거나 그 밖의 차이를 인식하거나 할 수 있게 되는 것인가? 사람들 사이에 있는 자연적 차이로 보았던 것을 고려하지 못한 아테네인들의 실패를 조롱하기 위해서, 아리스토파네스는 그 궁극적인 —우스꽝스러운— 연장선상에 있는 것으로 판단했던 주제를 채택했다; 의회의 여성, 그리고 극단적으로 차이 폐지에 관한 입법을 하는 여성들이 바로 그것이다.

그럼에도 불구하고, 아리스토파네스가 희극적으로 여성을 도시의 공적 영역으로 불러들인 것이나 『국가/정체』에서 소크라테스가 제기한 문제의 제안과는 별개로, 우리가 보았던 모든 사상가들은 공적 활동에 여성을 직접 포함시키지 않기 위해서 여성을 남성과 충분히 다르다고 보고 있다; 그러나, 그들이 자연스러운 것이고 인식 실패의 결과가 아니라는 차이, 사물의 자연적 질서의 기초로서의 차이 때문에, 여성은 다양한 방법으로 도시의 삶을 보완하게 되고 또는 그리스 비극에서와 같이, 그 목적에 한계를 설정하기도 한다. 그들이 그것을 직접 하지 못하기에, 그들은 그들만의 방법으로 거기에 참여하는 것이다. 로마의 여성과 부인은 전통적 도덕성을 보존하고 있어, 로마의 영웅이 다리를 방어하는 것처럼, "공적인 것"을 보존하게 되는 것이다. 가정을 책임지는 아리스토텔레스적 여성은, 그녀 뱃속에서 자라고 있는 아이를 운동시키기 위해 사원을 거닐고, 출산 이후 아이를 양육하면서, 체제를 보존한다; 아리스토텔레스의 생각과 대조적으로, 공동체에서 가사 일을 무시하는 스파르타의 여성은 그 체제에 파멸을 초래할 수 있었고, 초래하고 말았던 것이다. 도시 내에서 여성의 역할은 중심적이지만, 고대 사상가들에게 그것은 남성의 역할과는 분명히 다른 것이었다. 그들이 이해하기로는, 여성이란 근본적으로, 본성적으로 남성과 다른 존재이기 때문이다.

대조적으로, 기독교와 마키아벨리는 다양한 방법으로 차이에 대한 이러한 강조를 훼손시키고, 자신의 희극적 상상력을 총동원한 아리스토파네스 조차 상상할 수 없었던 정도로 개인으로부터 추출한 정치사상의 기반을 형성하려는 작업을 해왔다. 기독교 사상가들과 마키아벨리는 서로 연계되는 것을 싫어했을지 모르지만, 성적 차이의 문제에 관해서 양자는 모두 급진적으로 담론의 조건을 변화시켰다. 우리가 다루었던 기독교 사상가들에서, 육체적 세계의 지위에 대한 모호성은 성적 차이의 지위에 대한 모호성에 반영된다. 육체와 그 욕망은 인정되어야 하는 것이고, 은혜로부터의 타락을 기억나게 하는 자들 또한 여전히 전지전능한 하나님의 창조의 일부임도 마찬가지로 인정되어야 하는 것이었다. 보이고 들리는 물리적 세계에서, 성적 구분은 중요한 문제이다. 남성과 여성의 육체는 다르다; 그들은 각기 다른 때에 창조되었고, 세속은 남성적 육체에 우선적 권위를 인정하였다. 가족 내의 관계는 이러한 차이로부터 나온다. 그러나 감각에 종속되는 육체는 인간의 전체성을 규정하지 못한다.

피안의 세계, 신적 질서의 세계, 종말론 또는 역사의 종말은 성별간의 차이를 조직의 양식으로 통합한 정치체제와 가족뿐만 아니라, 물리적, 성적 정체성을 가진 육체를 초월한다. 개인 특히 성별간의 차별화의 세계는 육체적 차별화가 전혀 문제가 안되는 세계 —즉, 영혼과 정신의 세계— 보다 중요하지 않다. 남성과 여성의 영혼의 창조는 동시적이었다; 어느 것도 세속적으로 우월하다고 볼 수 없다. 감각과 함께 보이는 육체가 없다면, 여성도 남성과 동등할 수 있다. 남성과 여성의 차이가 섞여있는 이러한 세계의 정치공동체는 하나님에 대한 헌신과 그리스도의 몸에 동등하게 참여하는 영혼의 공동체에 비해 근본적으로 열등한 위계적 공동체였다.

생산과 교육의 제도로서의 가정은 전통적으로 남성과 여성의 역할에 대한 차이에 초점을 맞추었다. 그러한 차이의 혼합은 정치체제 구조와 공동체에 대한 여성의 관계에 대한 초기 사상가들의 생각에 중심적 역할을 했다. 그것은 지금 그들의 차이 때문에 그야말로 새로운 육체를 만들어내는 육체의 활동 즉, 성욕으로부터의 절제라는 고상해진 생각으로 대체되었다. 특정 정치체제를 지지하는 공동체로서의 육체적 가족을 대체하는 것은 그러한 체제를 넘어서 존재하는 것으로 영적인 것이었다. 우리가 상세히 다루었던 기독교 사상가 2인중 하나, 다른 이 보다 육체적 세계에서 훨씬 더 많은 가치와 신의 전능함을 보았던 성 토마스 아퀴나스 조차 남녀 성 모두에게 금욕은 매우 훌륭한 삶의 방법이라고 보았다.

따라서 우리가 상세히 다루었던 기독교 사상가들은 남성과 여성을 맥락적으로 이해하지 않으려 하고, 그들을 육체와, 가족, 정치체제로부터 떼어내고, 대신에 육체 —그리고 그들 간의 차이— 를 문제 삼지 않는 신적인 것과의 관계 속에 그들을 놓으려 한다. 그러나 영혼의 평등이 어떤 식으로든 육체의 평등으로 이어지는 것은 아니다. 양자는 언제나 별개로 남아있다. 그것이 하나님 앞에서 남성과 여성간, 부자와 빈자간의 영혼의 평등을 잡아낼 수 없다는 것은 정치세계의 불완전성을 의미한다. 따라서 기독교 사상에서 —그러나 그들 자신을 우리의 불완전한 세계에 드러내는 정치세계와 육체의 열등한 영역에서만— 도 차이는 여전히 중요한 것으로 남아있게 된다.

기독교는 결코 할 수 없을 때, 마키아벨리는, 육체와 영혼의 차이에 존재하는 모호한 관계가 아니라 자연의 모호성을 다루면서, 차이의 중요성을 파괴했다. 그의 세계는 감각으로 모든 것을 보고 느끼는 자연세계가 아니었고, 거기에는 모든 다양성을 하나로 묶어주는 것으로 기초가 되면서 인지되지 못한 단일성이 있었다. 그의 자연은 자체의 모호성이라는 특징을 가진 자연이었다. 우리가 관찰하는 세계는 우리로 하여금 판단할 수 있게 하는 정확한 지침도, 명백한 평가 기준도 제공하지 않는다; 하나의 성과 다른 성, 하나의 계급과 정치적 신분과 다른 계급이나 신분 간의 차이를 규정해줄 논리 정연한 한계도 없다. 마키아벨리가 관찰한 자연은 유동적인 것이다. 무질서한 자연이라는 강력한 초상과 함께, 그는 유명한 '존재의 사슬(the Chain of Being)'을 무너뜨린다. 그 존재의 사슬이란 정치적, 사회적, 정신적 위계질서의 세계와, 플라톤 이후로 사회에 누가 어디에 서 있는지, 누가 권위를 가지고 누가 누구에게 우선하는지를 규정한 질서, 그리고 필머(Filmer)가 자신의 가부장이론을 제시하게 된 근거를 의미한다.

마키아벨리에게, 자연의 모호성은 이러한 위계질서에 대한 불확실성 —즉, 통치자와 피치자, 군주와 조언자, 아버지와 아들, 남성과 여성 간의 한계를 규정하는 방법에 관한 것— 으로 이어진다. 더 이상 그렇게 면밀하게 조직화된 것이 아니기에, 자연은 문호를 개방하게 되고, 이는 곧 사람이 할 수 있거나 될 수 있는 것은 더 이상 특정한 자연의 한계에 의해 규제받지 않는다는 것을 의미했다.

차이가 명확히 표현된 세계에서, 우리는 권위의 계보를 설정하고, 대자연의 존재의 사슬에서 각 개인의 위치를 결정하고, 세계를 불평등의 영역으로 보기 위해 그것[차이]을 사용한다. 이러한 부자가 가난한 자를, 현자가 어리석은 자를, 덕있는 자가 사악한 자를, 남성이 여성을 지배하는 것과 같은 불평등은 사회적, 정치적으로 제도화되어야 하는 것이라고 혹자는 말할 수 있고, 실제로 많은 사람이 그렇게 언급했다. 그 답변에 항변하는 사람도 있겠지만, 카팍스 임페리(capax imperii) 문제에 대한 답변이 거기에 있다. 그러나 차이가 더 이상 명백하지 않고, 어리석은 자가 정말 현명해질 수 있고, 약한 자가 정말 강해질 수 있을 때, 위계적 질서는 더 이상 조직의 모델로 작동하지 못한다.

남성이 기독교의 영향 하에서 여성화 되었고, 여성이 마돈나 카테리나처럼 강하고 모성에서 독립적일 수 있다면, 차이라는 낡은 기준은 더 이상 지침이 되지 못하고, 권위의 승계선상에 있는 자의 지위를 확인해주지 못한다. 군주는 자신의 조언자들의 영향력과 힘을 따라야 할 것이고, 남편(니코마코의 경우처럼)은 아내를 따르게 될지도 모른다. 카팍스 임페리(capax imperii) 문제에 대한 명확한 답변이 없다면, 다른 속성은 다른 순간에는 중요한 것이 될 수도 있다. 마키아벨리가 로마 초기의 상황을 논할 때 지적한 바와 같이, 서로 다른 통치자가 있다는 것이 그 도시의 성장과 발전을 위해 중요했다; 우선, 로물루스는 로마인들을 호전적으로 만들었고, 누마(Numa)는 그들에게 종교와 평화의 기술을 가르쳤고, 툴루스(Tullus)는 그들의 군사적 열정을 되살렸다.[1] 마키아벨리는 차이에 근거한 전통적 질서를 무질서한 자연 세계의 변덕스러운 변화를 이해하고 예견할 수 있는 통치자에 의해 근근이 보존되는 정치구조와 대체했다. 자유주의 사상가들은 로물루스와 모세와 같은 그러한 영웅에 의지할 필요가 없었다. 그들은 무질서한 것을 질서 있는 것으로 바꿀 수 있는 모든 인간(그리고 궁극적으로 모든 여성)의 능력을 계약에서 보게 된다.

마키아벨리처럼, 자유주의 사상가들은 공동체의 근거를 개인의 차이에서 찾지 않았다. 오히려 인간의 구성체로써의 공동체는 자연에 반한 것이었다; 자유주의자들은 마키아벨리의 군주를 받아들였고, 그를 그 자체로서 계약자가 되도록 일반화했다. 따라서 공동체는 더 이상 차이의 위계에 기초하지 않고, 체계적이지 않은 불안정한 세계에 대항하는 자아의 동등한 주장에서 그 기원을 찾는다. 자연에 기인하지 않고 오히려 자연에 반하는 공동체라는 시각은 상호의존적인 단위로 이루어진 체제의 응집력을 약화시킨다. 자유주의 사상가들 특유의 외면적인 질서의 부과는 위에서 논의되었던 사상가들 대부분의 글들에 만연했었던 자연적 사회질서의 개념을 거부한다.

마키아벨리는 이러한 질서의 부과를 강조하고, 오래된 장벽들을 파괴함으로써 그는 그 자신과 그의 독자들에게 이것이 불안정한 세계라는 점을 밝혔다. 보편적인 사물의 위계에 있어, 어떤 인간을 위해서도 불변하는 공간 혹은 체계는 존재하지 않고, 또한 누군가에게 각각의 특성에 알맞은 장소 역시 존재하지 않는다. 이러한 특성이 변화할 뿐만 아니라, 가식적으로 그렇게 보일 수도 있어 현명한 사람들이 어리석게 보일 수도 있고,[2] 부정한 사람들이 믿을만한 사람으로 보일 수도 있고, 올바르지 못한 사람들이 바르게 보일 수도 있다. 마키아벨리의 세계는 무엇이 있는 것이고 무엇이 그렇게 보이는 것인지에 대한 명확한 경계가 없는, 명백히 표상의 세계이다. 마키아벨리는, 사적 시민이었지만, 피렌체를 통치할 수 있었다. 마키아벨리의 희극에서 아내들은 그들의 가정을 지배할 수 있다. 가문, 성별 혹은 부와 같은 천부적인 속성에 따라 지정된 역할들은 모두 질문의 대상이 된다. 마키아벨리의 이해에 따르면, 시간의 흐름에 따라 그들이 변화할지 모르기 때문에, 혹은 그들이 확실히 그렇게 보이는 것이 아닐지도 모르기 때문에 그들은 영구적일 필요가 없다. 마키아벨리의 안내에 따라, 변화는 정치적 담화를 생산하게 되었지만, 정치적 질서와 공적 체계를 고려한 변화는 이전에 결코 구상된 적이 없었다. 차이의 초월을 허용하는 것은 그의 시각의 개방성을 의미하는 것이었다.

4장에서 살펴봤던 것처럼, 아리스토텔레스 역시 관습에 의해 구체화되어 온 현저한 차이가 있는 문제를 인식하고 있었지만, 영혼에 관해서는 거의 언급하지 않았다. 주인이 본성적으로 주인이 아니고, 겉모습과 힘 그리고 관습이 본래 그에게 속해있지 않았던 권위를 그에게 주게 된 것이었을 것이다. 그러나 마키아벨리와 달리, 아리스토텔레스에게는 질서가 있었다. 물론 아테네가 그 질서에 부합되었는지 아닌지는 별문제이지만. 그러한 자연 질서에 따라, 남성은 여성보다 우월했고, 여성에 대한 권위를 확보하고 있었다. 만약 그가 우월하지 못하고 권위를 제대로 행사하지 못한다면, 그것은 똑바로 자라지 못하고 비뚤어져서 자라는 참나무와 마찬가지로 자연의 왜곡에 해당하는 것이다. 열등한 남성 또는 열등한 주인에게 부과된 권위는 인간의 한계에 그 원인을 두고 있지만, 자연에 따른 질서가 존재하지 않는다는 것을 의미하지는 않는다. 아리스토텔레스의 세계에서 자연의 예상과 운동은 최선이라는 한 방향으로 향한다. 혹자는 그 목적을 달성하지 못할 수도 있지만, 그것이 바로 좋음(the Good)을 규정하기 위한 것이다.

마키아벨리의 세계에서, 자연은 좋음의 기준에 의해 움직이는 것이 아니라, 언제 둑이 범람할지 모르는 분노한 강과 같이 움직인다. 자연의 흐름, 즉 권위에 대한 자연적 경계의 불확실성과 보이는 것을 앞에 두고 보이지 않는 것을 선택하지 않으려는 경향은 마키아벨리에게 무수한 가능성을 열어주었고, 이전의 정치사상을 지배했던 차이의 기준을 허물어버렸다. 우리의 능력 부족으로 우리는 참된 통치자를 발견하는데 실패했다. 마키아벨리에게 있어, 그러한 통치자는 상황과 함께 변할 수도 있다; 자유주의에 있어, 통치자는 신민이 만드는 것이고, 통치자에게 특유한 자질은 통치자가 선택되는 방식 보다는 중요성이 떨어졌다.

그런데, 매우 독특한 방법으로, 육체와 영혼 간의 애매모호한 관계를 다루는 기독교와 유동성과 정확한 경계들의 부재를 주장하는 마키아벨리는 17세기의 자유주의의 기초를 마련하는 데 도움을 주었다. 자연권 개념과 함께 홉스가 처음 제시한 자유주의는 차이의 중요성에 동의하지 않는다.[3] 모든 사람들은 평등하다; 자연은 개인들 간에 어떠한 차이도 만들지 않았다. 약한 사람도 강한 사람들만큼이나 [상대를] 죽일 수 있다(속임수에 의해서만 가능하기는 하지만). 물리적 보호를 통해 자녀의 생명을 지켜온 남성들과 마찬가지로, 여성도 자신의 모유를 먹이며 생명을 유지시켜준 자녀들에게 복종을 요구할 수 있다. 차이의 개념 자체가 의심스럽기 때문에, 권위는 자연적 차이에서 도출될 수 없는 것이다. 자유주의는 대체로 추상적 이론이다.

그것은 무역사적이고, 그 자유주의 사회의 구성원인 개인의 개별적 특성과는 별로 관계가 없다. 따라서 그것은 성별 간의 차이를 추상화 시키고, 그 성을 정치공동체에서의 한 사람의 역할을 평가하는 데 피부색이나 손의 크기와 같은 특징들 만큼이나 서로 무관한 것으로 볼 수 있어야 하는 것이다(1장에서 언급했었던 것처럼, 항상 그렇지는 않을지라도).

이 책에서 우리는 이러한 추상화 작업으로의 움직임을 목도해왔다. 일찍이, 개인은 특수한 맥락 내에서만 생각될 수 있었다. 종종, 성의 경우에는 가족과 역사적 환경 내에서의 특수한 역할과 관련하여 이해되었다. 앞서 논의했던 사상가들은 차이의 초월이나, 권위를 가진 정치 구조를 형성하기 위해 계약할 수 있는 능력을 가진 독립된 존재가 되기 위해 그 혹은 그녀의 관계라는 전체로부터 개인이 어떻게 드러날 수 있는지에 대해서는 관심을 보이지 않았다. 오히려 그 사상가들은 차이가 어떻게 개인으로 하여금 특정한 결사를 조직하게 만드는 지와 차이에 근거한 그러한 결사가 정치세계의 본성을 어떻게 보강하거나 훼손하는지에 관심을 가지고 있었다.

미국 동전에 새겨져 있는 라틴어 '에 플루리부스 우눔(*e pluribus unum*)'은 많은 것으로부터의 나온 하나라는 뜻으로 중요한 정치적 문제를 반영한다. 미국이라는 특별한 경우에서, 그 구절은 최초의 13개 식민지와 관련되어 있다. 그러나 쟁점은 보다 광범위하다: 어떻게 공동체가 하나가 되는가? 자유주의는 하나의 해법을 제시한다: 우리는, 그들이 공적 영역과 관련되어 있다는 측면에서, 개인들의 육체에 존재하는 차이는 무엇이든지 무시함으로써, 하나가 된다. 차이들이 문제될지 모르는 사적 영역은 정치적 영역과 분리된 것이다. 이는 고대 사상가들이 결코 하지 않았던 일이다. 그들은 그렇게 즉각적으로 차이를 도외시하지 않았고, 인간의 존재를 그렇게 자유주의가 그랬던 것처럼 매우 뚜렷하게 공과 사로 구분 짓지도 않았다. 그들에게 있어 여성의 정체와의 관계는 차이와 정황(context)의 문제에 대한 의문을 불러일으키는 것이었다.

매우 다양한 관점에서, 기독교와 마키아벨리는 그러한 차이들의 타당성에 문제를 제기한다. 그러나 그들은 성별 간의 장벽을 제거하는 도움이 되기도 했지만, 그들은 또한 우리가 정치사상사에서 여성의 지위를 회복하는데 더욱 어렵게 만들어버리기도 했다. 일단 여성이 제시되었을 때, 정치사상가란 차이를 통합하고 정치와 다른 세계를 인정하면서 공동체를 이해하는 과제를 가진 사람들이라고 제시하게 되면서, 자유주의 안에서 여성의 역할은 사라지게 된다. 우리는 대신에 최소한 이론적으로 차이를 초월하려는 방향으로 움직인다, 그러한 정치적 비전은 또한 다른 것에 초점을 맞추는 것이 아니라 시민의 삶에 대한 그 중요성을 감소시키는 것으로 정치를 제한하려는 움직임이기도 한 것이다.

기본적 고전 문헌에 있어서는, 많은 경우에 다양한 판본이 존재하기 때문에, 표준 인용방식을 따른다. 기본 문헌이 충분히 정확하지 않은 자료에서 인용되었을 경우, 해당 쪽수 참고문헌에 있는 자료의 판본에 따른 것이다. 번역자가 명확하지 않은 자료는 필자가 번역하였다.

[1장: 배경: 정치적 삶에 대한 자유주의와 자유주의 이전의 시각들]

1 지난 300여 년간, 자유주의는 다양한 형태를 보여왔음에도, 자유주의 사상의 다채로운 표현의 저변에 존재하는 어떤 공통적 요소가 존재하고 있다. 본 장에서 다루려는 것은 확실한 자유주의의 주요 테마를 전면에 끄집어 내려는 시도인데, 모든 자유주의 사상가들의 상호 연관성에 대한 고려 없이 독자적이고 무비판적 맥락에서 살펴보고자 한다.

2 The Political Works of James Ⅰ, Charles Howard McIlwain ed.(Cambrige, Mass.: Havard University Press, 1918) p.12.

3 Robert Filmer, *Patriarcha or the Natural Power of Kings* (1680), Ⅰ.4 (p. 255)

4 Thomas Hobbes, *Leviathan* (1965), Ⅰ.13 (p. 183). 현대언어로 바꾸었다.

5 같은 책 II. 20 (p.253)

6 존 로크(John Locke)의 시민 정부에 관한 두 편의 논문: *Two Treaties of Civil Government* (1689), Ⅱ.4의 122페이지. 여기서 로크가 이 논쟁을 성적 평등의 문제로 다루지 않았다는 점은 Ⅱ장의 82에서 명백히 알 수 있다. [II장 82에서] 그는 남편과 부인 간의 지배권은 "보다 유능하고 더 강건한 사람으로서" 남성에게 속해있다는 점에 주목한다; 그러나, 동시에 그는 여성이 혼인관계에서 벗어날 수 있는 가능성 (전제적 체제에서 시민들이 벗어날 수 있는 것과 같이) 을 열어둠으로써 조심스럽게 그 지배의 한계도 규정한다.

7 또, 우리가 자유주의 사상가라고 생각하는 모든 사람들이 이러한 시각을

가지고 있는 것은 아니다. 예를 들어, 데이비드 흄(David Hume)과 아담 스미스(Adam Smith)를 보라.

8 M. I. Finley, *Democracy Ancient and Modern* (New Brunswick, N.J.: Rutgers University Press, 1973), 이 책은 몇몇 차이점을 명확히 하는데 도움이 될 것이다.

9 John Locke, *A Letter Concerning Toleration* (p.30)

10 Aristotle, *Politics*, Ⅲ.3 (1277b24–25)

11 John Stuart, Mill. *On Liberty*. Ch. Ⅳ (p.93)

[2장: 플라톤 이전의 그리스 문학에 나타난 여성, 가족, 그리고 폴리스]

1 기원전 5세기 말, 우리는 소피스트 사상가들의 단편에서도 유사한 주제를 발견한다.: "마케도니아인(Macedonians)은 소녀들이 결혼하기 전에 연인을 갖고 그들과 잠자리를 갖는 것이 좋은 것이라고 생각했다. 그러나 결혼한 후의 그런 행동은 불명예이다; 그리스인(Greeks)은 둘 다 불명예스럽다고 생각했다. 트라키아(Thrace)에서 문신을 새기는 것은 여성에게 치장이었다; 이외 다른 곳에서 그것은 잘못된 행위에 대한 형벌이었다." Hermann Diels and Walther Kranz. *Die fragmente der Vorsokratiker* (Berlin: Weidman, 1951–52) Ⅱ의 405쪽에 수록된 내용.

2 실제적인 가족 내부의 관계와 가족과 도시간의 관계에 대한 최상의 통찰력을 우리에게 보여주는 가족에 대해서는 다음을 참조하라. W. K. Lacey, *The Family in Classical Greece*. (Ithaca, N.Y.: Cornell University Press, 1968)와 A. W. R. Harrison, *The Law of Athens: The Family and Property* (Oxford: Clarendon Press, 1968) 그리고 David. Schapps, *Economic Rights of Women in Ancient Greece* (Edinburgh: Edinburgh University Press, 1979)

3 여기서 우리는 현대와 고대의 시민권(citizenship)에 대한 개념이 다르다는 것을 참고해야만 한다. 현대 사회에서 어떤 사람이 미국의 국경 내에서 태어나거나, 시민권이 있거나, 혹은 귀화의 과정을 거친 부모에게서 태어났다면, 그는 미국인이다. 중요한 것은 어떤 사람이 시민권으로 인해 취득하는 권리에 대한 것이다. 그 권리는 법 아래에서 누구든 평등하게 보호해주며 여타의 해로움으로부터 방어해준다. 아테네인들에게, 시민권은 의회와 법정, 그리고 군대의 참여를 수반한다. 20년간 아테네를 이끈 지도자인 페리클레스(Pericles)는 아마도 폴리스의 일에 적극적으로 참여하지 않고 자신

의 사적인 일에만 몰두하는 사람에게 그는 '쓸모없는' 사람으로 추방되어야 한다고 말했을 것이다.(Thucydides, *History*, Ⅱ.40)

4 가정이 실제 어느 정도로 도시를 지원 했는가 혹은 도시의 구조 내에 긴장 관계를 형성했는지는 고대연구자들간의 쟁점이다. 상반되는 해석을 위해, 구스타브 글로츠(Gustave Glotz)의 저작, *The Greek City and Its Institution*, trans. N. Malinson (New York: Alfred A. Knopf, 1930)과 퓌스텔 드 쿨랑주(Numa Denis Fustel de Coulanges)의 The Ancient City (Baltimore and London: Johns Hopkins University Press, 1980)를 보라. 두 사상가들 모두 폴리스의 부상을 논의했으나, 글로츠는 가족의 범위를 벗어나 폴리스의 일원이 되기 위한 개인의 요구를 훨씬 더 많이 강조했고, 반면에 퓌스텔 드 쿨랑쥬는 가족에 대한 도시의 의존과 양자의 동시적 발전을 강조했다.

5 『일리아드』(liadI)의 다음 해석은 제임스 레드필드(James Redfield)의 *Nature and Culture in the Iliad: The Tragedy of Hector* (Chicago and London: University of Chicago Press, 1975)의 분석 덕분이다. 또한 다음 자료도 참조하라. Marylin B. Arthur, "The Divided world of Iliad Ⅵ." In *Reflections of women in Antiquity*, ed. Helene P. Foley (New York, London. and Paris: Gordon and Breach, 1981) pp.19−44.

6 Iliad, Ⅵ. 490−92.

7 Werner Jaeger, *Five Essays*. Trans Adele M. Fiske (Montreal: Mario Casalini, 1966). pp. 121−23.

8 Thucydides, *History*, Ⅱ.44.

9 같은 책, Ⅱ.42.

10 A. W. Gomme, "The Position of Women in the Fifth and Fourth Century B.C." In *Essays in Greek History and Literature*. ed. A. W. Gomme (Oxford: Basil Blackwell, 1937), pp. 89−115와 H. D. F. Kitto, *The Greeks* (Baltimore: Penguin Books, 1951), pp. 219−34와 Sarah B. Pomeroy, *Goddnesses*, Whores, Wives and Slaves. (New York: Schocken Books, 1975), pp. 58−60 그리고 Lacey의 *The Family in Classical Greece*, Ch. Ⅶ를 참고하라. 포메로이(Pomeroy)는 이 글에 대해 훌륭한 논평을 한다.

11 이렇게 말할 때, 모든 여성이 특수성에 관여했다거나 모든 남성이 보편성에 관심을 두었다는 것을 시사하는 것을 의미하지는 않으며, 그리스인들이 여성과 남성이라는 단어를 이런 방식으로 사용했음을 의미하는 것이

다. 헬렌 폴리(Helen P. Foley)는 "The Conception of Women in Athenian Drama." In *Reflections of Women in Antiquity,* ed. Helene P. Foley (New York, London, and Paris: Gordon and Breach, 1981)의 127쪽부터 168쪽까지에서 이러한 문제를 다루고 있다. 이에 대한 현대 철학자의 견해에 대해서는 다음을 참조하라. Sara Ruddick "Maternal Thinking." *Feminist Studies* 6 (1980) pp.343-367. 유사한 주제에 관한 현대문학적 표현을 도입하고 있다.

12 Aeschylus, *Oresteia*, Eumenides, lines 658-60.

13 같은 책, lines 736-38.

14 Aeschylus, *Agamemnon*, lines 1415-19.

15 Sophocles, *Antigone*. lines 60-67.

16 Euripides, *The Trojan Women*, lines 728-31.

17 같은 책, lines 698-700.

18 같은 책, lines 563-66.

19 같은 책, lines 394-97.

[3장: 플라톤: 철학, 여성, 그리고 정치적 삶]

1 우리는 후에 어떤 아테네인이 차선의 도시에 대한 법률을 묘사하는 플라톤(Plato)의 마지막 대화편, 『법률』(Laws)에서 재생산의 과정이 그 사회에서의 여성의 지위를 결정하는데 중심적 역할을 한다는 것을 알게 될 것이다.

2 Arlene W. Saxonhouse, "Comedy in Callipolis: Animal Imagery in the Republic." *American Political Science Review* 72 (1978): 888-901.

3 *Republic*, 451c.

4 같은 책, 451d.

5 같은 책, 452b.

6 같은 책, 454d.

7 같은 책, 456b-c.

8 같은 책, 452d.

9 같은 책, 455c-d.

10 같은 책, 457b.

11 같은 책, 460d.

12 아이스킬로스(Aeschylus)의 『에우메니데스』(Eumenides) 2장에 나오는 아폴론(Apollon)의 논쟁에 대한 토론을 보라.

13 예를 들면, *Republic, 457c*과 *Ecclesiazusae, 617, Republic, 496e*와 *Ecclesiazusae, 673, Republic, 417a*와 *Ecclesiazusae, 598* 그리고 *Republic, 465a–b*와 *Ecclesiazusae, 640–42.*

14 *Republic, 462a–b.*

15 『국가/정체』(Republic)에서의 논쟁은 여기에서 『크리톤』(Crito)의 마지막 부분에 나타난 매우 잘못된 법률과의 대화 해석을 이해하는데 도움이 된다. 소크라테스(Socrates)는 아테네에 대한 크리톤의 사랑을 칭찬하지만, 이는 그 도시가 크리톤의 것이라는 이유 때문이지, 소크라테스가 비난하는 도시가 옳기 때문은 아니다.

16 *Republic,* 496b–c.

17 같은 책, 514a–521b.

18 같은 책, 490a–b.

19 예를 들면, *Theaetetus*, 150b–151c, 157c, 161e, 210c.

20 같은 책, 156a, 160c, 210b.

21 *Republic,* 519d.

22 같은 책, 495c.

23 같은 책, 496a.

24 같은 책, 487d.

25 Thucydides, *History,* Ⅱ.40.

26 여기서 우리는 수사학에 대한 대화편 『고르기아스』(Gorgias)를 살펴볼 필요가 있다.

27 *Menexenus,* 236c.

28 같은 책, 237e.

29 플라톤의 대화편 『정치가론』(statesman)에서, 엘레아의 이방인(Eleatic Stranger)은 성적 재생산을 위해 여성이 필요하지 않았기 때문에 그가 땅에서 솟아 나왔고 아내가 없었다면서 크로노스(Cronos)의 나이를 묘사한다.

30 『법률』(Laws)의 781a. 『법률』에서 여성에 대해 폄하적인 태도와 관련하여 944d를 참조하라. 944d에서 방패를 던지는 비겁한 남성은 여성으로 변한 남성이라고 묘사한다.

31 Thomas L. Pangle, *The Laws of Plato* (New York: Basic Books, 1979), p. 473.

32 *Laws,* 805a.

33 같은 책, 806a.

34 『리시스트라타』(Lysistrata) 제2장의 논의를 볼 것.

35 *Laws,* 781c–d.

36 같은 책, 792c.

37 같은 책, 947c–d.

38 같은 책, 833c.

39 *Republic,* 454c.

40 같은 책, 459d.

41 *Laws,* 773b.

42 같은 책, 785b.

43 같은 책, 784e.

[4장: 아리스토텔레스: 불완전한 남성, 계급, 그리고 정치학의 한계]

1 확실히, 아리스토텔레스는 형태에서는 스승의 방식대로 대화편을 기술하기 시작했으나, 그 담론의 양식은 따르지 않았다. 남아있는 것은 그의 아들과 제자들이 편집한 그의 강의 노트가 대부분이다.

2 아리스토텔레스에 관한 나의 논평은 종종 서구의 역사를 통해 여성의 열등한 지위에 책임이 있는 여성혐오 철학자들의 일반적인 견해와 일치하지 않을 것이다. 실제로 그의 생각 저변에 어떤 여성혐오자적 가정이 있는 것은 사실이지만, 그것들이 그의 사상 전반을 제어하는 것은 아니다. 아리스토텔레스는 다른 이들의 생각을 심각하게 고려하면서도 언제나 모두 받아들이지는 않으면서 자신의 사상을 발전시킨다. 그러므로, 그의 저술은 그가 살았던 시대로부터 나온 그리고 다른 사람들로부터 반복해서 들어 온 사상으로 가득차 있다. 그러나 이런 모든 견해가 그 자신의 것은 아니다. 알리는 자로서 그의 임무는 때로 철학자로서의 그의 역할과 혼동되어 나

타난다. 즉, 예를 들면, 그가 특정한 개인 혹은 모두에게 덕과 그것의 적용 가능성을 고려할 때, 그는 당시 일반적으로 인정된 다음과 같은 관점을 언급한다. "만약 남성이 여성만큼 용감할 뿐이라면 많은 사람들에게 그는 비겁하게 보인다." 이는 아리스토텔레스가 한 말이 아니고, 그가 살았던 사회의 견해이다. 나는 이번 장에서 알려진 연설과 아리스토텔레스의 연설을 구분하고자 한다. 이번 장에서의 내 견해는 메리 니콜스(Mary P. Nichols), 스티븐 솔케버(Steven G. Salkever), 그리고 캐서린 주커트(Catherine Zuckert)의 아리스토텔레스에 대한 글에서 많은 영향을 받았다.

3 Thomas Hobbes, *Leviathan*, Ⅰ.11 (p. 160).

4 *Generation of Animals*, 731b30–33.

5 같은 책, 767b8ff.

6 같은 책, 732a6–7.

7 같은 책, 765b10ff., 766a30ff., 기타 여러 곳.

8 *Aristotle's Generation of Animals*, A. L. Peck, ed. and trans. (Cambridge, Mass.: Harvard University Press, 1943), p. 14.

9 *Politics*, Ⅶ.16 (1335a11–13, 1335a39–1335b2).

10 같은 해, Ⅰ.1 (1252a2–3)

11 같은 책, Ⅲ.17 (1288a26–29)와 함께 Ⅰ.5 (1254b33–1255a2)를 볼 것, 세부항목 "Freedom for Women: The Case of Sparta."의 시작부분을 전부 인용함.

12 아리스토텔레스는 그의 책, 『Constitution of Athens』, xxII에서 ostracism(도편추방제도)에 대해 언급했다.

13 *Politics*, Ⅰ.5 (1254a36–37).

14 같은 책, Ⅰ.6 (1255b1–4).

15 같은 책, (1255b12–15).

16 같은 책, Ⅰ.12 (1259b4–6).

17 같은 책, (1259b7–8).

18 같은 책, Ⅰ.13 (1260a30).

19 Susan Moller Okin, *Women in Western Political Thought* (Princeton: Princeton University Press, 1979)의 4장은 이러한 관점에서 논의한다.

20 *Politics*, Ⅰ.5 (1254b27−1255a1).

21 같은 책, Ⅱ.2 (1261b9).

22 『니코마코스 윤리학』(Nicomachean Ethics) Ⅴ.6 (1134b8−18)에서 아리스토텔레스는 정의(justice)와 관련하여, 부부 관계로부터 가부장적 관계와 전제적인 관계를 구분했다. 누구도 자신을 해하기를 원할 수 없기 때문에, 자신의 소유물(노예)인 것과 아이들(특정한 나이까지)에게 행해지는 것이 부정의가 될 수는 없다. "무엇 때문에 아이들과 소유물보다 아내에 대해서 보다 정당하다고 하는 것일까?" 그는 이것을 집안일의 정의(household justice)라고 『니코마코스 윤리학』(Nicomachean Ethics)에서 명명했다. 정의는 누군가와 노예와의 관계의 한 부분이라 할 수 없다.

23 *Politics*, Ⅱ.9 (1269 b12−22).

24 J. Peter. Euben, "Political Equality and the Greek Polis." In *Liberalism and the Modern Polity*. Edited by Michael J. Gargas McGrath (New York and Basel: Marcel Dekker. 1978), p. 210.

25 그러나, 『정치학』(Politics) 7편의 논쟁을 보면, 아리스토텔레스는 최선의 도시의 목적을 군사적인 성취로만 보는 것을 명백하게 거부하고 있다. (특히, 2장에서)

26 *Rhetoric*, Ⅰ.5 (1361a9−11)

27 *Politics*, Ⅱ.3 (1262a14−16)

28 같은 책, (1262a21−24). 아리스토텔레스는 아마도 『국가/정체』(459a−b)에서 개와 새의 번식에 대한 소크라테스의 사례를 넌지시 암시하고 있다. 여기서, 그는 소크라테스의 우생학적 구도를 지지하기 보다는, 아이들의 공유라는 개념 속에 내재된 모순을 드러낸다.

29 같은 책, Ⅱ.5 (1263a41−1263b1)

30 『니코마코스 윤리학(Nicomachean Ethics)』 9편 7장(1168a24−26)에서, 아리스토텔레스는 이렇게 논평했다. "이러한 것들 때문에 어머니는 그들의 자식을 더 사랑한다 〔아버지보다〕. 그들은 출산의 고통을 겪고, 그 자녀가 자신의 아이라는 것을 보다 확실히 알고 있기 때문이다.

31 *Politics*, Ⅱ.3 (1261b36).

32 *Rhetoric*, Ⅰ.5 (1361a2−7).

33 *Nicomachean Ethics*, Ⅷ.12 (1162a16−29).

34 같은 책, Ⅷ.10 (1301b26–27).

35 *Politics*, Ⅴ.1 (1301b26–27).

36 같은 책, (1301b35–39).

37 같은 책, Ⅱ.5 (1264b2).

38 같은 책, (1264b4–6).

39 그럼에도 불구하고, 우리는 아리스토텔레스의 체계에서 플라톤의 사상에서 나타난 것보다 더 남성과 여성 사이의 평등주의와 비계급적 관계의 가능성을 확인할 수 있다. 만약 여성이 지능적으로 평등함을 보여준다면, 여성의 이성에도 권위가 있음을 보여주고 여가가 주어진다면, 정치 공동체에 참여가 허용될 것이다. 대조적으로 플라톤은 그의 저작에서 이와 같은 여성의 지적능력의 가능성을 보았으나, 여성이 재생산의 과정에 묶여 있기 때문에, 여성은 정치 과정에 충분히 참여할 수 없다고 여겼다. 플라톤의 평등은 재생산 기술의 진보에 달려있는 반면에 아리스토텔레스 모델은, 일단 그들의 가능성이 인정되고 여성에게도 사고하는 삶을 영위할 수 있는 여가가 부여된다면, 여성을 통합해 낼 수 있다.

40 이 책의 순서에 대한 질문이 제기되기도 한다. 이 점이 책 3권 이후에 서술되어 있다는 가장 최근의 평가에 대해서는 다음을 보라; Carnes Lord, "The Character and Composition of Aristotle's Politics." *Political Theory* 9 (November 1981): 459–478.

41 *Politics*, Ⅶ.16 (1335a7–10).

42 같은 책, (1334b19).

43 다음을 참조하라: Maryanne Cline Horowitz, "Aristotle and Woman," *Journal of the History of Biology* 9 (Fall 1976); 183–213. 그녀는 아리스토텔레스의 여성에 대한 인용이 중세에 사용된 용법을 추적한다.

[5장: 로마: 제국의 정치적 삶 속에서의 여성]

1 F. E. Adcock, *Roman Political Ideas* (Ann Arbor: University of Michigan Press., 1959), p. 14.

2 2장을 참조하라.

3 *De Officiis*, Ⅰ.6.

4 같은 책, Ⅰ.7.

5 명백히 로마인들은 로마인이 아닌 사람들의 시민권(citizenship)을 인정했지만, 그들은 그 다음단계 —혹은 그 이후의 단계— 를 취하지 않았고, 여성을 시민으로 인정하지 않았다. 여성이 시민이 되었다고 해도, 잠재적 시민-군사들로부터 얻어지는 로마의 이익은 별로 기대되지 않았던 것이다.

6 여기서 특기할 만한 것으로 다음과 같은 사례가 있다. 정복된 이탈리아인들에게 완전한 시민권의 권리가 부여되기 전에 권리가 부여되었는데, 이들에게는 외곽 지역으로부터 도시 내부로의 이동이 허용되지 않았다; 그러나 만약 그들이 대중 집회가 열렸을 때, 로마에 우연히 있을 수 있게 된다면, 그들은 투표할 권리를 가질 수 있었다. F. R. Cowell, *Cicero and the Roman Republic* (Baltimore: Peguin Books, 1948) 24.

7 리비우스(Livy)는 내용이 전설적이지만 그럼에도 불구하고 후세에 추앙받을 운명에 처한 것들에 주목한다. *Ab Urbe Condita* (*From the founding of the City*에서) Ⅱ. 10.

8 같은 책, Ⅰ.26.

9 로마인들이 사랑한 시인으로는 공화정 시기의 카툴루스(Catullus)와 제정시기의 프로페르티우스(Propertius), 오비디우스(Ovid)와 티불루스(Tibullus)가 있는데, 이들은 키케로(Cicero)가 추구했던 정치적인 삶에 대한 애착을 대체하기 위해 낭만적 애정을 사용했다. "사랑을 노래하는 애가(哀歌) 시인들은 … 정치에 관한 냉소주의를 드러냈다; 예를 들면, 실제로 프로페르티우스는 그 혹은 어떤 개인이 정부에 영향을 미칠 수 있는지에 관한 의문을 제기한다. … 대신에, 그들은 그들의 소망과 열정을 낭만적인 애정을 유지하는데 투자했고, 그들의 조국에 바치기로 되어 있는 충성심을 그들의 친구들에게 대한 사멸하지 않는 관계로 대체했다." Judith P. Hallet, "the Role of Women in Roman Elegy." *Arethusa* 6 (Spring 1973), 109. 또한 다음도 참조하라. David Ross, *Style and Tradition in Catullus* (Cambridge, Mass.: Harvard University Press, 1969) esp. pp. 85-95. 로스는 사랑을 노래한 애가에서 카툴루스가 사용한 정치적 은유를 지적한다.

10 이는 내가 많은 것 —특히 B.C. 450년의 12동판법에서 서기 6세기 전반에 편찬된 유스티니아누스 법전에서의 로마법 법전화까지 나타나는 로마법관련 논의의 대부분— 을 생략하고 있음을 의미한다. 여기서 고려하는 사안은 인격법의 성격과 여성이 어느 정도까지 법적 인격으로 인정되었는가 하는 것이다.

11 『법률』(Laws)의 Ⅱ.vi.14. 물론, 여기서 키케로는 사실 올바르지 않다. 플라톤의 『법률』(Laws)이 소크라테스의 도시를 위해 의도적으로 법을 제공하는

것은 아니기 때문이다.

12 우리는 키케로의 작품 곳곳에서 여성을 폄하하는 내용을 발견할 수 있다. 예를 들어 *Tusculum Disputations*, Ⅲ.17에서 "여성스런 남성보다 더 나쁘고 천한 것이 무엇인가?"라는 질문과 Ⅳ.28,에서 두려움은 여성스러운 정신의 특징이며, 고귀한 남성으로서 절대로 피해야하는 것이라고 말한다. 그러나 그러한 논평은 플라톤의 저작에서도 발견되고 있어, 우리는 간단하게 그의 여성혐오에 대해서만 언급하면서 그의 정치적 저작에 여성이 배제되어 있는 이유를 설명할 수는 없다.

13 *Republic,* Ⅳ.6.

14 플라톤의 『법률』(Laws) 781. 이해를 위해 이 책의 3장을 참조하라.

15 *Republic,* Ⅰ.1.

16 같은 책, Ⅰ.17.

17 "레짐"에 대한 논의는 이 책의 1장을 참조하라.

18 Lucretius, *De Rerum Natura,* Ⅱ.1-13. Translation by Frank O. Copley in Lucretius, *The Nature of things* (New York: W. W. Norton, 1977) p. 29.

19 키케로를 아카데미학파의 회의론자(Academic Skeptics) 보다는 금욕주의자(Stoic)으로 묘사하는 것에 대한 타당성과 관련된 합리적인 질문이 있다. – 이는, 궁극적인 진리에 대한 접근과 관련된 소크라테스의 의심을 따르는 자이다. 키케로는 모든 의견의 불확실함을 강조했던 회의론자들의 자신에 대한 논쟁을 절대로 충분히 반박하지 않았다.; 그러나, 불확실한 세계에 대한 암시에도 불구하고, 그가 사용했던 언어를 통틀어보면 그는 스토아학파였다. 아카데미 학파의 회의론자 혹은 쾌락주의자의 의식적 칩거의 특징인 정치적 무능력보다는 올바른 행위와 실천에 대해 강조하고 있다는 점에서 특히 그러하다. 이를 위해 다음을 참조하라. Frederick Copleston, *A history of Philosophy,* Ⅰ, part Ⅱ (Garden City, N. Y.: Image Books, 1962), 163: "도덕성에 대한 회의론자들의 위험성을 실감하면서, 그는 도덕적 판단을 그 영향력이 사멸되어가도록 놔두면서, 자연적 개념(notiones innatae)에 대해 말하기로 생각하였다. 이 도덕적 개념은 우리의 본성에서 나오는 것이고, 일반적 합의를 통해 확인되는 것이다."

20 국가와 국민 사이의 장벽을 무너뜨리면서, 스토아학파는 [평등이] 불멸의 영혼을 가진 개인의 소유라고 생각하는 점에서 기독교 사상의 일부가 된 평등을 도입했다.

21 Seneca, *On Consolation* (To His Mother Helvia), XⅦ.3−4. Translation by Moses Hadas, *The Stoic Philosophy of Seneca* (Garden City, N.Y.: Doubleday Anchor Books, 1958), p. 131.

22 *On Consolation* (To Marcia), Ⅰ.1.

23 같은 책, Ⅰ.5.

24 같은 책, XⅥ.1.

25 Thucydides, *History*, Ⅱ.42.

26 사학자들의 작업은 너무 광범위하여 오직 짤막한 분석만이 여기서는 가능하다. 그러므로, 복합적인 묘사가 필요한 곳에 많은 것이 생략되어 있다. 그러나, 나는 여성이 정치 사상사의 흐름에 진입하게 되는 방법의 묘미를 제공하고자 한다. 정치학에 대한 사학자들의 시각은 담론에서 나온 것이 아니라, 특정 사건에 대한 설명과정에서 나오는 것이기에, 아래 제시된 분석은 선택된 몇 가지 사건에 제한되어 있다.

27 Preface, 9−10. Translation by B. O. Foster, *Livy with an English Translation* (Cambridge, Mass.: Harvard University Press, 1919).

28 *Livy,* Ⅰ.57. (포스터가 번역)

29 같은 책, Ⅰ.58. 동시대의 페미니스트들이 여기서 순결에 대한 강조가 로마 사회의 여성의 탄압에 대한 근거임을 찾았다고 할지라도, 여기서 이 이야기를 하는 우리의 목적은 덕성이 정치적 의미를 가지는 것이며, 그 중요성은 정체체제의 도덕성(또는 비도덕성)에 대한 여성의 참여 방식에 있다는 점을 시사한다는데 있다.

30 같은 책, Ⅲ.44.

31 페르시아 전쟁(Herodotus, *Histories*. VIII. 89) 동안 페르시아에 대항해서 싸웠던 아르테메시아(Artemesia), 혹은 그리스 밖에 살았던 신화적 여성 전사 아마존들과 같이 그리스 문학에서 나타난 용감한 여성들은 그리스인이 아니다.

32 *Livy,* Ⅱ.12 (포스터가 번역)

33 같은 책, Ⅰ.13

34 Tacitus, 『연대기』(Annals), Ⅰ.4. Alfred John Church와 William Jackson Brodribb의 번역, *The Complete Works of Tacitus* (New york: Modern Library/ Random House, 194), 5. 타키투스에 대한 차후의 모든 번역은 여기에 의존하고

있다.

35 *Germania*, 7.

36 『연대기』(Annals)의 Ⅲ.33. 여기서 우리는 그들이 오로지 군대 지휘관에 대해서만 말하고 있다는 점을 알아둘 필요가 있다. 당시 사병들은 그 군역 의무를 다하는 동안 결혼하는 것이 허락되지 않았기 때문이다.

37 같은 책, Ⅲ.34.

38 *Germania*, 18.

39 같은 책, 8.

40 *Annals*, Ⅰ.6

41 같은 책, Ⅵ.25.

42 같은 책, Ⅻ.3.

43 같은 책, Ⅻ.7.

44 같은 책, Ⅻ.69.

45 같은 책, XⅢ.12.

46 같은 책, XⅢ.13.

47 Vergil, *Aeneid*, Ⅰ.92–96.

48 같은 책, Ⅰ.360–64.

49 같은 책, Ⅰ.421–27.

50 같은 책, Ⅰ.437.

51 같은 책, Ⅰ.494.

52 같은 책, Ⅳ.68–69.

53 같은 책, Ⅳ.86–89.

54 같은 책, Ⅳ.221.

55 같은 책, Ⅻ.951–52.

56 『아에네이드』(Aeneid)에서 여성과 관련하여 표현된 정치적 영역에 대하 질문은 베르길리우스의 목가적 시에도 나타난다. 이런 시는 개인과 사회의 문제에 대한 민감성에 영향을 받은 것들이다; 정치적 야망에 영향받지않은 개인과 목가적 생활의 기쁨에 초점을 맞추면서, 그들은 또한『아에네이드』

에서 국가에 대한 의무와 개인성간의 긴장에서 드러나는 정치적 이상에 대한 질문은 제기한다. 더 알고 싶다면 다음을 참조하라. Charles Segal, *Poetry and Myth in Ancient Pastoral: Essays on Theocritus and Virgil* (Princeton: Princeton University Press, 1981). esp. the Introduction.

[6장: 초기 기독교와 중세 정치사상: 처녀성(동정), 평등, 그리고 공동체의 의미]

1 예를 들어, 누가복음의 13장 18절−21절, 15장 4절−10절 또한 7장의 36절−50절, 그리고 13장의 11절−13절. 이점에 대해서는 특히 다음을 참조하라; Constance F. Parvey, "The Theology and Leadership of Women in the New Testament." In *Religion and Sexism: Image of Woman in the Jewish and Christian Traditions.* Edited by Rosemary Radford Ruether (New York: Simon and Schuster, 1974), pp. 138−142.

2 엘리자베스 슈슬러−피오렌자(Elisabeth Schüssler−Fiorenza), *In Memory of Her*: A Feminist Theological Reconstruction of Christian Origins (New York: Crossroads, 1983)의 5장에서는 초기의 기독교 선교 운동에서의 여성의 적극적 참여에 대해 논하고 있다. 이 놀라운 책은 본 장의 초반 두 부분을 쓰는데 중대한 영향을 미친다.

3 로즈마리 래드포드 류터(Rosemary Radford Rueher)의 다음 글의 176쪽을 인용했다. "Virginal Feminism in the Fathers of the Church.: In *Religion and Sexism: Images of Woman in the Jewish and Christian Tradition.* 다른 논문에서 류터는 테클라(Thecla)에 대해 논의한다. 바울의 이 전설적인 제자는 바울의 여행에 동반하기 위해서 가족과 약혼자를 포기했다. 이 시대의 여성에게, 그녀의 삶은 기독교에 대한 순종이 기존의 가족과 국가 질서에 대한 광범위한 불복종을 가능하게 할 수 있다는 것을 명백히 보여준다. Rosemary Radford Ruther의 "Mothers of the Church: Ascetic Women in the Late Patristic Age." In *Women of Spirit: Female Leadership in the Jewish and Christian Tradition*, Edited by Rosemary Ruether and Eleanor MaLaughlin (New York: Simon and Schuster, 1979), 75. 기독교의 영향력이 증가하고 있는데 관한 로마인들의 반응에 대한 그녀의 논의에서, 가정에서 증가하는 기독교의 영향력에 대해 앤 야브로우(Ann Yarbrough)는 이렇게 말한다: "가족의 반대는 4세기 귀족주의적 가족을 조명 한다: 가족에 대한 자녀들의 우선적 의무의 두 가지는 마치 다음 세대에 가족의 부를 전달하는 것과 혈통의 지속으로 보인다. 금욕주의로의 전향은 이러한 책임의 수행에 유해

한 것이었다." Ann Yarbrough, "Christianization in the Forth Century: The Example of Roman Women." *Church History* 45 (June 1976), 154.

4 로마서 13장 1절. 이 부분은 파베이(Pavey)의 다음 글에 나타난 생각에 많이 의존하고 있다. Pavey, "The Theology and Leadershin of Women in the New Testament."

5 로마서 13장 8절부터 10절.

6 고린도전서 11장 3절.

7 같은 책, 7장 1절과 7절.

8 Katherine M. Rogers, *The Troublesome Helpmate: A History of Misogyny in the Literature* (Seattle: University of Washington Press, 1966), 14-15. 이 성적 욕구를 이끌어내는 여성에 대한 두려움은 종종 여성의 위험성에 대해 경고하는 데서 포착되는 일반적 여성혐오로 이어진다. 여성의 힘을 훼손하려는 아무리 많은 시도가 있었을 지라도, 우리의 목적에서 중요한 것은 여성의 힘에 대한 인식에 있다. 슈슬러-피오렌자의 *In Memory of Her*의 232쪽을 보면, 예배공동체에서 침묵하라는 여성에 대한 요구에서 예법에 대한 요구가 드러나는데, 이는 기독교인들의 집회가 머리를 풀어헤친 여성들이 예언자같이 말하는 난교 집단과 구별되어야 한다는 생각에서 였다.

9 고린도전서 7장 32절부터 34절까지.

10 Schüssler-Fiorenza, *In Memory of Her*, p. 90.

11 고린도전서 7장 3절부터 4절까지. Schüssler-Fiorenza, *In Memory of Her*, p. 244.

12 갈라디아서 3장 38절.

13 고린도전서 12장 12절부터 27절까지. 더 많은 것은, 파베이(Parvey), "The Theology and Leadership of Women in the New Testament."의 127쪽과 슈슬러-피오렌자의 *In Memory of Her*, 229쪽을 볼 것.

14 슈슬러-피오렌자의 *In Memory of Her*, 212쪽, "전해오는 말(sayings tradition)"을 인용했다. 이는 그의 왕국이 언제 실현될 것인가라는 질문에 대한 신의 응답으로써의 그러한 내용을 포함하고 있었다: "두 개가 하나가 되고 외부가 내부처럼 될 때, 그리고 남성이나 여성이나 모두 남성도 여성도 아니게 될 것이다."

15 다음 부분은 다음 자료에 의존하고 있다.

Jo Ann McNamara, "Sexual Equality and Cutt of Virginity in Early Christian Thought." *Feminist Studies* 3/4(Spring-Summer 1976): 144–58.

16 같은 책, p. 154.

17 독신주의에 대한 기독교와 유대교 사이의 현저한 차이는 매우 흥미롭다. 유대교의 전통에서는 남성과 여성의 결합, 결혼만이 신의 이미지를 발견할 수 있는 것이었다. 더 이상의 지식을 위해서는 다음을 참조하라. Maryanne Cline Horowitz, "The Images of God in Man – Is Woman included?" *Havard Theological Review* 72 (July–October 1979) 187.

18 고린도전서 7장 31절.

19 프란시스(Frances)와 조셉 기스(Joseph Gies)의 *Women in the Middle Ages* (New York: Harper & Row, 1978)를 인용.

20 Thucydides, *History*, Ⅱ.44. 이 책의 2장을 참고할 것.

21 Peter Brown, "Saint Augustine." in *Trends in Medieval Political Thought*. ed. Beryl Smalley (Oxford: Basil Blackwell, 1965) 1. 그는 세빌리아의 이시도르(Ishidore of Seville; 세빌리아의 대주교)의 다음과 같은 말을 인용한다; "만약 누군가가 아우구스티누스의 저작 모두를 읽었다고 말한다면, 그는 거짓말장이이다." 이런 거짓이라는 비난을 피하기 위해, 여기서 나는 이 부분과 다음 부분에서 거의 전적으로 다음 자료의 도움을 받았음을 인정하는 바이다. Karl Elizabeth Børresen, *Subordination and Equivalence: The Nature and Role of Women in Augustine and Thomas Aquinas* (Washington, D.C.: University Press of America, 1981).

22 이 구절이 번역된 방법에 대한 논쟁을 위해 다음을 참조하라. Horowitz, "The Images of God in Man?".

23 창세기 2장 21절부터 24절까지.

24 Børresen. *Subordination and Equivalence*, pp. 16–17.

25 같은 책, pp. 27–28.

26 *City of God*, 22.4.

27 Peter Brown, *Augustine of Hippo* (Berkeley and Los Angeles: University of California Press, 1967), pp. 50–51.

28 City of God, 14.16 (Bettenson Translation)

29 같은 책.

30 같은 책.

31 Børresen. *Subordination and Equivalence*, p. 3.

32 같은 책. pp. 119–20.

33 이것은 가족의 구조에서 생식이 전혀 없었다고 주장하는 것은 아니다. 하나님이 창조한 세계는 인구가 많아야 했지만, 관심사는 하나님의 세계이지 가족으로 구성되어 있는 국가나 정치공동체가 아니었다.

34 Suzanne Fonay Wemple, *Women in Frankish Society: Marriage and the Cloister 500 to 900*. Philadelphia (University of Pennsylvania Press, 1981), p. 147.

35 플라톤의 『국가/정체』가 육체와 육체적 애정관계로부터의 분리를 통해 행동에 대한 명상의 우월성을 강조하면서 고대 사상에서 보기 힘든 성별간의 평등을 허용한 것은 매우 흥미로운 일이다; 그때 소크라테스는 자신의 기상천외의 우생학적 계획을 전개하면서 재생산이라는 어려운 과제에 직면해야 했다.

36 수녀원의 성장에 대한 대부분의 문헌은 9세기말부터 형성된다. Mary Bateson, "Origin and Early History of Double Monasteries." *Trans–actions of the Royal Historical Society* n.s. 13 (1899), 137–198. 그리고 Lina Eckenstein, *Women Under Monasticism: Chapters on Saint–Loire and Convent Life Between A.D. 500 and A.D. 1500* (Cambridge: Cambridge University Press, 1896). 좀 더 최근의 연구로 다음을 보라. Jo Ann MaNamara and Suzanne Wemple, "Sanctity and Power: The Dual Pursuit of Medieval Women." In *Becoming Visible: Women in European History*. Edited by Renate Bridenthal and Claudia Koonz. (Boston: Houghton mifflin, 1947), 90–118; 그리고 Wemple, *Women in Frankish Society*.

37 McNamara and Wemple, "Sanctity and Power," p. 95.

38 Ruether, "Mothers of the Church," 74. 류터는 마크리나(Macrina)가 어떻게 가족의 사유지를 기도자와 자선 봉사의 수도원 공동체로 변형시켰는지를 묘사하고 있다.

39 McNamara and Wemple, "Sanctity and Power," 99. Wemple, *Women in Frankish Society,* 172. 이들은 9세기 동안 "공세적 경제 정책"을 구사하는 수녀원장들의 사업 능력에 대한 언급한다.

40 Wemple, *Women in Frankish Society,* p. 183.

41 Eleanor McLaughlin, "Women, Power and the Pursuit of Holiness in Medieval Christianity." In *Women of Spirit: Female Leadership in the Jewish and Christian Tradition.* Edited by Rosemary Ruether and Eleanor McLaughlin (New York: Simon and Schuster, 1979), pp. 103–07.

42 같은 책, p. 109.

43 Carolyn Walker Bynum, *Jesus as Mother: Studies in the Spirituality of the High Middle Ages* (Berkeley: University of California Press, 1982). 여기서 그는 사제직에서 여성의 배제 뿐만 아니라 12세기와 13세기에 성직자의 권위에 대한 중요성의 증가는 모든 종류의 여성 지도자들에 대한 개방성의 감소로 이어졌음을 지적한다. 본 책의 5장을 보라. 베긴회(Beguines; 램버트 베그가 설립한 가톨릭교의 여성으로 이루어진 수도회)와 같이 이교적으로 간주되는 여성 집단의 형성은 이러한 맥락에서 연구되고 이해될 필요가 있다.

44 이 시기에 대한 사학자들의 저작은 정치적 삶과 대규모 봉건 영지를 관장하는 측면에서 여성이 놀랄만한 정도로 많이 개입하고 있었음을 시사한다. 이러한 시각을 제시하는 기본 저작으로는 다음과 같은 것들이 있다. Eileen Power, *Medieval Women.* Edited by M. M. Postan (Cambridge: Cambridge University Press, 1975)와 Wemple, *Women in Frankish Society,* chapters 4–6.

45 Bynum, *Jesus as Mother,* 4장.

46 Bynum, 같은 책, 그는 신성이 가지는 여성적 이미지가 어떻게 수녀들의 글에서는 드러나지 않고 수도승의 작품에서 훨씬 더 많이 드러나고 있는지에 대해 논의하고 있다.

47 예를 들어, *Women in Frankish Society*에서 웸플은 8세기까지, 프랑크 사회에서 수녀의 삶에 대한 남성의 감독의 증가 수준이 어느 정도 였는지, 그리고 초기에 세워진 이중 수도원이 차츰 얼마나 사라졌는지를 추적한다. 또한 다음 자료도 참조하라. Bateson, "Origin and Early History of Double Monasteries"; Eckenstein, *Women Under Monasticism.*

48 *Summa Theologica.* Ⅰ–Ⅱ. q. 91, a.2. c. 영국 도미니카 교구(English Dominican Province)의 신부들이 번역함; 이 책에서 인용된 『신학대전』(Summa Theologica)의 번역은 모두 이 번역판에 의거한다.

49 같은 책, Ⅰ–Ⅱ, q. 91, a.3, c.

50 *On Kingship,* 1.6, as reprinted and translated in *The Political Ideas of ST. Thomas Aquinas*, ed. Dino Bigongiari (New York: Hafner, 1953), 176.

51 *Summa Theologica,* Ⅰ. q. 99, a.2, ad. 2.

52 같은 책, Ⅰ. q. 99, a.2, ad. 1.

53 같은 책, Ⅰ. q. 99, a.2, ad. 1.

54 Børresen. *Subordination and Equivalence,* p. 315.

55 *Summa Theologica,* Ⅰ. q. 92, a.2, ad. 1.

56 Børresen. *Subordination and Equivalence,* p. 257.

57 Eleanor Commo McLaughlin, "Equality of Souls, Inequality of Sexes: Woman in Medieval Theology." In *Religion and Sexism: Images of Woman in the Jewish and Christian Traditions.* Edited by Rosemary Radford Ruether (New York: Simon and Schuster, 1974), p. 221.

58 *Summa Theologica,* Ⅰ. q. 92, a.2. c.

59 Børresen. *Subordination and Equivalence,* p. 253.

60 같은 책, p. 258.

[7장: 니콜로 마키아벨리]

1 Machiavelli, *The Prince.* 18장.

2 같은 책, 15장.

3 필리스(Phyllis)의 일화에 대한 논의에 대해서는 호로비츠의 "Aristotle and Woman," 189쪽부터 191쪽까지를 참고하라. 더 많은 참고문헌은 그 책의 각주 20과 21에 나와 있다. 또한 나탈리 제몬 데이비스(Natalie Zemon Davis)의 *Society and Culture in Early Modern France* (Stanford: stanford University Press, 1965), 135쪽부터 136까지를 참고하라.

4 Henry Krauss, *The Living Theater of Medieval Art* (Philadelphia: University of Pennsylvania Press, 1967), Chapte 3, 특히 42쪽.

5 Angela Lucas, *Women in the Middle Ages: Religion, Marriage and Letters* (New York: St. Martin's Press, 1983), p. 15; Joan Ferrante, *Woman as Image in Medieval Literature (*New York: Columbia University Press. 1975), pp. 30−35.

6 McLaughlin, "Equality of Souls." p. 246.

7 에베소서 5장 22절부터 25절.

8 일부 사상가들에게 교회는 구약성서의 아가서에 나오는 신부와의 비유를 통해 하나님의 신부가 된다. 아가서에 대한 일부 작품은 "신부가 모든 인류를 대표하듯이, 한 여성과 동일시하도록" 인간들에게 요구하기까지 했다. (Lucas, *Women in the Middle Ages*, 17.) 페란테(Ferrante)는 *Woman as Image*, (29쪽)에서 성 베르나르(St, Bernard)에 대해 다음과 같이 기록한다. 그[성 베르나르]의 "성모 마리아에 대한 헌신은 그녀를 통해 자신을 여성으로 생각하고 자신의 휘하에 있는 수도승들의 어머니로서의 자신에 대해 말하기까지 한다. 그리고 바이넘(Bynum)은 *Jesus as Mother*의 115쪽부터 118쪽, 그리고 4장에서 종교적인 남성들 —특히, 수도사들— 이 지닌 여성의 이미지와 관련된 매력성에 대한 상세히 논의한다.

9 마키아벨리(Machiavelli)의 전통적인 언어의 의미 변형에 대한 그 이상의 논의를 위해서는 다음을 참조하라. Clifford Orwin, "Machiavelli's Unchristian Charity." *American Political Science Review* 72 (December 1978), 1217-1228.

10 본 장이 쓰여진 이후에, 마키아벨리와 여성에 대한 아주 흥미로운 논의가 나타났다. Hanna Fenichel Pitkin, *Fortune Is a Woman: Gender and Politics in the Thought of Niccolo Machiavelli* (Berkeley: University of California Press, 1984). 방향성과 관심사가 본 장에서 나타난 것과는 많이 다르지만, 그것은 마키아벨리의 작품에서의 여성과 여성적인 것의 중요성을 드러낸다.

11 Ferrante, *Woman as Image*. pp. 46-49. 페란테는 보이티우스(Boethius)에 대한 그녀의 논의에서 이 문제에 대한 유용한 논의를 하고 있다. 여성 철학자에 대한 그의 담론은 "그로 하여금, 포르투나는 운명 활동의 한 부분이며 분리되어 있는 적대적 실체는 아니다. 그리고 그것은 잘못된 그의 시각이고, 그녀의 행동이 아닌 것이다." (p. 47)

12 Quentin Skinner, *The Foundations of Modern Political Thought: the Renaissance* (Cambridge: Cambridge University Press, 1978), Ⅰ, 176-179. 여기서 그는 비르투의 공적-사적 차원에 대해 논한다. 그가 말하기를, 마키아벨리에서 비르투는 공적인 탁월성과 사적인 것의 실질적 배제와 연관되어 있다. 남녀성의 미묘한 의미 차이를 공적 사적 차원에 연결시키면서, 우리는 여기서 마키아벨리의 덕이 얼마나 남성화되었는지 알 수 있다.

13 마키아벨리 시대의 이탈리아인들에게, 모세(Moses)는 분명히 신화에서 나

온 것이 아니다; 이는 그를 로물루스와 테세우스와 같은 인물과 동일한 범주에 포함시키고자 하는 마키아벨리의 이단적 사설의 한 부분이 된다.

14 여기서 『군주론』 26장의 아래 논의될 매우 농도 짙은 성적 언어를 비교해 보라.

15 『군주론』 26장. 이 문단에서 인용된 부분의 출처이다.

16 *The Discourses*, Ⅱ.24.

17 같은 책, Ⅰ. Introduction.

18 같은 책, Ⅱ.2.

19 같은 책, Ⅲ.10

20 Harvey C. Mansfield, Jr. *Machiavelli's New Modes and Order: A Study of the "Discourses on Livy."* (Ithaca, N.Y., and London: Cornell University Press, 1979). 195., n. 12. 맨스필드는 오지오(ozio)가 사색을 위한 여가를 의미하는 것이라고 말한다. 따라서 "기독교와 철학의 유사성이 다시 제시된다." 이 밖에도 『로마사 논고』에 대한 그의 연구에서, 맨스필드는 철학과 여성적인 것을 연계시키고 있다.

21 *The Discourses*, Ⅰ.21.

22 같은 책, Ⅰ.19.

23 같은 책, Ⅲ.46.

24 같은 책, Ⅲ.36.

25 같은 책, Ⅲ.5.

26 같은 책, Ⅰ.40.

27 *The Prince*, 19장.

28 『로마사 논고』에서의 스키피오(Scipio)에 대한 논의를 보라.

29 같은 책, Ⅲ.6.

30 같은 책, Ⅱ.28.

31 같은 책, Ⅲ.26.

32 본 책의 2장에 나오는 그리스 연극에 대한 우리의 논의에서와 같이, 이 경우에 분석은 희극이 어떻게 마키아벨리의 정치사상 속에서의 여성의 지위를 조명해내는지에 제한되어야 할 것이다; 그러므로, 작품의 주제와 구성

이 가지는 복합성은 간과될 수밖에 없을 것이다. 그 정치적 의미에 초점을 맞춘 마키아벨리의 희곡 작품 논의에 대해서는 다음을 보라. Mera J. Flaumenhaft, "The Comic Remedy: Machiavelli's 'Mandragola'" *Interpretation* 7 (May 1978), 33–74; Martin Fleisher, "Trust and deceit in Machiavelli's Comedies." *Journal of the History of Ideas* (July 1966), 365–380.

33 『군주론』(The Prince)의 23장. 여기서 마키아벨리는 별로 현명하지 않은 군주에게 우연히 대단히 신중하고 지혜로운 조언자가 있을 수도 있다는 점을 지적한다. 그러나 "그러한 통치자는 짧은 시간에 국가를 그[군주]로부터 빼앗아버릴 것이기 때문에," 그러한 상황은 그리 오래가지 않는다.

34 *The Mandragora*, Ⅰ.3.

35 같은 책, Ⅰ.1.

36 같은 책.

37 *Livy*, Ⅰ.47.

38 *The Mandragora*, Ⅴ.4.

39 플라우투스의 작품에서는, 아들도 또한 그녀가 자신의 하인과 결혼하게 되면, 그녀에게 접근할 수 있다는 희망을 가지고 있다.

40 Fleisher, "Trust and deceit."에서 저자는 『카시나』(Casina)에는 가족의 행복에 대한 강조가 없음을 지적한다.

41 니코마코(Nicomaco)의 무기력(impotence)은 신혼 첫날밤을 위해 준비하는 동안에 발생한 희극적이고 매우 흥미로운 이슈이다. *Clizia*, Ⅳ.2.

42 같은 책, Ⅱ.4. 젊은이와 관련된 교육에 대한 마키아벨리 자신의 역할에 대한 비유가 여기서 명확히 드러난다. 우리는 또한, 니코마코라는 이름과 마키아벨리의 이름이 가지는 관계에도 주목할 필요가 있다.

43 같은 책, Ⅲ.1.

44 같은 책, Ⅲ.4.

45 같은 책, Ⅴ.3. 과도기 사회에서 "지도층의 여성"의 사회적 역할에 대해서는 다음을 보라. Davis, *Society and Culture*, 124–151.

46 *Clizia*, Ⅴ.3.

47 같은 책, Ⅳ.1.

48 같은 책, Ⅴ.5.

[결론: 차이를 넘어서]

1 Machiavelli, *Discousrses*, I. 19.

2 마키아벨리의 고전적 사례는 공화정 초기의 브루투스(Brutus)라 할 수 있다. 그는 바보인척하며 동시에 폭압적인 왕권을 몰락시킬 음모를 꾸몄다. 또한, 『로마사논고』(Discourses) 3장. 『군주론』의 헌정사에서도, 우리는 마키아벨리의 자신에 대한 설명과 유사한 사례를 볼 수 있다.

3 이 책의 1장을 참고하라.

참고문헌

참조: 최근 판본에 대한 언급이 주(note)에 표시되지 않았을 경우, 1차 자료는 여기에 포함하지 않았다. 이 책에서 제시되는 주제를 전개하는 배경으로 도움이 되는 것은 주에 인용되지 않은 것이라도 여기에 포함하였다.

Annas, Julia. "Plato's Republic and Feminism." *Philosophy 51* (1976): 307–21.

Adcock, F. E. *Roman Political Ideas*. Ann Arbor: University of Michigan Press. 1959.

Adkins, A. W. H. *Moral Values and Political Behavior in Ancient Greece: from Homer to the End of the Fifth Century*. New York: Norton, 1972.

Aquinas, St. Thomas, *Summa Teologica*. Translated by the fathers of the English Dominican Province. London: thomas Baker, 1912.

Arthur, Marylin B. "The Divided World of Iliad Ⅵ." In *Reflections of Women in Antiquity*. Edited by Helene P. Foley. pp. 19–44. New York, London. and Paris: Gordon and Breach, 1981.

_______________. "Liberated Women: The Classical Era." In *Becoming Visible: Women in European History*. Edited by Renate Bridenthal and Clau–dia Koonz. Boston: Houghton Mifflin, 1974.

_______________. "Early Greece: The Origins of the Western Attitude Toward Women." *Arethusa* 6 (Spring 1973): 7–58.

Augustine, St. *City of God*. Translated by Henry Bettenson. Harmonds–worth: Penguin Books, 1972.

Bateson, Mary. "Origin and Early History of Double Monasteries." *Trans–actions of the Royal Historical Society* n.s. 13 (1899): 137–98.

Børresen, Kari Elizabeth. *Subordination and Equivalence: The Nature and Role of Women in Augustine and Thomas Aquinas*. Washington, D.C.: University Press of America, 1981.

Brown, Peter. *Augustine of Hippo*. Berkeley and Los Angeles: University of California Press, 1967.

__________. "Saint Augustine." In *Trends in Medieval Political Thought*. Edited by Beryl Smalley. Oxford: Basil Blackwell, 1965.

Butler, Melissa. "Early Liberal Roots of Feminism: John Locke and the Attack on Patriarchy." *American Political Science Review* 72 (March 1978): 135–50.

Bynum, Carolyn Walker. *Jesus as Mother: Studies in the Spirituality of the High Middle Ages*. Berkeley: University of California Press, 1982.

Clark, S. R. L. "Aristotle's Woman." *History of Political Thought* 3:2 (Summer 1982): 177–91.

Copleston, Frederick. *A History of Philosophy*. Volume Ⅰ, part Ⅱ. Garden City, N. Y.: Image Books, 1962.

Cowell, F. R. *Cicero and the Roman Republic*. Baltimore: Peguin Books, 1948.

Davis, Natalie Zemon. *Society and Culture in Early Modern France*. Stanford: Stanford University Press, 1965.

Diels, Hermann and Walther Kranz. *Die fragmente der Vorsokratiker*. Berlin: Weidman, 1951–52, 3 vols.

Eckenstein, Lina. *Women Under Monasticism: Chapters on Saint–Loire and Convent Life Between A.D. 500 and A.D. 1500*. Cambridge: Cambridge University Press, 1896.

Edelstein, Ludwig. *The Meaning of Stoicism*. Cambridge, Mass.: Harvard University Press, 1966.

Elshtain, Jean Bethke. *Public Man, Private Woman: Women in Social and*

Political Thought. Princeton: Princeton University Press, 1981.

________. "The Feminist movement and the Question of Equality." *Polity* 7 (Summer 1975): 452–77.

________. "Moral Woman and Immoral Man: A Consideration of the Public Private Split and Its Political Ramification." *Political and Society* 4(1974): 453–73.

Euben, J. Peter. "Political Equality and the Greek Polis." In *Liberalism and the Modern Polity*. Edited by Michael J. Gargas McGrath. pp. 207–28. New York and Basel: Marcel Dekker. 1978.

Ferrante, Joan M. *Woman as Image in Medieval Literature*. New York: Columbia University Press. 1975.

Filmer, Robert. *Patriarcha or the Natural Power of Kings*. In John Locke, Two Trearises of Government. Edited by Thomas Ⅰ. Cook. pp. 249–310. New–York: Hafner Press. 1947.

Finley, M. I. *Politics in the Ancient world*. Cambridge University Press. 1983.

________. *Democracy Ancient and Modern*. New Brunswick, N.J.: Rutgers University Press. 1973.

Flaumenhaft. Mera J. "The Comic Remedy: Machiavelli's 'Mandragola'" *Interpretation* 7 (May 1978): 33–74.

Fleisher, Martin. "Trust and deceit in Machiavelli's Comedies." *Journal of the History of Ideas* (July 1966): 365–80.

Foley, Helene P. "The Conception of Women in Athenian Drama." In *Reflections of Women in Antiquity*. Edited by Helene P. Foley. pp. 127–68. New York, London, and Paris: Gordon and Breach, 1981.

Fustel de Coulanges, Numa Denis. *The Ancient City*. Baltimore and London: Johns Hopkins University Press, 1980.

Gies, Frances, and Joseph Gies. *Women in the Middle Ages*. New York: Harper & Row, 1978.

Glotz, Gustave. *The Greek City and Its Institutions*. Translated by N. Malinson.

New York: Alfred A. Knopf, 1930.

Gomme, A. W. "The Position of Women in the Fifth and Fourth Century B.C." In *Essays in Greek History and Literature*. Edited by A.W. Gomme. pp. 89–115. Oxford: Basil Blackwell, 1937.

Hallet, Judith P. "The Role of Women in Roman Elegy." *Arethusa* 6 (Spring 1973): 103–24.

Harrison, A. W. R. *The Law of Athens: The Family and Property*. Oxford: Clarendon Press, 1968.

Hobbes, Thomas, *Leviathan*. Edited by C. B. Macpherson. Harmonds–worth: Penguin Books, 1968.

Horowitz, Maryanne Cline. "The Images of God in Man–Is Woman Included?" *Havard Theological Review* 72 (July–October 1979): 175–206.

________. "Aristotle and Woman." *Journal of the History of Biology* 9 (Fall 1976): 183–213.

Jaeger, Werner. *Five Essays.* Translated by Adele M. Fiske. Montreal: Mario Casalini, 1966.

Kitto, H. D. F. *The Greeks*. Baltimore: penguin, 1951.

Krauss, Henry. *The Living Theater of Medieval Art.* Philadelphia: University of Pennsylvania Press, 1967.

Lacey, W. K. *The Family in Classical Greece*. Ithaca, N.Y.: Cornell University Press, 1968.

Lange, Lynda. "The Function of Equal Education in Plato's Republic and Laws." In *The Sexism of Social and Political Theory*. Edited by Lorenne M. G. Clark and Lynda Lange. pp. 3–15. Toronto: University of Toronto Press, 1979.

Locke, John. *Two Treatises of Civil Government*. Edited by Thomas Ⅰ. Cook. New–York: Hafner Press, 1947.

________. *A Letter Concerning Toleration*. Edited by Patrick Romanell.

Indianapolis: Bobs–Merrill, 1955.

Lord, Carnes. "The Character and Composition of Aristotle's Politics." *Political Theory* 9 (November 1981): 459–78.

Lucas, Angela. *Women in the Middle Ages: Religion, Marriage and Letters*. New York: St. Martin's Press, 1983.

McLaughlin, Eleanor Commo. "Women, Power and the Pursuit of Holiness in Medieval Christianity." In *Women of Spirit: Female Leadership in the Jewish and Christian Tradition*. Edited by Rosemary Ruether and Eleanor McLaughlin. pp. 90–130. New York: Simon and Schuster, 1979.

________. "Equality of Souls, Inequality of Sexes: Woman in Medieval Theology." In *Religion and Sexism: Images of Woman in the Jewish and Christian Traditions*. Edited by Rosemary Radford Ruether. New York: Simon and Schuster, 1974.

McNamara, Jo Ann. "Sexual Equality and the Culture of Virginity in Early Christian Thought." *Feminist studies* 3/4 (Spring–Summer 1976): 144–58.

McNamara, Jo Ann and Suzanne F. Wemple. "Sanctity and Power: The Dual Pursuit of Medieval Women." In *Becoming Visible: Women in European History*. Edited by Renate Bridenthal and Claudia Koonz. pp. 90–118. Boston: Houghton Mifflin, 1947.

Mansfield, Harvey C., Jr. *Machiavelli's New Modes and Order: A Study of the "Discourses on Livy."* Ithaca, N.Y., and London: Cornell University Press, 1979.

Mill, John Stuart. *On Liberty*. Indianapolis: Bobbs–Merrill, 1956.

Nichols, Mary P. "The Good Life, Slavery, and Acquisition: Aristotle's Introduction to Politics." *Interpretation* 11 (May 1983): 171–83.

________. "Thought and Action in Aristotle's Political Science." Paper read at the Midwest Political Science meetings. Cincinnati, Ohio, April

16–18, 1981. Xerox.

Okin, Susan Moller. *Women in Western Political Thought.* Princeton: Princeton University Press, 1979.

Orwin, Clifford. "Machiavelli's Unchristian Charity." *American Political Science Review* 72 (December 1978): 1217–28.

Pangle, Thomas L. *The Laws of Plato*. New York: Basic Books, 1979.

Parvey, Constance F. "The Theology and Leadership of Women in the New Testament." In *Religion and Sexism: Image of Woman in the Jewish and Christian Traditions.* Edited by Rosemary Radford Ruether. pp. 117–49. New–York: Simon and Schuster, 1974.

Pateman, Carole. "Submition and Reflection: Locke, Wolin, and the Liberal Conception of Politics." *Politics and Society* 5 (1975): 441–67.

Pierce, Christine. "Equality: Republic Ⅴ." *Monist* 57 (1973): 1–11.

Pitkin, Hanna Fenichel. *Fortune Is a Woman: Gender and Politics in the Thought of Niccolo Machiavelli*. Berkeley: University of California Press, 1984.

Pomeroy, Sarah B. *Goddnesses*, *Whores, Wives and Slaves*. New York: Schocken Books, 1975.

Power, Eileen. *Medieval Women.* Edited by M. M. Postan. Cambridge: Cambridge University Press, 1975.

Redfield, James. *Nature and Culture in the Iliad: The Tragedy of Hector*. Chicago and London: University of Chicago Press, 1975.

Rogers, Katherine M. *The Troublesome Helpmate: A History of Misogyny in the Literature*. Seattle: University of Washington Press, 1966.

Ross, David. *Style and Tradition in Catullus*. Cambridge, Mass.: Harvard University Press, 1969.

Ruddick, Sara. "Maternal Thinking." *Feminist Studies* 6 (1980): 343–67.

Ruether, Rosemary. "Mothers of the Church: Ascetic Women in the Late Patristic Age." In *Women of Spirit: Female Leadership in the Jewish and*

Christian Tradition, Edited by Rosemary Ruether and Eleanor MaLaughlin. pp. 99–130. New York: Simon and Schuster, 1979.

________. "Virginal Feminism in the Fathers of the Church.: In *Religion and Sexism: Images of Woman in the Jewish and Christian Tradition*, Edited by Rosemary Radford Ruether. pp. 150–83. New York: Simon and Schuster, 1974.

Salkever, Steven G. "Women, Soldiers, Citizen: Plato and Aristotle on the Politics of Virility." Paper read at the annual meetings of the American Political Science Association, Chicago, September 1–4, 1983.

Saxonhouse, Arlene W. "Eros and the Female in Greek Political Thought: an Interpretation of Plato's Symposium." *Political Theory* 12 (Feburary 1984): 5–27.

________. "Classical Greek Conception of Public and Private." In *Conceptions of Public and Private in Social Life*. Edited by S. I. Benn and G. R. Gaus. London: Croom–Helm, 1983.

________. "Family, Polity and Unity: Aristotle on Socrates' Community of Wives." *Polity* 15 (winter 1982): 202–19.

________. "Men, Women, War, and Politics: Family and Polis in Aristophanes and Euripides." *Political Theory* 8 (1980): 65–81.

________. "Comedy in Callipolis: Animal Imagery in the Republic." *American Political Science Review* 72 (1978): 888–901.

________. "The Philosopher and the Female in the Political Thought of Plato." *Political Theory* 4 (1976): 195–212.

Schaar, John. "Some Ways of Thinking About Equality." *Journal of Politics* 26 (November 1964): 887–95.

Schapps, David. *Economic Rights of Women in Ancient Greece*. Edinburgh: Edinburgh University Press, 1979.

Schochet, Gorden J. *Patriarchalism in Political Thought*. New York: Basic

Books, 1975.

Schüssler–Fiorenza, Elisabeth. *In Memory of Her: A Feminist Theological Reconstruction of Christian Origins*. New York: Crossroads, 1983.

Segal, Charles. *Poetry and Myth in Ancient Pastoral: Essays on Theocritus and Virgil*. Princeton: Princeton University Press, 1981.

Shaw, Michael. "The Female Intruder: Women in Fifth Century Drama." *Classical Philology* 70 (October 1975): 255–66.

Skinner, Quentin. *The Foundations of Modern Political Thought: the Renaissance*. Volume Ⅰ. Cambridge: Cambridge University Press, 1978.

Spelman, Elizabeth Ⅴ. "Woman as Body: Ancient and Contemporary View." *Feminist Studies* 8 (Spring 1982): 109–30.

Wemple, Suzanne Fonay. *Women in Frankish Society: Marriage and the Cloister 500 to 900*. Philadelphia: University of Pennsylvania Press, 1981.

Wolff, Hans Julius. "Marrige Law and Family Organization in Ancient Athens: A Study of the Interrelation if Public and Private Law in the Greek City." *Traditio* 2 (1944): 43–95.

Yarbrough, Ann. "Christianization in the Forth Century: The Example of Roman Women." *Church History* 45 (June 1976): 149–65.

Zuckert, Catherine. "Aristotle on the Limit and Satisfactions of Political Life." *Interpretation* 11 (May 1983): 185–206.

색인

ㅅ

ㅇ

ㅈ

ㅋ

ㅌ

정치사상과 여성: 고대그리스에서 마키아벨리까지

인쇄 | 2015년 1월 9일
발행 | 2015년 1월 15일

지은이 | 아를린 색슨하우스
옮긴이 | 박의경
발행인 | 지병문
발행처 | 전남대학교출판부

등록 | 1981. 5. 21. 제53호
주소 | 500-757 광주광역시 북구 용봉로 77
전화 | (062) 530-0571~2 **마케팅** 530-0573
팩스 | (062) 530-0579
홈페이지 | http://www.cnup.co.kr
이메일 | cnup0571@hanmail.net

값 17,000원

ISBN 978-89-6849-168-9 (93340)

이 도서의 국립중앙도서관 출판예정도서목록(CIP)은 서지정보유통지원시스템 홈페이지(http://seoji.nl.go.kr)와 국가자료공동목록시스템(http://www.nl.go.kr/kolisnet)에서 이용하실 수 있습니다.
(CIP제어번호 : CIP2015000893)